FOURTH EDITIO

Conversaciones creadoras
MASTERING SPANISH CONVERSATION

Joan L. Brown
University of Delaware

Carmen Martín Gaite

CENGAGE
Learning·

Australia • Brazil • Mexico • Singapore • United Kingdom • United States

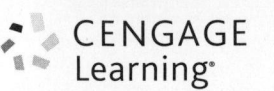

Conversaciones creadoras, Fourth Edition
Joan L. Brown and Carmen Martín Gaite

Product Director: Beth Kramer

Senior Product Manager: Martine Edwards

Managing Content Developer: Katie Wade

Senior Content Developer: Harriet C. Dishman

Managing Media Developer: Patrick Brand

Associate Content Developer: Claire Kaplan

Product Assistant: Jacob Schott

IP Analyst: Jessica Elias

IP Project Manager: Farah Fard

Marketing Manager: Jennifer Castillo

Manufacturing Planner: Betsy Donaghey

Art and Design Direction, Production
    Management, and Composition:
    Lumina Datamatics, Inc.

Cover Image: ©Photographerlondon/
    Dreamstime.com

Library of Congress Control Number: 2014948479

ISBN-13: 978-1-285-73384-5

Cengage Learning
20 Channel Center Street
Boston, MA 02210
USA

Cengage Learning is a leading provider of customized learning solutions with office locations around the globe, including Singapore, the United Kingdom, Australia, Mexico, Brazil, and Japan. Locate your local office at **international.cengage.com/region.**

Cengage Learning products are represented in Canada by Nelson Education, Ltd.

For your course and learning solutions, visit **www.cengage.com.**

Purchase any of our products at your local college store or at our preferred online store **www.cengagebrain.com.**

Instructors: Please visit **login.cengage.com** and log in to access instructor-specific resources.

Printed in the United States of America
Print Number: 01 Print Year: 2014

CONTENTS

PREFACE

Conversaciones creadoras: Mastering Spanish Conversation, Fourth Edition, is a practical application of published research on language learning. A second language is acquired in much the same way as the first one: by using it strategically to achieve personal goals. If a person has an active experience while learning, then he or she is much more likely to retain the knowledge and skills acquired. Emotion opens the door to long-term memory, for reasons that may have more to do with neurotransmitters than linguistic theory.

The goal of this text is to deliver memorable experiences in Spanish. These are the kinds of real-life events that might happen while living in a Spanish-speaking country. This active approach yields language learning that is meaningful and lasting. It strengthens the skills that are assessed by the American Council on the Teaching of Foreign Languages' Oral Proficiency Interview (known as the ACTFL OPI), which is widely used in business, government, and education. Furthermore, role-playing in Spanish is enjoyable—a benefit that has been shown to contribute to students' success.

Only great writers can consistently use words to evoke experiences. That is why this book features original works by Carmen Martín Gaite, a Spanish author who has won Spain's National Prize for Literature twice. The **Conversaciones creadoras** of the title are unfinished dramatics dialogs that showcase Martín Gaite's talents. She has used her ear for spoken language and her ability to tell dynamic stories in order to create strategic adventures for language learners. These "creative conversations" also have that special **no sé qué** that is the hallmark of fine literature in Spanish.

New to the Fourth Edition

- Two new **Conversaciones creadoras** by Carmen Martín Gaite enrich this edition. Chapter 1 features a dialog-story with two very different young people planning a trip in a travel agency in Miami, and Chapter 5 presents a young woman who goes to her friend's home in Seville after a fight with her mother.

- Twelve **Cortometrajes** offer award-winning short films from throughout the Spanish-speaking world. Each film extends the cultural information and linguistic functions of its chapter while engaging viewers in a new story. Corresponding questions in the text build comprehension and promote critical analysis.

- Four thematic units now organize and unify the program. Following an introductory Preliminary Chapter, the units are: **Los viajes y el transporte** (Chapters 1–3); **Las familias, las amistades y la vida diaria** (Chapters 4–6); **La educación, la salud y los deportes** (Chapters 7–9); and **La cultura, los empleos y la vivienda** (Chapters 10–12). This new chapter sequence follows the natural progression of experiences that a student would have while living abroad.

- All of the photographs are new, enhancing the visual appeal of the text.

- The **Notas culturales** have been revised and updated and cover some of the controversies of recent years. The sections on Hispanic America are longer than the ones on Spain, with specific information about individual countries.

- The new **Premium Website** at **www.cengagebrain.com/spanish/ conversaciones4e** both supports and expands the textbook. Here students can access the chapters' audio and video resources. These include the new short films or **Cortometrajes**, recordings of the **Vocabulario básico** vocabulary lists (with pauses for listeners to repeat what they hear), and enactments of the **Conversación creadora** mini-dramas (first a dramatic reading of the conversation, then a second reading with pauses for repetition). Audio resources also include the **A escuchar** native-speaker interview for each chapter. To provide exposure to different accents, these feature young adults from different parts of the Spanish-speaking world (Argentina, Chile, Colombia, Costa Rica, the Dominican Republic, Mexico, Nicaragua, Peru, Puerto Rico, Madrid, and the Canary Islands). New audio flashcards and games offer interactive resources for learning vocabulary. Support for the in-text **Conexión Internet** research activities is also found here, including links and tools for searching the Web in Spanish. General resources on this site offer a glossary and geographical information as well as links to online grammar and vocabulary references.

- The new **Instructor Companion Website** has been expanded and reorganized to maximize support for teaching. Each chapter's instructional materials are now grouped together for ease of use. Resources for the Preliminary chapter include a testing map for Latin American geography, pedagogical guides, syllabus suggestions, and evaluation rubrics. Chapters 1–12 feature detailed lesson plans, answer keys for all exercises and question sets, transcripts of the native-speaker interviews and short films, and detailed film summaries. New to the Fourth Edition, a test bank with answer keys rounds out the extensive instructor resources on this site.

- A new **Instructor's Edition** offers streamlined materials for use in the classroom. These feature pedagogical guidance (for course design, activities and assessment) and suggestions for teaching the **Conversaciones creadoras**. Also included are a grading sheet for evaluating oral performances and a chart that displays all chapter elements at a glance.

Acknowledgments

Conversaciones creadoras began as a dream—a collaboration between a professor and a novelist that would put theory into practice. The person who first recognized that this dream could become a reality, Denise St. Jean, returned as the developmental editor for the Fourth Edition. Her astute guidance, meticulous editing, and wise suggestions are evident throughout this program. I am grateful to Cengage World Languages Product Director Beth Kramer for her support of this program and for her wisdom generally. I thank Senior Product Manager Lara Semones Ramsey for taking on this project and proceeding to assemble a superb team to work on it. This edition has benefited from the expert leadership and guidance of Senior Product Manager Martine Edwards and from the valuable contributions of Senior Content Developer Harriet C. Dishman and Associate Content Developer Claire Kaplan. I thank Managing Media Developer Patrick Brand for supervising website development, and Arul Joseph Raj, Senior Project Manager for Lumina Datamatics, for overseeing production of the book.

Krystyna P. Musik of the University of Delaware made significant additions to the revised cultural sections. Jorge H. Cubillos of the University of Delaware provided wise counsel and generously shared his research. I thank graphic artist Carlos Castellanos, co-creator of the comic strip *Baldo*, for his lively and culturally authentic drawings. The talented Latin American actors and actresses who recorded the textbook's audio materials rendered engaging, clear readings of chapter dialogs and vocabulary for students to use as models. I also thank the reviewers who used the third edition of *Conversaciones creadoras*. Their input was helpful in orienting this new edition. I am especially grateful to Sheri Spaine Long of the University of North Carolina at Charlotte for her detailed review and for sharing her beautifully designed syllabus for a conversation and composition course with *Conversaciones creadoras*.

Colleagues and research assistants at the University of Delaware, along with my students over the years, have all strengthened this text. Former graduate student José Luis Guidet Sánchez made editorial contributions that enhance this edition. I thank Alexander Asher Brown and Sarah E. Brown for providing expert information on sports and culture. We are grateful to Mark J. Brown, M.D., and Ana María Martín Gaite for their ongoing encouragement and support.

Lastly, we thank the hundreds of instructors from South Florida to Alaska who have chosen *Conversaciones creadoras* for their classes. This new edition builds on strengths that earned your loyalty, and enacts suggestions that you have shared.

Joan L. Brown
University of Delaware

A Sarah y a Alex,
de su madre y de su amiga

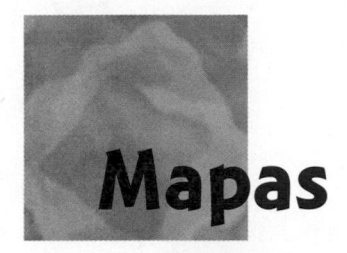

Mapas

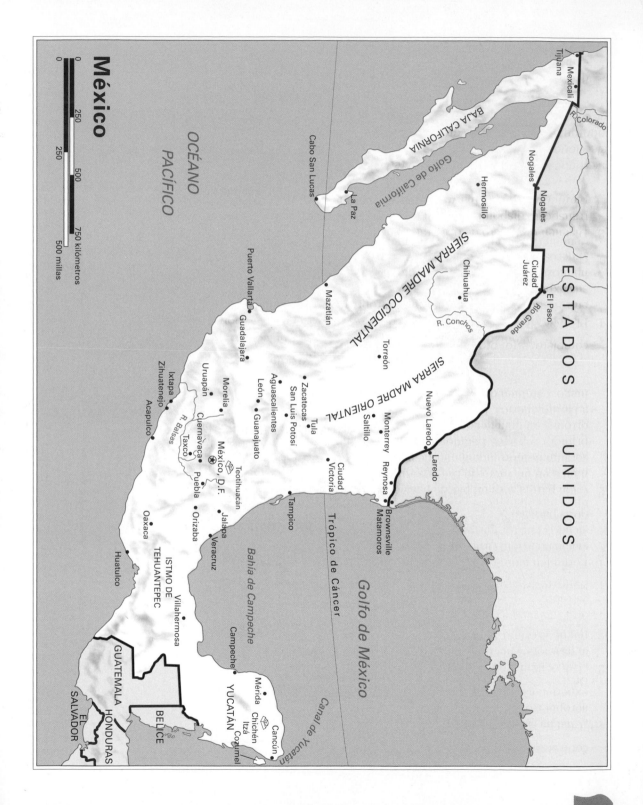

México

OCÉANO PACÍFICO

ESTADOS UNIDOS

Golfo de México

Golfo de California

BAJA CALIFORNIA

SIERRA MADRE OCCIDENTAL

SIERRA MADRE ORIENTAL

ISTMO DE TEHUANTEPEC

Bahía de Campeche

Canal de Yucatán

YUCATÁN

Trópico de Cáncer

GUATEMALA
EL SALVADOR
HONDURAS
BELICE

R. Colorado
R. Grande
Río Grande
R. Conchos
R. Balsas

Tijuana
Mexicali
Nogales
Nogales
Hermosillo
Ciudad Juárez
El Paso
Chihuahua
Cabo San Lucas
La Paz
Mazatlán
Torreón
Nuevo Laredo
Laredo
Puerto Vallarta
Guadalajara
Zacatecas
San Luis Potosí
Aguascalientes
León
Guanajuato
Saltillo
Monterrey
Reynosa
Brownsville
Matamoros
Ciudad Victoria
Ixtapa
Zihuatenejo
Uruapán
Morelia
Tula
Acapulco
Taxco
Cuernavaca
México, D.F.
Teotihuacán
Puebla
Orizaba
Jalapa
Veracruz
Tampico
Oaxaca
Huatulco
Villahermosa
Campeche
Mérida
Chichén Itzá
Cozumel
Cancún

0
250
250
500
500 millas
250
750 kilómetros

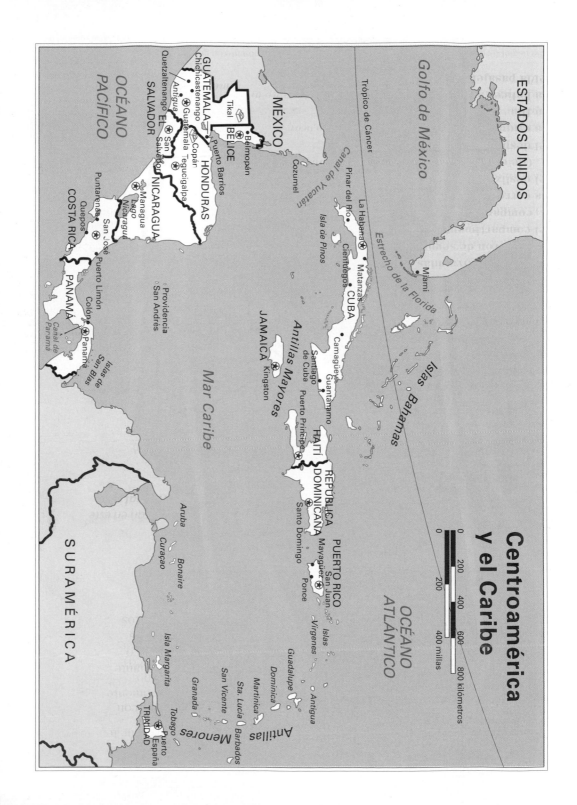

Centroamérica y el Caribe

Mar Caribe

TRINIDAD Y TOBAGO

Santa Marta
Barranquilla
Cartagena
Maracaibo
Caracas
Puerto España

VENEZUELA

Medellín

COLOMBIA
Santa Fe
de Bogotá

R. Orinoco

Georgetown
Paramaribo
GUYANA
SURINAM
Cayena

GUAYANA
FRANCESA

Cali

R. Magdalena

CORDILLERA DE LOS ANDES

Quito
ECUADOR

R. Negro

R. Amazonas

Ecuador

Guayaquil

Iquitos

Manaus

Belem

PERÚ

R. Madeira

BRASIL

Recife

Machu Picchu

Lima

Cuzco

Lago Titicaca

La Paz

BOLIVIA

Brasilia

Salvador

Arequipa

Arica
Iquique

Sucre

PARAGUAY

R. Paraná

Belo Horizonte

Antofagasta

Salta

Asunción

São Paulo

Rio de Janeiro
Santos

Trópico de Capricornio

San Miguel
de Tucumán

CHILE

OCÉANO
PACÍFICO

CORDILLERA DE LOS ANDES

Córdoba

Rosario

R. Paraná

R. Uruguay

Pôrto Alegre

Viña del Mar
Valparaíso
Santiago de Chile

Mendoza

Buenos Aires

URUGUAY
Montevideo
Punta del Este

La Plata

Río de la Plata

OCÉANO
ATLÁNTICO

Concepción

ARGENTINA

Bahía
Blanca

Mar del Plata

San Carlos de Bariloche
Puerto Montt

Suramérica

| 0 | 500 | 1000 | 1500 kilómetros |

| 0 | 500 | 1000 millas |

Estrecho de
Magallanes

Islas
Malvinas

Punta Arenas

Tierra del
Fuego

Cabo de Hornos

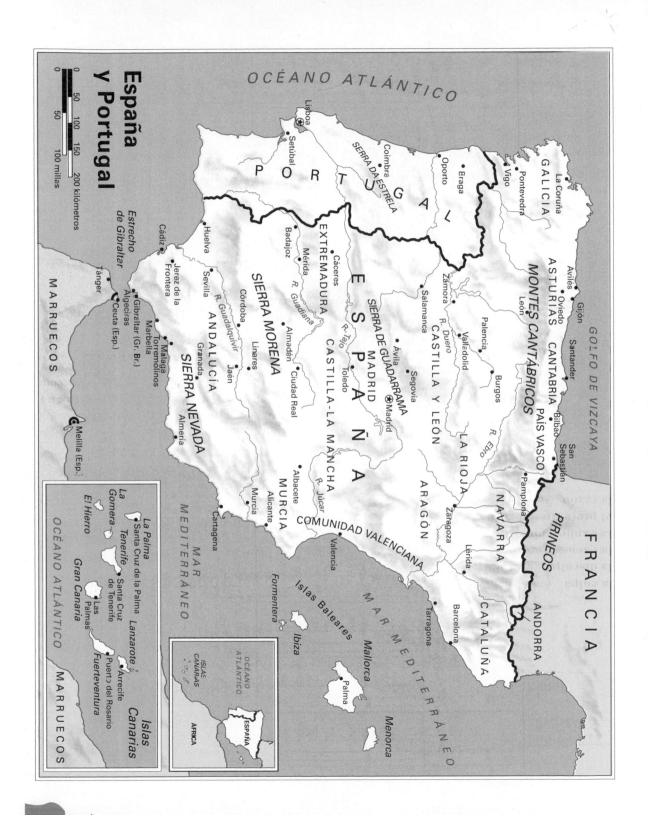

España y Portugal

OCÉANO ATLÁNTICO

MARRUECOS

Estrecho de Gibraltar

0 50 100 millas
0 50 100 150 200 kilómetros

Tánger
Ceuta (Esp.)
Melilla (Esp.)

Cádiz
Jerez de la Frontera
Algeciras
Gibraltar (Gr. Br.)
Marbella
Torremolinos
Málaga
Granada
Almería
SIERRA NEVADA
ANDALUCÍA
R. Guadalquivir
Sevilla
Huelva
Córdoba
Jaén
Linares
Almadén
Ciudad Real
SIERRA MORENA
R. Guadiana
Badajoz
Mérida
Cáceres
EXTREMADURA

Lisboa
Setúbal
PORTUGAL
Coimbra
SERRA DA ESTRELA
Oporto
Braga

Vigo
Pontevedra
La Coruña
GALICIA
Avilés
Oviedo
Gijón
ASTURIAS
CANTABRIA
Santander
MONTES CANTÁBRICOS
León
Zamora
Salamanca
R. Duero
Palencia
Valladolid
CASTILLA Y LEÓN
Burgos
R. Ebro
LA RIOJA
PAÍS VASCO
Bilbao
San Sebastián
GOLFO DE VIZCAYA
Pamplona
NAVARRA
PIRINEOS
ANDORRA
FRANCIA
Lérida
Zaragoza
ARAGÓN
CATALUÑA
Barcelona
Tarragona

Ávila
Segovia
SIERRA DE GUADARRAMA
MADRID
Madrid
Toledo
R. Tajo
CASTILLA-LA MANCHA
ESPAÑA
Albacete
R. Júcar
MURCIA
Murcia
Alicante
COMUNIDAD VALENCIANA
Valencia
Cartagena

MAR MEDITERRÁNEO

Formentera
Ibiza
Islas Baleares
Mallorca
Palma
Menorca

MARRUECOS
OCÉANO ATLÁNTICO
MAR MEDITERRÁNEO

La Palma
Santa Cruz de la Palma
La Gomera
El Hierro
Tenerife
Santa Cruz de Tenerife
Lanzarote
Arrecife
Las Palmas
Gran Canaria
Puerto del Rosario
Fuerteventura
Islas Canarias

ISLAS CANARIAS
OCÉANO ATLÁNTICO
ÁFRICA
ESPAÑA

PRELIMINARY CHAPTER
Mastering Spanish Conversation with This Book

Photographerlondon/Dreamstime.com

OBJECTIVES: To learn about . . .

- ◆ action learning and proficiency.
- ◆ chapter organization.
- ◆ "ice-breaking" and role-playing activities.

Action Learning and Proficiency

The goal of *Conversaciones creadoras: Mastering Spanish Conversation* is to help you to become a capable Spanish speaker in an authentic environment. The Spanish-speaking world will be brought into your classroom for you to experience. Through creative language use in realistic settings, your competence in Spanish will grow. You will expand your vocabulary. You will broaden your cultural awareness. You will enhance your fluency. Perhaps most important of all, you will increase your effectiveness in handling common situations in Spanish.

Action learning, the concept that people learn best by doing, is the key to this learning method. For Spanish language and culture, action learning means using the language for realistic and important encounters. It means strategic, interactive role playing: having actual experiences in Spanish. These experiences compel you to use the language to solve problems and achieve goals, just as you would if you were living in a Spanish-speaking country.

Authentic experiences are waiting for you in the **Conversaciones creadoras** for which the book is named. These unfinished "creative conversations" were crafted expressly for this book by the distinguished Spanish writer Carmen Martín Gaite. **Conversaciones creadoras** are mini-dramas in dialogue (script) form. You will assume the roles of the characters in these dramas, and you will work with others to devise your own endings. By "walking a mile in their shoes," you will get insight into these characters and their cultures. By resolving conflicts in real-life settings, such as a restaurant or an open-air market, you will acquire vocabulary and cultural expertise. You also will gain the self-reliance you need to use Spanish effectively in other authentic situations.

Competent participation is also known as "oral proficiency." The American Council on the Teaching of Foreign Languages (ACTFL) has mapped specific oral proficiency levels according to communicative tasks. All of the activities in *Conversaciones creadoras* have been designed to help learners reach for the Advanced range of oral proficiency on the ACTFL scale. This level means being able to "handle a variety of communicative tasks" and participate in conversations about "school, home, and leisure activities." It also means being able to talk about "some topics related to employment, current events, and matters of public and community interest."[1] With *Conversaciones creadoras* you will practice narrating in different time frames, building sequences of thoughts or sentences, and handling unexpected complications in everyday situations. All of these competencies are measurable, and all of them are hallmarks of a speaker at the Advanced Low level or higher on the ACTFL scale.

Chapter Overview

The centerpiece of each chapter is an unfinished **Conversación creadora** and your conclusion to it. Each chapter also features practical cultural information,

---

[1]This quote and subsequent descriptors come from the Advanced Low section of the ACTFL Oral Proficiency Guidelines, which are available online from ACTFL. (**www.actfl.org**).

Internet research, extensive vocabulary with mastery exercises, a grammar review, role-playing to prepare you for oral proficiency testing, and opportunities for much more language practice. Multimedia chapter components are hosted on the accompanying Cengage **Premium Website:** twelve short films (one for each chapter), a native-speaker interview for each chapter with a young person from a different country (for exposure to many accents), pronunciation practice, interactive vocabulary practice, and Web resources from around the world.

All elements of this program model the experiences you would have if you went to live in a Spanish-speaking country. Four thematic units support your journey. Unit One covers trips and transportation; Unit Two deals with families, friendships and daily life; Unit Three involves education, health and sports; and Unit Four covers special events, jobs, and housing. The cultural notes and the primary and secondary vocabulary lists, along with the grammar review, are designed to support you as you explore each chapter's topics and activities. Together, the informational and creative sections of every chapter work to build fluency rooted in cultural knowledge.

■   The sections and goals of each chapter are:

1. Notas culturales. Two brief readings in Spanish introduce every chapter. They provide current, practical cultural information on the chapter topics and give you the opportunity to practice reading for information. They are written at a level that is natural for Spanish-speaking adults, comparable to that of a daily newspaper. Instead of simplifying these readings, definitions have been supplied to help you understand sophisticated vocabulary or constructions. A Spanish-English dictionary is a useful companion for these readings and all other elements of this program.

The cultural notes are divided into two parts: a longer one for Hispanic America and a shorter one for Spain (the country that you are most likely to visit, according to data on study abroad). While Spain appears as a single entity, the term "Hispanic America" represents nineteen different countries, each with a rich and unique heritage. The cultural information for this vast area offers an overview, with specific examples. The best way to conceive of Hispanic America is in terms of major regions: Mexico **(México),** Venezuela and the Caribbean **(Venezuela y el Caribe),** Central America **(Centroamérica),** the Andean Highlands **(los países andinos),** and the Southern Cone **(el Cono Sur).** With your instructor's guidance, you should be able to locate these regions on the full-page maps preceding this chapter (pages xii–xv). Additionally, there is one other region to consider: the country with the second largest Spanish-speaking population in the world (after Mexico): the United States. Your own research and your instructor's expertise will add depth to these cultural notes.

2. Comprensión y comparación. There are ten questions—six about Hispanic America and four about Spain—on the **Notas culturales.** These can be used as a prereading guide if you start with the questions and then go back to read for the answers, or they can be used as a comprehension check after you finish the readings. Most of the questions are factual, and some require critical thinking in order to make connections and comparisons.

3. Conexión Internet. Four Web-based activities in this section extend the information in the **Notas culturales** and encourage you to investigate, analyze, and present real-time information about cultural topics. To access helpful links and tools for searches, first go to **www.cengage.com/spanish/conversaciones4e** (the site for *Conversaciones creadoras*), then click on the chapter you want. To obtain full benefit from this activity the websites should be in Spanish—you may have to click on "Spanish" to make this so. Sample research topics include discovering this week's concerts and events at Mexico's largest university or browsing the current schedule for high-speed trains between Madrid and Seville.

4. Vocabulario básico. This section presents twenty-five essential vocabulary items, organized according to parts of speech and defined in English. Notations following some entries indicate words used primarily in Hispanic America *(H.A.)*, in Mexico *(Mex.)*, or in Spain *(Sp.)*. This section features the key words and idiomatic expressions for the chapter and its **Conversación creadora.** Audio versions of these lists, including ones with pauses for you to repeat what you hear, are on the **Premium Website**, along with flash cards and games. To reinforce these core items, the **Vocabulario básico** is designed to be the subject of vocabulary tests.

5. Práctica del Vocabulario básico. Fifty practice opportunities feature each of the twenty-five items in the **Vocabulario básico** two times, so that each item will be the right answer twice. Knowing this, you can check your work by counting the number of times you use an item. (If each item has been used twice, your answers are likely to be correct.) The exercises have varied formats, including paragraphs and dialogues with missing words, Spanish definitions, sentence building, synonyms/antonyms, analogies, and free writing.

6. Conversación creadora. An unfinished mini-drama is the heart of each chapter. Written by Carmen Martín Gaite, these stories are engaging, exciting, insightful, witty, and thoroughly realistic. They also are deliberately incomplete. Usually you will collaborate with three classmates to devise a conclusion to the chapter's **Conversación creadora.** Then all of you will act out your ending or "scenario" for the class. After you are experienced at creating scenarios in this way, your instructor may encourage you to try other approaches to devising endings for these creative conversations. A dramatic reading of each dialogue-story is on the **Premium Website**. There is also a second reading with pauses, for you to practice your pronunciation by repeating each line.

7. Comprensión. Ten comprehension questions precede group scenario work. These questions review the story content and analyze the characters and their motivations. They also will bring out any problems you may have with understanding the story, so that your instructor can resolve them. The questions are divided into two sets: five factual questions labeled **¿Qué pasó?** and five inferential questions entitled **¿Qué conclusiones saca Ud.?** The format of each set varies between multiple-choice and short-answer questions.

8. Conclusión. Your scenario for ending the **Conversación creadora** begins to take shape here. This section includes work space on which to record your instructions, character choices, and ideas.

9. Enlace gramatical y Práctica. A concise grammar review with practice exercises is linked to the **Conversación creadora** and to the chapter's functional and cultural topics. The goal of this section is to improve your communicative skills. These "grammar links"—such as the uses of **ser** and **estar,** the preterite and imperfect, and the subjunctive—will support you as you conclude the **Conversación creadora** and work with other chapter sections.

10. Escenas. These scenes, which are described in English, present four two-person conflicts for you to enact and resolve in Spanish. The last scene has a role for an optional third participant. All situations relate directly to the chapter topic and vocabulary. English is used here, and only here, to offer skills practice through "total production," which means that all Spanish comes from you. This technique elicits completely creative language production, with no linguistic cues. These situations also build test-taking competence. Many oral proficiency tests use a similar "total-production" methodology.

11. Más actividades creadoras. This section offers additional opportunities for you to work with the chapter's vocabulary and cultural content. Sections A, B, C, D, and E are designed to be done independently in class or at home. Sections F, G, and H are interactive and will be completed in a collaborative setting. Most likely, you will concentrate on different interactive activities each week: some weeks you will work in small groups, other weeks in pairs, and still others as a whole class. Your instructor will assign specific activities in each chapter.

■ **Más actividades creadoras** sections feature:

A. **Dibujos.** Three sequenced drawings present a picture-story for you to interpret and narrate in various time frames. These sequences are purposely ambiguous, to stimulate your imagination.

B. **Uso de mapas y documentos.** This section features maps and practical documents for you to analyze and use, just as you would do in a Spanish-speaking country. Examples include a flight schedule and a room service menu. Follow-up questions ask you to extract specific information and make cultural comparisons.

C. **Cortometraje.** A Spanish-language short film builds listening-comprehension and cultural-deduction skills for the chapter topic. Sample film subjects include zombies after a car crash in Mexico, a dog that brings a couple back together in Spain, and a documentary about strip mining in Colombia. The short films are accessed on the **Premium Website**, with five comprehension and analysis questions in the book.

D. **A escuchar.** This listening comprehension section links to the native speaker interviews on **Premium Website**. In these interviews, young adults from different parts of the Spanish-speaking world answer some of the same questions that you may be asked in section **E. Respuestas individuales.** In addition to offering practice listening to different Spanish accents, this section emphasizes information-gathering through listening. Five questions in the book verify understanding and encourage analysis.

E. **Respuestas individuales.** These two topics call for individual reflection and response. Occasionally, you may be asked to lead the class in a discussion of one of these topics. By contrasting your answers with those of the native speakers in the audio interviews, you can make cultural connections and comparisons that are relevant to your own life.

F. **Contestaciones en parejas.** These two task-based activities for two participants reinforce specific language functions and encourage you to express your opinions on real-life issues.

G. **Proyectos para grupos.** This section offers two projects related to the chapter topic to be accomplished by small groups of four or five students.

H. **Discusiones generales.** These two activities include relevant topics for full-class discussions, surveys, or spontaneous group narrations. You may be asked to facilitate a discussion or to record information from a group conversation.

12. **Vocabulario útil.** Arranged by topics, this word bank is structured like the **Vocabulario básico,** with additional space under **Vocabulario individual** for you to record other new words that you learn. This supplementary vocabulary section is designed to help you in two ways. First, while you are using the language creatively, it serves as an initial resource (before you consult your dictionary or your instructor). Second, it helps you expand your vocabulary by searching for the word you need among others, as in an open-stack library. If you were to learn all of the words and expressions in these word banks, you would increase your vocabulary by over 1,500 items.

Chapter Assignments

In each chapter of *Conversaciones creadoras,* you will benefit from knowing the information in the **Notas culturales** and from learning the words and expressions in the **Vocabulario básico.** The **Conversación creadora** is at the heart of each chapter. Beyond these fundamentals, the specific assignments for each chapter will vary. Your instructor will personalize this book for you and for your class, by assigning certain sections of it.

Learning Strategies

The progress you make in Spanish is proportional to the amount of time you invest. To maximize learning, it helps to spend as much time as you can with each chapter: reading (silently and out loud), listening, practicing pronunciation, doing Internet research, and writing. If you can, it is best to set aside a certain period of time each day for Spanish, and use it in ways that keep you interested. (Language learning requires overlearning, like a sport.) To master vocabulary, rely on techniques that suit your learning style, such as flashcards, study groups, repetitive writing, and oral practice. You can also keep a log of new words that you learn in the **Vocabulario individual** sections of the end vocabularies. Improve your listening skills by getting as much exposure to native speech as you can. The short films can be watched repeatedly and summarized, and Spanish-language television is another excellent source of listening opportunities (for example, online programming from the network **Univisión**).

Above all, take charge of your progress. Your instructor and this program are resources, but you are the source: the best person to manage your growth in Spanish is you.

First-Week Preliminary Activities

During the first week of class, your instructor will be measuring your current proficiency level. This evaluation may take different forms, but it will always include observation of your speaking and listening skills. In the first week of class, you also will explore the concept of role playing in everyday life. The following preliminary assignments allow you to practice role playing, and they permit your instructor to observe your Spanish. As an added bonus, these activities help class members get acquainted with one another.

Preliminary Activity A
Presentaciones individuales

1. Think about introductions in general. Do you know who is introduced to whom? (General rules of etiquette for introductions are the same in English-speaking and Spanish-speaking cultures. One helpful tip is that the "most honored person"—the one *to whom* another is introduced—is usually the one whose name is said first.) Think about how you would introduce yourself in various situations. For example, how would you introduce yourself to someone whom you found attractive at a party? How would you introduce yourself to the Dean of Students? What do these different introductions say about your presentation of self?

How would you introduce yourself in your role as student to another member of the class? What would you reveal about yourself? What questions would you ask to find out more about your classmate? What questions would you refrain from asking?

2. Pair up with the person next to you, and spend ten minutes getting to know each other in Spanish. (For help with vocabulary, see the **Vocabulario básico** and the **Vocabulario útil** sections of Chapter 7, beginning on pages 177 and 195.) A group can contain three instead of two members, so that everyone can participate.

After ten minutes, each pair (or group of three) should take a turn in front of the class. You will introduce your classmate to the group and say something about him or her, speaking for one or two minutes. He or she will then introduce you.

Preliminary Activity B
Una fiesta

1. Using Spanish, create an imaginary identity for yourself: someone whom you would like to be in ten years. Perhaps you will be an international film star, perhaps an astronaut; make your choice interesting. Practice talking about yourself in Spanish in this new identity.

2. Imagine that your classroom is a private home in Buenos Aires where a party will soon take place. Before the party begins, your instructor will review introductions, polite conversational exits, and certain strategic locations (such as where beverages are served, and where the bathroom is located). After this briefing, you are on your own. Your assignment is to meet and speak with at least five people at the party, using your imaginary identity. Be prepared to tell the class about some of the interesting people you met at the party.

Creating Scenarios with the **Conversaciones creadoras**

Creating scenarios is a lot like attending a party under an assumed identity. Both involve playing a role in a structured, yet open-ended, situation. A scenario always involves two or more people—each with his or her own objectives—in a shared context. An unfinished story always involves a conflict. Creating scenarios, then, involves interpersonal negotiation. Your goal will be to balance competing agendas and achieve closure to a drama, as if you were living it in a Hispanic setting.

The practical aspects of creating scenarios in class emphasize autonomous group effort. Your instructor will provide certain guidelines or criteria. These will include specific performance expectations, such as scenario duration (number of minutes) and number of scenes, and may include directions for forming groups. All other decisions that go into shaping a scenario are up to you.

Creating scenarios involves three steps. At first, your scenarios may be scripted, involving the production of a written plan of action and speech. Later you will likely move on to unscripted scenarios with no notes or just a single index card as support for your character's role.

1. Rehearsal *(Planning).* Each group will brainstorm to devise an ending to the story. Your goal is to pick a role and take the point of view of your character, using Spanish as much as possible. Once you have outlined your group's ending, you will write out a scenario script in dialogue form. *It is crucial that all writing be done in Spanish, including drafts.* Next you will practice your roles, singly and together.

2. Performance *(Presenting).* Your group will take its turn acting out its scenario for the class. Scenario performance usually will begin where the chapter dialogue ends. It is not necessary for you to memorize your lines, although you should be comfortable with your part. The less you rely on a script, the easier it will be to move to unscripted, spontaneous scenarios.

3. Debriefing *(Discussing)*. The final phase of scenario work is the critique. First, you will be asked to report what happened in other groups' scenarios, and to offer comments and ask questions. Next, your instructor will provide feedback. On occasion, he or she may record your performances and play them back for you. For scenario performance, as for other oral tasks, a number of key areas will be evaluated: how well you make yourself understood, how fluently you speak, how much information you communicate, how grammatically correct your speech is, how much effort you make to communicate, and how believable your words and actions are in their cultural setting.

You will get the most out of creating scenarios if you actively step into the roles of specific characters, imagining their situations and how they feel. For any given character—including those played by others—try to grasp his or her agenda, feelings, and place in the surrounding culture. This effort will yield two major benefits. The first is enduring language growth. Research has shown that long-term memory is tied to experience (simulated as well as real) and associated with emotion. The second benefit is cultural competence. Your informed insights will make you a more knowledgeable, and welcome, participant in Spanish-speaking communities throughout the world.

Unidad 1 Los viajes y el transporte

CAPÍTULO 1 La geografía y el turismo

© Blend Images/Shutterstock.com

OBJETIVOS: Aprender a...

- ◆ obtener, interpretar y presentar información relacionada con el turismo.
- ◆ planear un viaje.
- ◆ discutir hasta resolver un conflicto.

NOTAS CULTURALES
Hispanoamérica

El Templo de Kukulcán en Chichén Itzá, México

La geografía de las Américas

Como es sabido, el continente americano se divide en tres secciones: Norteamérica, Centroamérica y Suramérica. Lo que muchos no saben es que geográficamente, México no forma parte de Centroamérica, sino que, junto con Canadá y los Estados Unidos, pertenece a Norteamérica. Sin embargo, desde el punto de vista lingüístico y cultural, se denomina «Latinoamérica» o «América Latina» al conjunto de países del continente americano en que se hablan lenguas romances.° Estos incluyen dieciocho naciones hispanoparlantes° y el territorio estadounidense de Puerto Rico, que juntos forman lo que se llama «Hispanoamérica», además de las naciones de habla portuguesa (Brasil) y francesa (Haití y Guyana Francesa).[1] Puesto que abarca° dos hemisferios con cinco regiones —México, Centroamérica, la región del Caribe, los países andinos y el Cono Sur— la diversidad geográfica de Hispanoamérica es enorme. Sus recursos naturales incluyen grandes cordilleras, ríos, cataratas, selvas,° bosques y desiertos.

lenguas... Romance languages, descended from Latin / Spanish-speaking

spans

forests

Tal diversidad ofrece una extensa variedad de lugares para vacacionar. Quizás los destinos° más populares son los centros turísticos costeros.° Dos de ellos, Punta del Este en Uruguay y Viña del Mar en Chile, son conocidos por su elegancia y por la amplia gama° de actividades que ofrecen. Estos centros turísticos también son famosos por sus casinos y clubes nocturnos o discotecas adonde acude la gente después de asolearse.° Asimismo, en los países del Caribe y de Centroamérica hay playas maravillosas que atraen a los que les gustan el sol y el mar. En México hay playas y balnearios° muy conocidos en ambas costas: Cabo San Lucas, Puerto Vallarta, Ixtapa-Zihuatanejo, Acapulco y Bahías de Huatulco están en la costa del Pacífico; Cancún, Playa del Carmen y la isla de Cozumel se hallan en la costa caribeña.

destinations / centros... seaside resorts

range

to sunbathe

spas

Las vacaciones y el turismo

El turismo es una actividad importante en el mundo hispano. En los países del Cono Sur (Argentina, Chile, Paraguay y Uruguay), la temporada vacacional alta° ocurre en enero y febrero cuando termina el año escolar; es entonces que mucha gente sale a veranear por una o dos semanas a la playa o al campo. En el resto de Suramérica, Centroamérica, la región caribeña y México, la temporada vacacional alta abarca los meses de julio y agosto. La duración de las vacaciones varía según las leyes laborales° de cada país y pueden ser de seis días a cuatro semanas al año. En todo el mundo hispano, se celebran los días festivos de Navidad y de Pascua (Semana Santa).° Además también se celebran otros días feriados° asociados con fiestas nacionales, religiosas y locales.

temporada... high season

leyes... labor laws

Pascua... Easter (Holy Week) / días... holidays

---

[1]Algunos expertos incluyen también algunos países en Suramérica donde se hablan idiomas que no descendieron del latín. Estos son Surinam (donde se habla holandés) y Belice y Guyana (donde se habla inglés).

Existe mucho turismo en lugares de gran interés histórico y cultural. En la parte central de México se encuentran las ruinas de la civilización azteca, como las de Teotihuacán. En el sureste de México están las ruinas de la civilización maya; las más conocidas son Palenque, Uxmal y Chichén Itzá. En Guatemala se encuentra el famoso sitio arqueológico maya de Tikal y en Honduras está Copán. Uno de los centros arqueológicos más grandes y más cautivadores° del mundo es Machu Picchu, en Perú. Es un centro muy importante de la civilización inca. El ecoturismo también se ha hecho muy popular en Latinoamérica. Para ponerse en contacto con la naturaleza y para aprender cómo proteger el ecosistema, algunos turistas van a las selvas tropicales de Chiapas, en México, y a las de Belice, Costa Rica, Panamá, Colombia o Perú. Allí visitan lugares remotos de extraordinaria belleza como la Reserva Biológica Bosque Nuboso en Monteverde, Costa Rica, donde habita el bellísimo quetzal.° Otro lugar impresionante está al norte de Argentina, en las fronteras con Brasil y Paraguay, donde se localizan las famosas Cataratas de Iguazú. Estas cataratas son las más grandes del mundo en extensión y están rodeadas de una floresta° subtropical que alberga° a más de 200 especies de animales. El máximo ejemplo de la riqueza del ecosistema es el país de Ecuador, donde se encuentran las islas Galápagos, con el grado de biodiversidad más alto por kilómetro cuadrado° que cualquier otro país del mundo.

En cuanto a la industria hotelera, en Hispanoamérica existen tres tipos de alojamiento:° hoteles, hostales (conocidos también como moteles o albergues juveniles en algunos países) y pensiones o casas de huéspedes.° Los hoteles se clasifican según el número de estrellas que el Ministerio de Turismo les asigna, de una estrella (los más sencillos) a cinco estrellas (los más lujosos°); en algunos países se aplica también la clasificación de «Gran Turismo» para establecimientos de gran lujo.° En algunas ciudades existen apartoteles, que ofrecen las ventajas de un apartamento con varios cuartos y cocina, además de los servicios de un hotel. Los hostales son para viajeros menos exigentes° porque tienen habitaciones modestas que algunas veces no tienen baño privado. Las pensiones o casas de huéspedes son aún más económicas y con frecuencia la renta incluye alimentos. También hay hoteles «de media pensión» o «de pensión completa» según las comidas que incluyen. El precio de la pensión completa incluye la habitación y todas las comidas, mientras que la media pensión incluye el desayuno y otra comida.

captivating

strikingly colored tropical bird

grove
hosts

kilómetro... *square kilometer*

lodging
casas... *guest houses*

luxurious
luxury

demanding

España

© Ana del Castillo/Shutterstock.com

El Parador de Ronda en Málaga

La geografía española

España está situada al suroeste de Europa, principalmente en la Península Ibérica. Además del territorio peninsular, España incluye las islas Baleares (Mallorca, Menorca, Ibiza y otras dos) en el mar Mediterráneo, las islas Canarias (compuestas por siete islas y varios islotes° en el océano Atlántico), y dos ciudades autónomas (Ceuta y Melilla) en el norte de África. Tiene cinco grandes cadenas montañosas y sus costas están bañadas por el mar Mediterráneo en el este y el sur, por el océano Atlántico en la costa oeste y por el mar Cantábrico en la costa norte. Políticamente, España está dividida en diecisiete comunidades autónomas, además de las ciudades de Ceuta y Melilla. Cada comunidad autónoma está dividida en provincias.

small islands

España es un país de variados paisajes y distintas regiones. Al noroeste está la costa de Galicia, donde hay antiguos pueblos de pescadores. La Costa Brava está al noreste y se destaca por sus acantilados° y su belleza natural. Algunas de las playas más famosas están al sur en la Costa del Sol, donde las ciudades de Marbella, Torremolinos y Málaga atraen a miles de turistas cada año. Para los que busquen las playas más salvajes y naturales, la costa de Almería es un destino preferido. En las costas de Cádiz, además de las playas suele haber otro atractivo para los amantes del windsurfing, destacándose Tarifa, uno de los puntos del Estrecho de Gibraltar. Las islas Canarias y las Baleares también figuran entre los lugares más frecuentados, porque suele estar garantizado el buen tiempo en casi todas las épocas del año.

cliffs

Uno de los mayores alicientes° para emprender° un viaje a España *incentives / to undertake*
está en conocer su riqueza histórica y cultural. Por todas partes hay una
muestra° impresionante de estilos desde la época romana, como en el caso *display*
del acueducto de Segovia, pasando por la antigua arquitectura árabe de
Granada, Córdoba y Sevilla, hasta museos de reciente y audaz° arquitectura *daring*
como el Guggenheim de Bilbao.

Las vacaciones y el turismo

La temporada alta de las vacaciones coincide con el calendario escolar, que
termina en junio y empieza en septiembre. Se les suele dar a los trabajadores
españoles un mes de vacaciones. Aparte de estas vacaciones, cada año el
gobierno nacional autoriza más de diez días de fiesta en el calendario laboral.
En general, los trabajadores españoles acogen con alegría el hecho de
que una fiesta caiga en jueves porque se hace puente, es decir, ya no se
vuelve hasta el lunes siguiente a trabajar. Si la fiesta cae en martes, también
puede inhabilitarse° el lunes, pero no es tan frecuente. *to take off from work*

Como destino turístico, España es el número cuatro del mundo
(después de Francia, los Estados Unidos y China) según las estadísticas de
las Naciones Unidas. Hay una gran variedad de alojamiento para viajeros.
La Secretaría General de Turismo mantiene una lista de hoteles catalogados
por categorías que van de una a cinco estrellas. Asimismo, ofrece listas de
casas de huéspedes rurales, albergues juveniles, apartamentos, monasterios
con hospedería,° paradores° y campings.° El camping es muy popular entre *lodging / state-owned hotels in historic buildings / camping sites*
la gente joven, sobre todo en la Costa Brava y la Costa del Sol, porque
permite que los visitantes se queden desde un día hasta varias semanas a
tarifas° muy razonables. Quizás los sitios más pintorescos° para hospedarse° *rates / picturesque / to stay*
son los paradores nacionales. La mayoría son antiguos conventos, palacios
y castillos renovados por el gobierno para transformarlos en hoteles de tres
o cuatro estrellas.

Comprensión y comparación

Conteste las siguientes preguntas en la forma indicada por su profesor/a.

Hispanoamérica

1. ¿Cómo se define el territorio denominado «Latinoamérica»? Dentro de
   Latinoamérica, ¿cómo se define «Hispanoamérica», y cuáles son sus
   cinco regiones geográficas?
2. ¿Qué significa la «temporada vacacional alta»? ¿Cuándo es, y qué
   ocurre durante ese tiempo?
3. ¿Cuánto tiempo de vacaciones recibe por lo general el trabajador
   hispanoamericano, y por qué? ¿Cómo se determina el tiempo de
   vacaciones en los Estados Unidos?
4. ¿Cuáles son algunos lugares donde se puede hacer turismo cultural?
   ¿Qué sitios recomendaría Ud. para el turismo cultural en su propia
   región, y por qué?

5. ¿Qué es «el ecoturismo»? ¿Dónde existe este tipo de turismo?
6. ¿Qué tipos de alojamiento puede encontrar el turista en Hispanoamérica? ¿Cómo se comparan estos alojamientos con los que se encuentran en su país?

España

7. Explique cómo es el territorio de España, dentro y fuera de la Península Ibérica.
8. ¿Cuáles son cuatro regiones que atraen a los turistas, y por qué es famosa cada una? ¿A cuál de estas regiones preferiría ir Ud. para las vacaciones?
9. ¿Qué significa «hacer puente» y cuándo se hace?
10. ¿Cuáles son siete tipos de alojamiento en España? ¿Qué tipo de alojamiento escogería Ud., y por qué?

🌐 Conexión Internet

*Investigue los siguientes temas en la red. Vaya a **www.cengage.com/spanish/ conversaciones4e** y busque **Capítulo 1: Conexión Internet** para encontrar sugerencias y enlaces, y apunte las direcciones que utilice. En algunos sitios será necesario hacer clic en «español».*

1. **Los parques nacionales de Costa Rica.** Escoja dos parques nacionales que le gustaría visitar, indicando dónde están y por qué le interesan. Luego, investigue los hoteles que quedan cerca de estos dos parques. Señale dos hoteles en los que le gustaría alojarse *(to stay)* —uno en la región de cada parque— y explique por qué los escogió.

2. **El tiempo y la geografía.** Investigue qué tiempo hace ahora en México, en un país de Centroamérica, en uno de la región del Caribe, en un país andino y en un país del Cono Sur. ¿Cómo se relaciona la geografía con el tiempo en estas cinco regiones? Basado en el pronóstico para la semana que viene, ¿a qué región preferiría ir, y por qué?

3. **Un viaje hispanoamericano.** Planee un viaje de seis días para la semana que viene, a un destino hispanoamericano. Explique adónde quiere ir y por qué, señalando dos actividades que quiere hacer allí. También busque un hotel en el que le gustaría alojarse.

4. **Los paradores de España.** Investigue tres paradores en distintas regiones del país, y explique por qué le interesan. ¿Cómo se comparan estos paradores con algunos hoteles en su región?

🔊 🌐 Vocabulario básico

*Escuche estas palabras y expresiones, y repítalas para practicar la pronunciación. Luego practíquelas usando los recursos en Internet. Para escucharlas y practicarlas, vaya a **www.cengage.com/spanish/conversaciones4e** y busque **Capítulo 1: Vocabulario básico**.*

EL TURISMO

Sustantivos

el alojamiento   *lodging*
el balneario   *spa, seaside resort (H.A.)*
el consejo   *advice*
el crucero   *cruise*
la cuenta, la factura   *bill, check*
el destino   *destination*
la estadía *(H.A.)*, la estancia *(Mex., Sp.)*   *stay*
la excursión   *tour*
el folleto   *brochure*
el/la huésped   *guest*
el mostrador   *counter*
el placer   *pleasure*
el presupuesto   *budget*
la propina   *tip*
la tarifa   *rate, fare*
la ventaja   *advantage*

Verbos

aprovechar   *to take advantage of, to make the most of (something)*
asegurar   *to assure*
divertirse (ie)   *to have a good time, to enjoy oneself*
emprender   *to undertake, to begin (a trip or a project)*

Adjetivos

lujoso/a, de lujo   *luxurious, deluxe*
módico/a   *moderate, reasonable* (referring to price)

Expresiones

al fin y al cabo   *in the end, after all*
guardar silencio   *to remain silent*
meterse donde no le llaman   *to butt in*

Práctica del Vocabulario básico

Cada palabra o expresión será utilizada dos veces en los siguientes ejercicios.

A. Párrafo con espacios. *Llene cada espacio en blanco con la forma correcta de la palabra más apropiada de la siguiente lista.*

~~aprovechar~~	~~el destino~~	el placer
el balneario	la estadía	~~el presupuesto~~
~~el consejo~~	módico/a	la ventaja
~~el crucero~~		

Elena y Marco están escogiendo un (1) ___destino___ para

sus vacaciones. Elena piensa que un (2) ___crucero___ por el

Caribe con una (3) ___estadía___ de diez días a bordo sería un

sueño, pero Marco piensa que sería aburrido. Elena entonces le sugiere una

visita a un hotel con un (4) ___balneario___ elegante y relajante,

como el del Fontainebleau Miami Beach, pero Marco cree que este hotel

sería demasiado caro para su modesto (5) ___presupuesto___. Elena

sugiere que pidan el (6) ___consejo___ de un agente de viajes

con mucha experiencia como, por ejemplo, su tía Isabel, quien podría

ayudarles. Por fin los dos deciden (7) ___aprovechar___ los recursos

de la tía y la llaman. Ella les ayuda con (8) ___placer___

a encontrar un crucero muy romántico de cinco días, que tiene la

(9) ___ventaja___ de ser también muy (10) ___módico___

de precio. Muy contentos, Elena y Marco escogen el crucero para unas

vacaciones inolvidables.

B. Definiciones. *Empareje las columnas.*

_e_	1.	una mesa usada para presentar o servir en las tiendas
_f_	2.	pasarlo bien
_a_	3.	empezar
_l_	4.	una persona que se aloja en un hotel
_i_	5.	dinero extra que se da a una persona por algún servicio
_h_	6.	el lugar en que uno se queda durante un viaje
_j_	7.	un librito que explica algo
_c_	8.	un precio anunciado por un hotel o una aerolínea
_g_	9.	un viaje organizado
_ñ_	10.	el total a pagar por lo recibido
_d_	11.	un plan financiero
_k_	12.	ocuparse de los asuntos de otros sin invitación
_b_	13.	finalmente
_n_	14.	a costo moderado
_m_	15.	obtener beneficio de una cosa

a. emprender
b. al fin y al cabo
c. la tarifa
d. el presupuesto
e. el mostrador
f. divertirse
g. la excursión
h. el alojamiento
i. la propina
j. el folleto
k. meterse donde no le llaman
l. el huésped
m. aprovechar
n. módico
ñ. la cuenta

C. Sinónimos o antónimos. *Para cada par de palabras, indique si el significado es igual (=) o si es lo opuesto (≠).*

1. la ventaja	_≠_	la desventaja
2. la tarifa	_____	el precio
3. el destino	_____	la salida
4. divertirse	_____	hacer algo que le dé gusto
5. la excursión	_____	el viaje independiente
6. el consejo	_____	la recomendación
7. asegurar	_____	poner en duda
8. el huésped	_____	alguien que no es admitido
9. el alojamiento	_____	los hoteles, los hostales y las pensiones
10. lujoso	_____	de lujo
11. el crucero	_____	el viaje marítimo
12. el placer	_____	el disgusto
13. al fin y al cabo	_____	después de todo
14. la propina	_____	la recompensa
15. guardar silencio	_____	hablar

D. Analogías. *Señale la respuesta más apropiada para duplicar la relación que existe entre las palabras modelo.*

> **EJEMPLO:** el libro: la biblioteca
> la película: _____
> a. la habitación   b. divertirse   c. <u>el cine</u>

1. poco: mucho
   modesto: _____
   a. módico   b. lujoso   c. el presupuesto

2. la taza: el vaso
   la mesa: _____
   a. el folleto   b. la propina   c. el mostrador

3. salir: entrar
   terminar: _____
   a. emprender   b. divertirse   c. aprovechar

4. cantar: callarse
   hablar: _____
   a. meterse donde no le llaman   b. guardar silencio   c. asegurar

5. el restaurante: el menú
   la agencia de viajes: _____
   a. el folleto   b. la ventaja   c. el huésped

6. vivir en su casa: visitar un hotel
   la residencia permanente: _____
   a. la estadía   b. el consejo   c. la ventaja

7. escuchar: oír
   interferir: _____
   a. asegurar   b. aprovechar   c. meterse donde no le llaman

8. la música: el concierto
   el descanso: _____
   a. el presupuesto   b. el mostrador   c. el balneario

9. comer: cenar
   afirmar: _____
   a. guardar silencio   b. asegurar   c. aprovechar

10. leer: el libro
    pagar: _____
    a. la ventaja   b. el consejo   c. la factura

🔊 *Escuche la siguiente conversación, y luego repítala para practicar la pronunciación. Para escucharla, vaya a **www.cengage.com/spanish/conversaciones4e** y busque **Capítulo 1: Conversación creadora, «Planeando un viaje»**.*

PERSONAJES

MARINA, 22 años
DANIEL, 23 años
EMPLEADA DE LA AGENCIA DE VIAJES
UNA SEÑORA, 50 años

ESCENARIO

Una agencia de viajes en Kendall, una región de Miami en el sur de la Florida. Es por la mañana. Entran Marina y Daniel a la agencia. Ven que los mostradores están ocupados con otros clientes y se sientan a esperar en un sofá junto a una señora, que también está esperando. Guardan silencio.

DANIEL:	Bueno, chica, no pongas esa cara. ¡Pareces como si te estuvieran llevando a la cárcel!° Al fin y al cabo, ¿qué nos cuesta pedir información?
MARINA:	Ya te he dicho que me parece absurdo hacer un viaje organizado a Costa Rica, cuando sería mejor pedir unos cuantos folletos turísticos y organizarlo por nuestra cuenta.
DANIEL:	De la otra manera sale más barato, Marina, y tiene la ventaja de que se aprovecha mejor el tiempo y puedes ver todo mejor.
MARINA:	¿Mejor? ¿Piensas que es mejor tener que ir pegado° todo el día a un bando° de turistas y madrugar° como en un cuartel?° Prefiero no depender de nadie y que vayamos descubriendo los sitios a nuestro ritmo.
SEÑORA:	Perdonen que me meta donde no me llaman, pero ¿conocen ya Costa Rica o es la primera vez que van?
DANIEL:	Es la primera vez que vamos. ¿Usted conoce esa región?
SEÑORA:	Yo muy bien, tengo familia allí. ¡Qué envidia!° Costa Rica es un paraíso. Seguro que se van a divertir. No les hace falta° más guía que la de sus propias ganas,° porque todo lo que encuentren les aseguro que les va a parecer una maravilla.
MARINA:	¿Lo ves? Es lo que digo yo, que los viajes organizados sirven más para gente mayor.
SEÑORA:	Depende de cómo sea la gente. A mí todavía me gusta viajar sola. Y tampoco crean que van a gastar ustedes más.
EMPLEADA:	¡Que pase el siguiente!
DANIEL:	Estaba usted delante de nosotros, ¿no?
SEÑORA:	No importa, con placer les cedo mi turno. Yo no tengo afán.°
MARINA:	Muchas gracias, señora, y también por el consejo. Ha sido usted muy amable.

jail

stuck to

flock / to get up early / barracks

I envy you!
No... You don't need
propias... own desires

urgency

Se levantan Daniel y Marina y se acercan al mostrador.

EMPLEADA:	Buenos días. ¿Cómo puedo ayudarles?
DANIEL:	Habla tú, Marina.

Comprensión

A. ¿Qué pasó? *Conteste cada pregunta con una oración.*

1. ¿Por qué están Marina y Daniel en la agencia de viajes?

2. ¿Qué conflicto tienen Daniel y Marina?

3. ¿Por qué prefiere Daniel ir en un viaje organizado?

4. ¿Por qué prefiere Marina viajar independientemente?

5. ¿Qué piensa la señora de la cuestión de ir en grupo o no?

B. ¿Qué conclusiones saca Ud.? *Indique la(s) letra(s) que corresponde(n) a la mejor respuesta.*

1. ¿Cuál de los siguientes adjetivos *no* describe a Daniel?
   a. pragmático
   b. práctico
   c. cuidadoso
   d. impulsivo

2. ¿Cuál de los siguientes adjetivos *no* describe a Marina?
   a. aventurera
   b. independiente
   c. tímida
   d. individualista

3. ¿Por qué quiere la señora ayudar a Daniel y Marina?
   a. porque es una agente de viajes
   b. porque no tiene familia en Costa Rica
   c. porque Marina es su nieta
   d. porque oyó la conversación entre Daniel y Marina y cree que puede ayudarlos

4. ¿Cuáles son dos cosas que Daniel y Marina seguramente van a pedirle a la empleada de la agencia de viajes?
   a. información sobre una excursión a Cuba
   b. información sobre las ventajas de ir a Costa Rica independientemente
   c. información sobre las ventajas de ir a Costa Rica en grupo
   d. información sobre viajes a varios países centroamericanos

5. ¿Cuál de las siguientes posibilidades sería mejor para la empleada de la agencia de viajes?
   a. venderles una excursión barata a Marina y Daniel
   b. venderles una excursión lujosa a Marina y Daniel
   c. darles información sobre Costa Rica a Daniel y Marina, sin venderles nada
   d. convencer a Daniel y Marina de que no necesitan más guía que la de sus propias ganas

Conclusión

*Después de dividirse en grupos, inventen una conclusión en forma de diálogo a la **Conversación creadora** «**Planeando un viaje**». Empiecen con la distribución de papeles (roles). Luego, discutan sus ideas para la conclusión. Consulten el **Vocabulario útil** al final del capítulo para obtener ayuda con el vocabulario del turismo, los hoteles, el tiempo y las discusiones. La conclusión de su grupo será presentada luego al resto de la clase.*

INSTRUCCIONES

_____

_____

PERSONAJES

Marina _____

Daniel _____

Empleada/Empleado de la agencia de viajes _____

Señora _____

IDEAS PARA SU CONCLUSIÓN

_____

_____

_____

_____

_____

_____

_____

_____

_____

_____

_____

_____

_____

_____

_____

Enlace gramatical

Ser y estar

Los usos de *ser*

1. Para identificar, describir o definir.

   La agencia de viajes **es** una de las más conocidas en Miami.
   Las vacaciones **son** una actividad importante en el mundo hispano.

2. Con adjetivos para expresar características o cualidades intrínsecas.

   Estos centros turísticos **son** famosos por sus casinos y discotecas.

3. Para indicar profesiones, nacionalidades (origen), materiales, asociaciones (por ejemplo: religión, partido político) y posesión.

   Marina y Daniel **son** cubano-americanos.

4. Con los participios pasados para formar la voz pasiva.

   Marina, Daniel y la señora esperan **ser** atendidos.

5. Para expresar dónde tiene lugar un evento.

   La ceremonia de inauguración de la Conferencia Internacional Sobre Ecoturismo **será** en el auditorio del instituto.

6. Para expresar la hora, el día o una fecha.

   El aniversario de la fundación del Parque Nacional Manuel Antonio **es** el 15 de noviembre.

7. Con expresiones impersonales.

   Es preferible ir a regiones remotas con guías expertos.

Los usos de *estar*

1. Para expresar lugar o ubicación de personas y cosas.

   Marina y Daniel **están** en la agencia de viajes.

2. Con adjetivos y con participios pasados usados como adjetivos para expresar condiciones o estados.

   A veces Marina **está** impaciente.
   Daniel y Marian **están** sentados en un sofá.

3. Con los gerundios (-ando, -iendo) para formar los tiempos progresivos.

   Estamos buscando un hotel cerca del parque Manuel Antonio.

4. Con algunas expresiones.

estar de vacaciones	estar con ganas de
estar de viaje	estar de buen/mal humor
estar de vuelta / estar de regreso	estar listo/a
estar de acuerdo	estar de pie

¿Estás listo? El autobús sale para San José a las ocho.

Práctica

A. Saludos desde Costa Rica. *Complete este correo electrónico con las formas apropiadas de **ser** y **estar**.*

Hola a todos,

¡Daniel y yo (1) _____ de vacaciones en Costa Rica! Hoy

yo les (2) _____ escribiendo desde un café Internet en San

José. Mañana vamos a hacer una excursión al Parque Nacional Manuel Antonio.

El parque (3) _____ ubicado en la costa del Pacífico y

(4) _____ uno de los más visitados del país. Unos amigos

ticos *(slang for natives of Costa Rica)* me han dicho que las playas de Manuel

Antonio (5) _____ increíbles. Tengo ganas de ver un

mono cariblanco *(white-faced capuchin monkey)*, pues dicen que adonde

vamos hay muchos.

Hasta pronto, cariños y abrazos de

Marina

B. En la recepción del hotel en Manuel Antonio, Costa Rica. *Una recepcionista recibe llamadas telefónicas y atiende a los huéspedes en la recepción de un hotel. Complete cada pregunta con las formas apropiadas de **ser** y **estar**. Los tiempos pueden variar.*

1. —Quisiera hacer una reservación por dos días. ¿ _____ todas las habitaciones modernas, con wifi *(Wi-Fi)* y cable?

   —¡Claro! Aquí Ud. puede disfrutar de *(enjoy)* todas las amenidades.

2. —¿Me podría decir si el Parque Nacional Manuel Antonio
   _____ abierto hoy?
   —No, desafortunadamente no se puede visitar el parque los lunes.

3. —¿ _____ necesario hacer una excursión guiada?
   —No, en el centro de información hay mapas del parque y algunos
   folletos.

4. —Hoy algunos ecólogos van a dar una charla sobre la biodiversidad,
   ¿verdad?
   —Sí, la presentación _____ en el salón de conferencias del
   hotel a la una.

5. —Disculpe, señorita. ¿Me podría decir cuándo _____
   fundado el Parque Nacional Manuel Antonio?
   —Se estableció en noviembre de 1972.

Escenas

*Formen parejas. Un/a estudiante tomará el papel de **A** y el/la otro/a el de **B**.[2] Hablen en español hasta que solucionen el conflicto en cada situación. Luego, cuenten a los demás estudiantes cómo han resuelto Uds. cada escena. El **Vocabulario útil** al final del capítulo les ayudará con el vocabulario.*

1. **A** For the first time in years, you are taking a much-needed vacation, and you want a travel agent to arrange a trip to Spain for you and your partner. You really want to get away from it all; your dream is to experience life in a quiet seaside town, such as Bayona on the Atlantic coast near Pontevedra (Galicia), where a Spanish friend of yours spends the summer. Try to convince your partner to take this trip.

   B You have searched the Internet and found a one-week package to Torremolinos on Spain's Costa del Sol, a built-up beach area with high-rise hotels and an active nightlife. You think that you and your partner would have a lot of fun in Torremolinos, and that you could save money by booking online. Try to persuade him or her to take this trip.

[2]*Si hay un grupo de tres, hagan la cuarta escena con el papel de **C**.*

2.   **A**   You are packing for a two-week trip by plane. You think that it is important to keep all your belongings in one (bulging) carry-on bag. This way you will avoid fees and baggage claim inconveniences and be sure that your luggage arrives when you do. You are determined to convince your traveling companion to pack the same way.

    B   You are packing for the same two-week trip, using a large suitcase that must be checked through on your flight. However, the suitcase is half empty, since you plan to use it to bring back souvenirs **(recuerdos).** You want to convince your companion that you should both bring spacious suitcases. If necessary, offer to pay the checked-bag fees for both of you.

3.   **A**   You are a photographer **(un/a fotógrafo/a)** from Costa Rica who is checking into a hotel in Mendoza, Argentina, late at night, with tickets for every session of tomorrow's international ecology conference. You have just learned that the hotel has given away your reservation, and there are no rooms available. You see another person with photography equipment in the lobby who appears to be alone. Try to convince him or her to let you have the extra bed in his/her room for the night. Offer to pay half the price of a room.

    B   You are a photographer from Colombia who has been in Mendoza for two days covering the ecology conference. You are disappointed because you couldn't get tickets to some of tomorrow's sessions. You are a very independent person, and the thought of sharing your hotel room does not appeal to you. However, you are almost out of money. Try to recover as much of your cost as possible if you share your room, preferably the full 900 pesos that the room cost. **(Un peso argentino** = approximately 12 cents US; consult an online currency converter, a newspaper or a bank for the latest exchange rate.)

4.   **A**   You have always dreamed of going to Costa Rica for a vacation. You dislike tours but fear that your Spanish is not good enough to travel on your own. You decide to consult a travel agent who is a native speaker of Spanish. Although you've never met, you trust the agent because he or she is dating your cousin.

    B   You are an aggressive travel agent. You have just sold nine package tours to Mexico, and you will receive a cash prize as soon as you sell one more. You think this customer's Spanish is adequate for traveling alone in Central America, but you would like to convince him or her to buy a package tour.

    C   You are a friend of A's who is going on this vacation with him or her. You think that your companion speaks Spanish well enough to travel independently. Try to convince him or her to reject the tour, or at least to think about it some more.

Más actividades creadoras

*El **Vocabulario útil** al final del capítulo le ayudará con estas actividades.*

A. Dibujos. *Invente una narración, tomando los siguientes dibujos como punto de partida. Su cuento debe explicar quiénes son estos personajes, qué les ha pasado antes, qué está ocurriendo ahora y qué les va a pasar en el futuro.*

B. Uso de mapas y documentos. *Refiérase al mapa y a la tabla para contestar las siguientes preguntas.*

El tiempo

☀ Despejado
⛅ Parcialmente nublado
☁ Nublado
----- Llovizna
===== Lluvia
⛈ Aguacero y tormenta eléctrica

Pronóstico: Válido de las 6:00 a.m. a las 6:00 p.m.
(Suministrado por el Instituto Meteorológico Nacional)

Valle Central: Durante el período, viento moderado y ráfagas del este. Lloviznas sobre la Cordillera Central. En la mañana, parcialmente nublado en el sector este. Poca nubosidad en el oeste. En la tarde, nublado.
Guanacaste: Durante el período, poca nubosidad y viento moderado del este. Lloviznas sobre la Cordillera de Guanacaste.
Pacífico Central: En la mañana, despejado con viento débil del este. En la tarde, poca nubosidad.
Pacífico Sur: En la mañana, despejado. En la tarde, poca nubosidad.

Zona Norte: Durante el período, nubosidad variable entre parcialmente nublado y nublado con lluvias intermitentes, especialmente en la mañana.
Vertiente del Atlántico: En la mañana, nublado con aisladas lluvias. En la tarde, nublado con lluvias sobre la región marítima.

Comentario

Ayer, imperó la actividad lluviosa sobre la Vertiente del Atlántico y la Zona Norte, así como sobre las Cordilleras principales del país. El campo de presión sobre la Cuenca del Caribe continúa provocando un viento alisio con velocidades moderadas. Por eso, la persistencia en las condiciones meteorológicas. Para las próximas horas se estima un cambio gradual en la velocidad del viento alisio y, con ello, una mejoría del tiempo sobre la región del Caribe.

Mareas mañana en todo el país

	Alta	Mts.	Baja	Mts.	Alta	Mts.	Baja	Mts.
Puntarenas	08.49	2.19	02.39	0.33	21.11	2.36	14.49	0.45
Quepos	08.42	2.11	02.38	0.41	21.04	2.26	14.46	0.52
Limón	06.56	0.33	13.56	−0.02	19.39	0.12	23.58	0.01

Fases de la luna

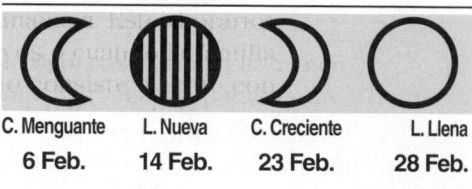

C. Menguante	L. Nueva	C. Creciente	L. Llena
6 Feb.	**14 Feb.**	**23 Feb.**	**28 Feb.**

Sol sale: 06:58   **Sol se pone: 18:42**

Clima de ayer

Estación	Máx.	Hr.	Mín.	Hr.	Hrs. Sol	MM. lluvia
San José	19.8	12:00	14.0	02:00	1.3	0.0
Alajuela	26.7	14:10	18.6	06:10	9.4	0.0
Puntarenas	34.0	15:40	23.0	04:10	9.6	0.0
Limón	27.3	13:50	21.0	07:30	1.1	4.5
Irazú	N.D.	N.D.	N.D.	N.D.	N.D.	N.D.
Pavas	23.2	12:30	17.5	06:50	1.8	0.0
Liberia	33.5	13:00	20.0	07:00	10.9	0.0
Palmar Sur	33.2	14:40	22.0	07:40	N.D.	0.0

Humedad relativa en San José: 84%

Fórmula de conversión: La temperatura en

$$\text{Grados Celsius} \times \frac{9}{5} + 32 = \text{Grados Fahrenheit}$$

$$\text{Grados Fahrenheit} - 32 \times \frac{5}{9} = \text{Grados Celsius}$$

1. ¿Dónde hizo más frío y dónde más calor el día anterior en Costa Rica?

2. Basando su opinión en el pronóstico, ¿a qué zona iría Ud. para un paseo? ¿Hay alguna zona adonde no iría?

3. Según esta información, ¿cómo es el clima de Costa Rica en febrero?

4. ¿Cuál es la fuente *(source)* de la información de este pronóstico?

5. ¿Cómo se compara este pronóstico con uno de su región en el mes de febrero?

C. Cortometraje. *Vaya primero a **www.cengage.com/spanish/ conversaciones4e** y busque **Capítulo 1: Cortometraje** para mirar el cortometraje «**Perú, Nebraska**». Luego, conteste las preguntas en la forma indicada por su profesor/a. El tema de este corto es un intercambio cultural en el que algunos embajadores peruanos visitan a sus tocayos* (namesakes, ones with the same name) *de Peru, Nebraska, para enseñarles sobre su país.*

Cortesía de Promoción Perú

1. ¿Cómo se compara el turismo en este corto con el turismo convencional?

2. Comente tres experiencias nuevas que traen los embajadores peruanos a los habitantes de Peru, Nebraska.

3. Señale una costumbre cultural que podrían adoptar los norteamericanos después de la visita de los suramericanos, y explique por qué. Señale otra costumbre que probablemente no van a adoptar los norteamericanos, y explique por qué.

4. Describa una escena interesante, y explique por qué le interesó.

5. ¿Qué piensa Ud. de la posibilidad de tomar el lugar de alguien en un país hispano por un breve período, como se propone con el alguacil (*sheriff*) en este corto? Si pudiera hacerlo, ¿adónde iría, y qué haría allí? Explique sus razones.

D. A escuchar. *Escuche la entrevista en la que una persona contesta algunas preguntas sobre el tiempo en su país. (Para ver las preguntas, refiérase al ejercicio E, número 1). Para escucharla, vaya a **www.cengage.com/ spanish/conversaciones4e** y busque **Capítulo 1: A escuchar.** Luego, conteste las siguientes preguntas en la forma indicada por su profesor/a.*

1. ¿Cómo se llama la persona entrevistada, y dónde nació?

2. ¿Dónde vive ahora, y dónde estudia?

3. En el día de la entrevista, ¿cómo estaba el tiempo en Costa Rica?

4. ¿Cuántas estaciones hay en Costa Rica? ¿Cuándo comienza y cuándo termina cada una?

5. ¿Cómo se compara el clima costarricense con el clima de la región donde Ud. vive?

E. Respuestas individuales. *Piense en las siguientes preguntas para contestarlas en la forma indicada por su profesor/a.*

1. ¿Cómo está el tiempo hoy? ¿Cómo suele ser el tiempo en esta región, durante esta estación y durante todo el año? En su opinión, ¿qué región del mundo tiene el clima ideal?

2. ¿Cómo fue el mejor hotel en que Ud. se ha alojado? ¿Cómo fue el peor hotel en que se ha alojado?

F. Contestaciones en parejas. *Formen parejas para completar las siguientes actividades.*

1. Aquí hay una compilación de ciertas tendencias que exhiben algunos viajeros norteamericanos cuando van a otros países. Formando dos listas, indiquen cuáles son las características de un/a buen/a viajero/a y cuáles son las de un/a mal/a viajero/a. Cuando terminen, añadan sus propias características a las listas.

   A. *Buen/a viajero/a*
   B. *Mal/a viajero/a*

   a. Le gusta probar comida típica del país.
   b. Le gusta caminar.
   c. Le molesta cuando alguien no le habla en inglés.
   d. Le preocupa mucho lo que estará pasando en su casa y en su trabajo mientras no está allí.
   e. Las incomodidades le molestan mucho.
   f. Le gusta explorar lugares menos frecuentados por turistas.
   g. No le interesa la historia de otros países.
   h. Le gusta que todo sea igual que en su casa.
   i. Trata de adaptarse a las costumbres de la gente del país.
   j. Le gusta hablar con la gente.

2. Uds. tienen un presupuesto muy limitado para un viaje internacional de siete días. ¿Adónde irían y qué harían allí? ¿Qué tipo de alojamiento escogerían? ¿Qué harían para gastar menos dinero?

G. Proyectos para grupos. *Formen grupos de cuatro o cinco personas para completar estos proyectos.*

1. Consigan información en español en la red sobre un país hispano. Preparen un informe sobre este país, señalando su geografía, su patrimonio *(heritage)* cultural y sus atractivos *(attractions)* para los turistas. El sitio de información latinoamericana de la Universidad de Texas (**lanic**) y el sitio oficial para el turismo español (**tourspain**) pueden ayudarles.

2. Diseñen un folleto turístico describiendo su ciudad o pueblo como destino turístico.

H. Discusiones generales. *La clase entera participará en discusiones usando como base las siguientes preguntas.*

1. ¿Qué importancia tienen los medios sociales para Uds. cuando están de vacaciones? ¿Qué tipo de contacto mantienen con los amigos a través de Facebook, Twitter, Instagram, WhatsApp, Vine u otros medios mientras están viajando, y por qué?

2. Para Uds., ¿cuáles son los servicios que esperan recibir en un hotel de cuatro o cinco estrellas, cuáles son los servicios que corresponden a un hotel de dos o tres estrellas, y cuáles son los de un hotel de una estrella? Hagan una lista de las tres categorías y sus características. ¿Cómo se clasificarían algunos hoteles de su región?

Vocabulario útil

*La siguiente es una lista de palabras y expresiones selectas que le ayudarán en este capítulo. Para el vocabulario del aeropuerto, consulte la página 43. Al final de cada sección, Ud. puede usar el **Vocabulario individual** para acordarse de otras palabras nuevas que encuentre.*

EL TURISMO

Sustantivos

el equipaje   *baggage, luggage*
el itinerario   *itinerary, trip plan*
el plazo (de tiempo)   *period (of time)*
el recorrido   *tour, walk; journey*
la temporada turística   *tourist season*
el turismo nacional   *domestic travel*
el/la veraneante   *summer vacationer*
el veraneo   *summer vacation*
la zona turística   *tourist area*

Verbos

alojarse, hospedarse   *to stay*
dar la vuelta al mundo   *to take a trip around the world*
elegir (i)   *to choose*
hacer las maletas   *to pack*
hacer un viaje   *to take a trip*

instalarse   *to settle in*
organizar   *to organize, to arrange*
relajarse   *to relax*
veranear   *to spend one's summer vacation*

Adjetivos

fuera de temporada   *off season*
primera (segunda, tercera) categoría   *first (second, third) class*

Expresiones

Adonde fueres, haz lo que vieres. (ancient proverb)   *When in Rome, do as the Romans do. (Take your cues from local customs.)*
¿Con cuánta anticipación?   *How far in advance?*
pasarlo bien/mal   *to have a good/bad time*

Vocabulario individual

_____   _____

_____   _____

_____   _____

LOS HOTELES

Sustantivos

el aire acondicionado, la
  climatización *air-conditioning*
la almohada *pillow*
la bañera, la tina *(H.A.)* *bathtub*
la bata de baño, el albornoz *(Sp.)* *bathrobe*
el botones *bellhop*
la caja *cashier's desk*
la calefacción *heating*
la cama individual *single bed*
la cama matrimonial/de matrimonio *double bed*
la casilla, el casillero *(Sp.)* *cubbyhole for mail,
  keys, etc.*
el champú *shampoo*
el/la conserje *concierge*
la conserjería *concierge's desk*
el (cuarto)/la (habitación) doble *double room*
el cuarto de baño *bathroom*
la ducha, la regadera *(Mex.)* *shower*
la funda de almohada *pillowcase*
el/la gerente *manager*
el jabón *soap*

el lavabo *sink*
la lavandería (el lavado y planchado) *laundry
  (washing and ironing)*
la llave *key*
la manta, la cobija *(H.A.)*, la frazada
  (H.A.) *blanket*
la mucama *(H.A.)*, la camarera
  (Mex., Sp.) *hotel maid*
el portero *doorman*
el servicio a la/de habitación, a las/de
  habitaciones *room service*
la recepción *registration desk*
el recargo *surcharge*
la reservación *(H.A.)*, la reserva *reservation*
la sábana *sheet*
el secador de pelo *hair dryer*
el (cuarto)/la (habitación) sencillo/a *single
  room*
la toalla *towel*
el vestíbulo *lobby*

El TIEMPO

Sustantivos

el clima *climate*
el granizo *hail*
la lluvia *rain*
la marea *tide*
el/la meteorólogo/a *weather person*
la niebla *fog*
la nieve *snow*
la nube *cloud*
la nubosidad *cloudiness*
el pronóstico *forecast*
la ráfaga de viento *gust of wind*
la tormenta *storm*
el viento *wind*

Verbos

llover (ue) *to rain*
lloviznar *to drizzle*
nevar (ie) *to snow*

Expresiones

Está despejado. *It's clear out.*
Está neblinoso. *It's foggy.*
Está nublado. *It's cloudy.*
Hace buen tiempo. *It's nice out., The weather's
  good.*
Hace calor., Está caluroso. *It's hot.*
Hace fresco. *It's cool.*
Hace frío. *It's cold.*
Hace mal tiempo. *It's not nice out., The
  weather's bad.*
Hace sol., Está soleado. *It's sunny.*
Hace viento., Está ventoso. *It's windy.*
Llueve a cántaros. *It's pouring.*

Vocabulario individual

_____   _____
_____   _____
_____   _____
_____   _____
_____   _____

LAS ASERCIONES

A mi parecer…   *In my view . . .*
¡Buena idea!   *Good idea!*
Bueno.   *OK.*
Creo que…   *I believe that . . .*
En mi opinión…   *In my opinion . . .*
Eso me gusta.   *I like that.*
Estoy de acuerdo., De acuerdo.   *I agree.*
Mire (Ud.)./Mira (tú).   *Look.*
Para mí…   *To me . . . , In my view . . .*

Pienso que…   *I think that . . .*
Por mí…, Por mi parte…   *As far as I'm concerned . . .*
Por un lado… por otro lado…   *On one hand . . . on the other hand . . .*
¿Qué te/le parece…?   *What do you think . . . ?*
¿Qué tal si… ?   *What if . . .?* (followed by a suggested action)
Sin duda.   *Without a doubt.*

LAS CONTRADICCIONES

Al contrario…   *Just the opposite . . . , To the contrary . . .*
De ninguna manera.   *Definitely not. No way.*
En cambio…   *On the other hand . . .*
Eso no me gusta.   *I don't like that.*
No, es demasiado aburrido (caro)…   *No, that's too boring (expensive) . . .*

No estoy de acuerdo.   *I disagree.*
Pero si…   *But . . .* (followed by an important fact to consider)
¡Yo no!   *Not I! (Not me!)*

Vocabulario individual

_____   _____
_____   _____
_____   _____
_____   _____

LOS ACUERDOS Y LOS DESACUERDOS

Sustantivos

el acuerdo   *agreement*
el desacuerdo   *disagreement*
la riña   *quarrel, argument*

Verbos

aceptar   *to accept, to agree to*
aguantar   *to tolerate*
consentir (ie)   *to permit, to allow; to spoil someone*
despreciar   *to put down; to scorn*
discutir   *to discuss; to dispute; to argue*
elogiar, exaltar   *to praise*
impresionar   *to impress*
llegar a un acuerdo, ponerse de acuerdo   *to reach an agreement*
ponerse   *to become* (for emotional states or conditions)
rechazar   *to reject*
reñir (i)   *to quarrel, to argue*
tener/no tener la culpa   *to be/to not be at fault*
tener razón/no tener razón   *to be right/to be wrong*

Adjetivos

bruto/a   *gross, ignorant, brutish*
considerado/a   *considerate*
desconsiderado/a   *inconsiderate*
insoportable   *unbearable, insufferable*
sensible   *sensitive*
tonto/a   *silly, stupid, dumb*

Expresiones

a lo mejor   *maybe, perhaps*
Con mucho gusto.   *Gladly.*
depende de...   *[it] depends on . . .*
de todos modos...   *in any case . . . , anyway . . .*
Es verdad./No es verdad.   *That's true./That's not true.*
Ni pensarlo.   *No way. Don't even think about it.*
¡No me diga(s)!   *Really! You don't say!*
por eso   *for that reason, because of that . . .*
¡Qué barbaridad!   *How awful!; That's nonsense!*

Vocabulario individual

_____   _____

_____   _____

_____   _____

_____   _____

_____   _____

CAPÍTULO 2

Los aeropuertos y el transporte

OBJETIVOS: Aprender a...

- ◆ obtener, interpretar y presentar información relacionada con el transporte.
- ◆ participar en las actividades de un aeropuerto.
- ◆ defenderse contra acusaciones.

NOTAS CULTURALES
Hispanoamérica

Un avión en el aeropuerto de Ezeiza en Buenos Aires, Argentina

El transporte aéreo

Los países hispanos cuentan con diversos medios de transporte. Existen amplias redes° de servicio tanto en el transporte aéreo como en el transporte interurbano y el transporte público. Especialmente en las grandes metrópolis, la mayoría de los países en Latinoamérica tiene por lo menos una línea aérea nacional y cuenta con modernos aeropuertos internacionales. Además, muchos países tienen una o dos aerolíneas domésticas para el transporte de pasajeros y de mercancía° dentro del país. Muchas personas de ingreso° medio-alto y de altos ingresos están acostumbradas a viajar por avión, tanto por cuestión de negocios como por razones personales. Aunque no es la forma de transporte más usada, viajar por avión es muy importante porque es la mejor manera de llegar a ciertos destinos. Así sucede en el caso de algunas ciudades andinas como Quito, la capital de Ecuador, y para las ciudades que están en medio de la selva, como Iquitos, Perú.

networks

merchandise
income

El transporte por tierra

El medio de transporte terrestre° más usado en Hispanoamérica para desplazarse° de una ciudad a otra es el autobús, y los autobuses conectan la mayoría de las ciudades y pueblos hispanoamericanos. Es por eso que existe una variedad de líneas privadas de autobuses que ofrecen gran diversidad en la calidad del servicio interurbano, desde los ultramodernos de vía directa

land
to get around

(con ventanas enormes, baños a bordo y monitores para ver películas) hasta los más sencillos que hacen múltiples paradas en pequeñas poblaciones.

Aunque se usa menos para viajes, existe también el transporte ferroviario.° Argentina, Colombia, Chile y México son los países con las redes de ferrocarril° más amplias. Por lo general, los trenes se usan principalmente para el comercio, pero existen algunas rutas ferroviarias que son de especial agrado para los turistas porque ofrecen la oportunidad de disfrutar de paisajes únicos. Un ejemplo es el tren que va desde la capital de Bolivia, La Paz, hasta la ciudad de Arica en Chile, el cual baja de 4.000 metros de altura hasta el nivel del mar. Otro paseo en tren que atrae a turistas es el que va de la ciudad de Guadalajara al pueblo de Tequila en el estado de Jalisco en México. «Tequila Express» es el nombre de este recorrido° turístico, el cual incluye música en vivo de una banda de mariachi a bordo.

rail

railroad, train

journey

El transporte urbano

Como en todas partes del mundo, en las grandes ciudades hispanoamericanas es preferible usar el transporte público y caminar cuando la distancia lo permite. Los autobuses de transporte público urbano son de calidad diversa dependiendo de la ciudad. Los hay desde los enormes y modernos hasta los antiguos buses escolares pintados y decorados, y a veces nombrados, según la región donde circulan. La palabra para referirse al autobús de transporte público urbano varía según el país. Se le llama «camión» en México, «camioneta» en Guatemala, «guagua» en Cuba y Puerto Rico, «ómnibus» en Perú y Uruguay, «microbús» en Argentina y «micro» en Chile. Un modelo del transporte masivo conocido mundialmente es el sistema de autobuses llamado el TransMilenio en Bogotá, Colombia. Actualmente este sistema cuenta con más de 140 estaciones y con más de 1.400 buses de tránsito rápido. Estos buses tienen capacidad de 160 a 291 pasajeros en cada bus. Ofrecen un servicio moderno y cómodo, y la tarifa es muy barata.

Además de los autobuses y «colectivos» (coches, camionetas o minibuses que llevan a un pequeño grupo de pasajeros) del transporte público, los taxis y el metro[1] son medios muy usados. En general, el servicio de taxi en Latinoamérica es mucho más barato que en los Estados Unidos o Europa. Aunque muchos taxis tienen taxímetro,° a veces se puede negociar la tarifa con el conductor. La Ciudad de México,[2] Santiago de Chile, Caracas y Buenos Aires entre otras poseen sistema de metro; en esta última ciudad, al metro se le llama «subte» o subterráneo. En el D. F., el sistema del Metro es uno de los más grandes del mundo y cuenta con una red de alrededor de 226 kilómetros que transporta a más de siete millones de personas al día. En varias estaciones se exhiben artefactos y arquitectura precolombina, y además hay murales y esculturas de artistas mexicanos.

taximeter

---

[1]**Metro** es una abreviatura de «metropolitano».
[2]El nombre oficial de la Ciudad de México es «México D. F.» —Distrito Federal— y se le llama comúnmente «el D. F.».

España

Una tienda libre de impuestos (duty-free) en el aeropuerto de Madrid-Barajas

El transporte aéreo

El transporte aéreo últimamente se ha intensificado mucho en España. La línea nacional Iberia, cuya sede está en Madrid, actualmente está asociada a British Airways. Es la cuarta aerolínea de Europa por número de pasajeros y la aerolínea líder en tráfico de pasajeros entre Europa y Latinoamérica. Otras líneas con servicio dentro del país incluyen Air Europa y Vueling. Ahora son muy populares las compañías de bajo costo, algunas de ellas extranjeras, como Ryanair, una aerolínea irlandesa.

El transporte terrestre

A pesar de que el servicio aéreo cuenta con muchos vuelos dentro del país, los españoles usan más el tren y los autobuses para desplazarse de un sitio a otro porque cuestan menos y a veces son igual de rápidos. El sistema de ferrocarril se llama RENFE (Red Nacional de Ferrocarriles Españoles). Los trenes son muy buenos, rápidos y cómodos, y suelen ofrecer descuentos a estudiantes y a la gente de la tercera edad.° La RENFE ofrece varias opciones de trenes, entre los cuales se destacan los trenes de cercanías, los trenes regionales, las Grandes Líneas (para viajes de más de 400 kilómetros) y modelos de alta velocidad como el Talgo, el Alaris y el Arco (que pueden alcanzar una velocidad de 200 kilómetros por hora) y

la gente... senior citizens

el AVE,[3] cuya velocidad máxima es de 300 kilómetros por hora. También
existen varios trenes turísticos. El más famoso es el tren Al Andalus, un
tren de lujo con coches elegantes de los años veinte, que recorre en una
semana las ciudades y pueblos de Andalucía. Otra opción para los turistas
o el público en general es El Tren de la Fresa, el primer ferrocarril de la
Comunidad de Madrid, inaugurado en 1851. El tren recrea el viaje de aquella
época entre Madrid y Aranjuez, con una locomotora de vapor,° vagones   *locomotora...* steam
de madera y azafatas vestidas de época que sirven productos típicos de   *engine*
Aranjuez a los viajeros.

En cuanto a autobuses, hay varias empresas con servicios entre las
principales ciudades de las comunidades autónomas peninsulares así como
también dentro de cada comunidad. En Madrid hay tres terminales de buses
que tienen salidas hacia otras ciudades de España y Europa, y están bien
conectadas con el metro.

El transporte urbano

Los autobuses que circulan dentro de Madrid son rojos y pertenecen a
la EMT (Empresa Municipal de Transporte); también hay una línea de
autobuses verdes que conectan a Madrid con los pueblos cinturón. Los
autobuses rojos llegan a cualquier parte de la ciudad y en el centro funcionan
dentro de carriles propios para autobuses, lo que ayuda a evitar el tránsito
la mayoría de las veces. Los autobuses funcionan entre las 06:00 y las 23:30
aproximadamente, dependiendo de la línea. Desde las 23:30 hasta las 05:00
de la mañana hay autobuses nocturnos; sus horarios exactos dependen de
cada línea. A estos autobuses nocturnos se les llama «búhos».°   *owls*

En las grandes ciudades el medio de transporte urbano más usado es el
metro. Funciona puntualmente y es el preferido de los trabajadores por su
velocidad.

Comprensión y comparación

Conteste las siguientes preguntas en la forma indicada por su profesor/a.

Hispanoamérica

1. En general, ¿cómo es el transporte aéreo en Hispanoamérica y por qué
   es muy importante?
2. Además de la línea aérea nacional, ¿qué otras líneas existen en la
   mayoría de los países de Hispanoamérica?
3. ¿Cuáles son dos medios de transporte además de las líneas aéreas, y
   cuál es el más usado por los viajeros?
4. ¿Cómo son los autobuses urbanos en Hispanoamérica y qué nombres
   se les da?

---

[3]La sigla (*acronym*) AVE (de Alta Velocidad Española) también significa «pájaro».

5. ¿Qué ciudad cuenta con un servicio de transporte público ultramoderno que es conocido mundialmente? ¿Cómo se llama este servicio, y qué ofrece?
6. ¿Cómo es el sistema del Metro de la Ciudad de México? ¿Cómo se compara con algún sistema de metro en su país?

España

7. ¿Cuál es la línea aérea nacional de España, y cuáles son dos otras líneas aéreas con servicio dentro del país?
8. ¿Cómo se llama el sistema de ferrocarril en España, y cómo son los trenes?
9. ¿Cómo son los autobuses rojos que circulan dentro de Madrid?
10. ¿Cuál es el medio de transporte más usado en las grandes ciudades, y por qué?

⊕ Conexión Internet

*Investigue los siguientes temas en la red. Vaya a **www.cengage.com/spanish/ conversaciones4e** y busque **Capítulo 2: Conexión Internet** para encontrar sugerencias y enlaces, y apunte las direcciones que utilice. En algunos sitios será necesario hacer clic en «español».*

1. **El sistema TransMilenio.** ¿Cómo funciona el TransMilenio, cómo es el sistema de pago, y qué novedades recientes hay? Haga una lista de cinco características del sistema que le parezcan interesantes. (Será útil mirar el recorrido virtual y la sección de preguntas frecuentes.) ¿Cómo se compara este sistema bogotano con los autobuses en su ciudad o pueblo?

2. **Las líneas aéreas de Latinoamérica.** Seleccione e investigue tres líneas aéreas: una de México, una línea de algún país de Centroamérica y una línea de un país suramericano. ¿Qué información puede conseguir acerca de cada una de las líneas? Explique las semejanzas y las diferencias entre ellas. Si pudiera hacer un viaje en cualquiera de las tres líneas aéreas, ¿cuál escogería, y adónde iría?

3. **Una investigación de tarifas.** Escoja dos itinerarios entre Latinoamérica y España (por ejemplo, de Buenos Aires a Barcelona), para un viaje de diez días que tendrá lugar dentro de un mes. Luego, busque la mejor tarifa para un pasaje de ida y vuelta *(round-trip ticket)* —con o sin escalas *(stopovers)*— a estos destinos. Compare sus itinerarios y los precios de sus boletos con los de sus compañeros de clase.

4. **Un viaje en tren.** Investigue las posibilidades que se ofrecen esta semana para dos itinerarios: de Madrid a Sevilla (Sevilla-Santa Justa) y de Madrid a Valencia. ¿Con qué frecuencia salen los trenes para estos destinos, cuánto cuestan los distintos tipos de billetes, cuántas paradas hace cada tren y cuánto tiempo duran los viajes? Después de conseguir esta información, explique qué viaje le parece más interesante, y por qué.

🔊 🌐 Vocabulario básico

Escuche estas palabras y expresiones, y repítalas para practicar la pronunciación. Luego practíquelas usando los recursos en Internet. Para escucharlas y practicarlas, vaya a www.cengage.com/spanish/conversaciones4e y busque Capítulo 2: Vocabulario básico.

EL AEROPUERTO

Sustantivos

la aduana   *customs*
la cola   *line in which people wait (queue)*
el comprobante, el talón   *baggage claim check (stub or receipt)*
el control de pasaportes, el control de seguridad   *passport checkpoint, security checkpoint*
la demora   *delay*
el equipaje de mano, la bolsa de mano, el bolso de mano   *hand luggage, carry-on bag*
el horario de vuelos   *flight schedule*
el maletero, el mozo de equipajes   *porter, skycap*
el pasaje, el boleto (H.A.), el billete (Sp.)   *ticket*
la tarjeta de embarque   *boarding pass*
la visa (H.A.), el visado (Sp.)   *visa*

Verbos

chequear (H.A.), checar (Mex.), cachear (Sp.)   *to frisk, to search (someone)*
estar en regla   *to be in order*
facturar   *to check in (people and/or luggage)*
hacer escala   *to make a stopover*
perder (ie) un vuelo   *to miss a flight*
revisar   *to check, to inspect*
tomar un vuelo, coger[4] un vuelo   *to catch a flight*

Adjetivos

(de) ida y vuelta   *round-trip*

Adverbios

a tiempo   *on time*
adelantado   *ahead of schedule, early*
atrasado, con retraso   *delayed, late*

Expresiones

por cierto   *by the way, incidentally*
tocarle (a uno)   *to be one's turn*
tratarse de   *to be about, to be a question of*

---

[4]**Coger** is not used in Mexico or in the Southern Cone (Argentina, Chile, Uruguay, and Paraguay) because it also has an impolite meaning.

Práctica del Vocabulario básico

Cada palabra o expresión será utilizada dos veces en los siguientes ejercicios.

A. Oraciones con espacios. *Para completar esta anécdota, añada las palabras indicadas de la siguiente lista, haciendo los cambios necesarios.*

a tiempo	el horario de vuelos	adelantado
por cierto	atrasado	revisar
el comprobante	la tarjeta de embarque	el control de pasaportes
tocarle (a uno)	la demora	tomar un vuelo
estar en regla	tratarse de	hacer escala

1. Cuando Enrique llega al aeropuerto, consulta inmediatamente _____ para buscar su vuelo a Caracas.

2. Enrique ve que el vuelo llega _____ y que necesita esperar.

3. Otros viajeros están agitados a causa de _____.

4. « _____ —comenta un pasajero en la cola con Enrique—

5. ¿no sale nunca un vuelo _____ en vez de atrasado?».

6. Por fin _____ a Enrique entregar las maletas al empleado de la línea aérea.

7. El empleado menciona que el vuelo no sale _____.

8. El empleado explica también que el vuelo _____ en Trinidad.

9. El empleado le da a Enrique _____ para recoger sus maletas en Caracas.

10. Entonces Enrique saca sus documentos y va a pasar por _____.

11. El oficial examina su pasaporte y ve que su visa _____.

12. El oficial también examina el billete y _____ de Enrique.

13. Entonces Enrique pasa por el detector de metales y su bolsa de mano pasa por una máquina de rayos X. En esta situación _____ asegurar que no haya objetos peligrosos en el avión.

14. Cuando la bolsa de mano sale de la máquina, otro oficial _____ el contenido.

15. Después de ver la bolsa de mano, este oficial le dice a Enrique que ahora él puede _____.

B. Definiciones. *Empareje las columnas.*

_____ 1. la demora
_____ 2. la bolsa de mano
_____ 3. la cola
_____ 4. la aduana
_____ 5. el billete
_____ 6. por cierto
_____ 7. el visado
_____ 8. ida y vuelta
_____ 9. perder un vuelo
_____ 10. a tiempo
_____ 11. el control de pasaportes
_____ 12. tratarse de
_____ 13. hacer escala
_____ 14. adelantado
_____ 15. el maletero
_____ 16. estar en regla
_____ 17. con retraso
_____ 18. cachear
_____ 19. coger un vuelo
_____ 20. facturar

a. temprano
b. ser cuestión de
c. examinar físicamente
d. personas esperando en fila
e. el control de policía que vigila la entrada y salida de viajeros y mercancías
f. a la hora anticipada
g. tomar un avión
h. a propósito
i. el empleado que carga el equipaje
j. el pasaje para un vuelo
k. la tardanza
l. llegar tarde para un vuelo
m. registrar equipaje para su destino
n. el equipaje que puede llevar consigo en el avión
ñ. donde examinan los documentos de los viajeros
o. estar en orden
p. el permiso oficial del gobierno para entrar en un país
q. la partida y el regreso
r. tarde
s. aterrizar en un sitio intermedio antes de llegar al destino final

C. Dibujos. *Escoja la palabra o frase que corresponde a cada dibujo y escriba la letra.*

a. la cola
b. el mozo de equipajes
c. el horario de vuelos
d. la visa
e. chequear

f. facturar
g. la aduana
h. el bolso de mano
i. el talón
j. la tarjeta de embarque

k. el pasaje
l. perder un vuelo
m. revisar
n. ida y vuelta
ñ. tocarle a uno

_____ 1.

_____ 2.

_____ 3.

_____ 4.

_____ 5.

_____ 6.

_____ 7.

AVIANCA

LLEGADAS INTERNACIONALES			SALIDAS INTERNACIONALES		
VUELO	DE	LLEGADA	VUELO	A	SALIDA
AVO 82	Quito	13:00	AVO 87	Santiago de Chile	10:30
AVO 44	Buenos Aires	13:00	AVO 78	Caracas	14:20
AVO 84	Lima	13:20	AVO 10	Madrid	14:45

_____ 8.

VIAJES BUSTILLO S.A.
SANTAFÉ DE BOGOTÁ

Itinerario:

Sra. Juana Cruz Meléndez

23 agosto Bogotá-Madrid
4 septiembre Madrid-Bogotá

_____ 9.

_____ 10.

aeroméxico

PEREZ /ANA

DE MEXICO	AM	404	Y	29 JUN	17:45
DE NEW YORK	AM				
A MEXICO					

2 139 4201846718 0

A2 1 3 8 4 2 0 1 0 4 6 7 1 8 0 E

_____ 11.

"Esta contraseña es EXCLUSIVAMENTE de identificación de equipaje y no ~~ ~~~ ~~~. ~~~ ~~~~ ~~~~ ~~ ~~~."

aeroméxico

PEREZ

NEW YORK
JFK AM 404 26

AM 975548

_____ 12.

_____ 13.

U.S. CUSTOMS

_____ 14.

EMBAJADA DE COSTA RICA
WASHINGTON, D.C.
VISA DE TURISTA

No. _12_ DURANTE UN MES
DÍA _04_ MES _05_ AÑO _2015_

_____ 15.

CONVERSACIÓN CREADORA
De Madrid a Nueva York

© Cengage Learning

🔊 *Escuche la siguiente conversación, y luego repítala para practicar la pronunciación. Para escucharla, vaya a **www.cengage.com/spanish/conversaciones4e** y busque **Capítulo 1: Conversación creadora, «De Madrid a Nueva York».***

PERSONAJES

LUISA, 25 años
RAMÓN, 30 años
UN EMPLEADO
UN POLICÍA

ESCENARIO

Aeropuerto de Barajas en Madrid. Hay una cola de viajeros
esperando para pasar el control de pasaportes. Llevan paquetes
y bolsas de mano.

LUISA:	Me hace tanta ilusión ir° contigo a Nueva York. Me parece un sueño. ¿Tú crees que les gustaré a tus padres?	*Me... I'm so looking forward to going*
RAMÓN:	No digas tonterías,° claro que sí. En cuanto te vean te los meterás en un bolsillo.° Además ya sabes que ellos, aunque lleven casi toda la vida allí, son españoles de origen y les gusta mucho que me haya echado° una novia madrileña. Son encantadores, ya lo verás.	*No... Don't talk nonsense* *te... you'll have them eating out of your hand* *brought home*
LUISA:	¡Tengo unos nervios! Por cierto, oye, ¿la bolsa con el vino tinto la llevas tú?	
RAMÓN:	Sí, aquí está. Tú tranquila. Anda,° prepara el pasaporte, que ya nos toca.	*Go on*

Llega Ramón a la ventanilla y entrega su pasaporte. El empleado lo mira
atentamente y luego le mira a él.

EMPLEADO:	¿Es usted Ramón Sánchez García?
RAMÓN:	Sí, soy yo.
EMPLEADO:	Espere un momento.

El empleado hace una seña° a un policía, que está al otro lado del control,   *signal*
y este se acerca. Hablan confidencialmente, mirando el pasaporte de
Ramón.

LUISA:	¿Por qué tardan tanto? ¿Pasa algo?
RAMÓN:	Parece que sí, pero no lo entiendo.

El policía sale del recinto° del control con el pasaporte de Ramón en la   *restricted area*
mano.

POLICÍA:	*(A Ramón)* Haga el favor de acompañarme un momento.
RAMÓN:	¿Pero por qué? Yo tengo mi visado en regla.
POLICÍA:	Ya lo sé, pero necesitamos confirmar un dato.° Venga conmigo. *piece of information*
RAMÓN:	¿Vamos a tardar mucho?
POLICÍA:	Depende.
RAMÓN:	Tú espérame aquí, Luisa.
LUISA:	No, de ninguna manera. Yo voy contigo. ¿Pero qué pasa? ¡Ay, Dios mío, qué nervios!
RAMÓN:	No te preocupes, tiene que tratarse de un error. ¿Puede venir mi novia conmigo?
POLICÍA:	Que haga lo que quiera. Vamos, cojan su equipaje, que están ustedes interrumpiendo la cola.

Comprensión

A. ¿Qué pasó? *Escoja la letra que corresponde a la mejor respuesta.*

1. ¿Por qué van Luisa y Ramón a Nueva York?
   a. Ramón va a presentarles a[5] su novia a sus padres.
   b. Ramón va a establecer un nuevo negocio de vinos.
   c. Luisa y Ramón van a casarse en Nueva York.
   d. Les hace ilusión ir a Nueva York.

2. ¿Qué hace el empleado del control de pasaportes cuando Ramón presenta su pasaporte?
   a. Examina el pasaporte de Luisa.
   b. Le pregunta si es español.
   c. Hace una seña a un policía.
   d. Le devuelve su pasaporte.

3. ¿Qué le pide el policía a Ramón?
   a. Le pide que abra su bolsa de mano.
   b. Le pide que le presente a Luisa.
   c. Le pide que interrumpa la cola.
   d. Le pide que le acompañe un momento.

4. ¿Qué necesita de Ramón el policía?
   a. Necesita sacar algo de su equipaje.
   b. Tiene que confirmar un dato suyo.
   c. Necesita examinar su visado.
   d. Tiene que cachearlo.

5. ¿Qué necesita de Luisa el policía?
   a. Necesita chequearla.
   b. Tiene que confirmar un dato.
   c. Tiene que examinar su visado.
   d. No la necesita para nada.

B. ¿Qué conclusiones saca Ud.? *Conteste cada pregunta con una oración.*

1. ¿Qué emociones siente Luisa al emprender este viaje, y por qué? _____

2. ¿Por qué piensa Ramón que Luisa va a gustarles a sus padres? _____

3. ¿Qué parece provocar la sospecha del empleado del control? _____

4. ¿Qué tendrá que hacer Ramón para poder tomar su vuelo? _____

5. ¿Cómo reacciona Luisa ante esta investigación? _____

---

[5]Hoy día en Hispanoamérica, es muy frecuente omitir la *a* personal con el verbo "presentar" cuando se especifican el objeto directo y el objeto indirecto del verbo. Esta oración sería entonces: «Ramón va a presentarles su novia a sus padres».

Conclusión

Después de dividirse en grupos, inventen una conclusión en forma de diálogo a la **Conversación creadora** «**De Madrid a Nueva York**». *Empiecen con la distribución de papeles (roles). Luego, discutan sus ideas para la conclusión. Consulten el* **Vocabulario útil** *al final del capítulo para obtener ayuda con el vocabulario del avión, la seguridad y las defensas y disculpas. La conclusión de su grupo será presentada luego al resto de la clase.*

INSTRUCCIONES

_____

_____

PERSONAJES

Luisa _____

Ramón _____

Un/a empleado/a _____

Un/a policía _____

IDEAS PARA SU CONCLUSIÓN

_____

_____

_____

_____

_____

_____

_____

_____

_____

_____

_____

_____

_____

_____

_____

_____

Enlace gramatical

Gustar y otros verbos con una construcción idéntica

A mí	me	
A ti	te	
A él/ella/Ud.	le	
A nosotros/as	nos	**+** **gusta** + sustantivo singular o infinitivo
A vosotros/as	os	**gustan** + sustantivo plural
A ellos/ellas/Uds.	les	

1. Con el verbo **gustar** el sujeto es lo que da placer *(pleasure)* y no la persona que lo siente. Un pronombre de complemento indirecto precede al verbo y el sujeto sigue al verbo.

2. Por lo general se usa la tercera persona del singular del verbo (**gusta, gustó, ha gustado,** etc.) o la tercera persona del plural (**gustan, gustaron, han gustado,** etc.)

    ¿**Te gustan** estas bolsas de mano?

    Es menos frecuente el uso de la primera o segunda persona del singular o plural.

    ¿Tú crees que **les gustaré** a tus padres?

3. Para aclarar los pronombres **le** y **les,** se recomienda el uso de **a** + el pronombre preposicional.

    ¿**A ella** le gusta mi novio?

    También se puede usar **a** + un nombre o un sustantivo con los pronombres **le** y **les.**

    A muchos viajeros no les gusta hacer escala.
    A Sara le ha gustado mucho su viaje en tren.

4. Para dar más énfasis a los otros pronombres de complemento indirecto (**me, te, nos, os**), se puede agregar **a** + el pronombre preposicional.

    A mí me gusta viajar sola.

5. Algunos de los otros verbos que usan una construcción idéntica a la de **gustar** son los siguientes:

> agradar *to like, to please*
> caer bien/mal *to like/dislike* (used with people)
> convenir (ie) *to be convenient; to be suitable or advisable*
> disgustar *to annoy; to upset, to displease*
> doler (ue) *to hurt, to ache*
> encantar *to adore, to love; to delight*
> enojar *to irritate; to anger*
> faltar *to be lacking, to be missing*
> fascinar *to fascinate*
> hacer falta *to need; to be missing*
> importar *to be important; to matter*
> interesar *to interest, to be interesting*
> molestar *to bother, to annoy*
> parecer *to seem*
> preocupar *to worry, to be concerned*
> quedar *to remain, to have left*
> sorprender *to surprise*

Práctica

A. Una encuesta. *El gobierno del D. F. ha decidido hacer una encuesta sobre el Sistema de Transporte Colectivo (el Metro) en la Ciudad de México. Complete sus preguntas con un pronombre de complemento indirecto y la forma verbal apropiada del presente de indicativo.*

1. ¿A los usuarios del sistema (convenir) _____ el horario de servicio?

2. ¿Al director general (importar) _____ el mantenimiento de los trenes?

3. ¿A los ciudadanos (parecer) _____ módico el costo de un boleto?

4. ¿A los empleados (hacer falta) _____ mejores prestaciones laborales *(work benefits)*?

5. ¿A las personas con discapacidad (interesar) _____ tener mayor acceso a las estaciones?

B. Contáctenos. *En el sitio web de la línea aérea nacional los viajeros pueden informarse sobre los vuelos, los servicios especiales y mucho más. Complete sus preguntas con un pronombre de complemento indirecto y la forma verbal apropiada del presente de indicativo.*

1. A mi jefe (importar) _____ estar conectado a Internet durante el vuelo. ¿Tendrá wifi *(Wi-Fi)*?

2. ¿Por qué permiten la sobreventa de sus vuelos? ¡A mí (molestar) _____ muchísimo que hagan esto!

3. A mis padres (hacer falta) _____ información sobre las tarifas. ¿Se les ofrece algún descuento a las personas de la tercera edad *(senior citizens)*?

4. ¿Ofrecen un programa de millas para los viajeros frecuentes? A mi esposo y a mí (interesar) _____ inscribirnos antes de las próximas vacaciones.

5. A mí (preocupar) _____ las demoras inesperadas en el camino al aeropuerto. ¿Qué hago si pierdo mi vuelo?

Escenas

*Formen parejas. Un/a estudiante tomará el papel de **A** y el/la otro/a el de **B**.[6] Hablen en español hasta que solucionen el conflicto en cada situación. Luego, cuenten a los demás estudiantes cómo han resuelto Uds. cada escena. El **Vocabulario útil** al final del capítulo les ayudará con el vocabulario.*

1. **A** You suffer from mild claustrophobia and are only comfortable in a window seat on an airplane. Unfortunately, you were not able to get a window seat on the flight you have just boarded from La Paz, Bolivia, to Montevideo, Uruguay. The airline agent told you that your best bet would be to try to switch seats with another passenger on the plane. Try to persuade the person occupying the window seat next to your seat to trade with you.

   B For some time you have looked forward to this flight to visit your sister in Montevideo, and you made sure that you would have a window seat so that you would enjoy it fully. Try to convince the person requesting your seat that it means a lot to you to sit by the window. Offer to let him or her share the view.

---

[6]*Si hay un grupo de tres, hagan la cuarta escena con el papel de **C**.*

2. **A** You have been admiring some expensive pens in an airport duty-free shop. You decide that the pens are not much different from the one you already own, and it is getting close to your flight time so you leave the store. A guard approaches you and asks if you have taken a pen from the shop. Convince him or her that the only pen you have is your own.

   B You are a security guard in an airport duty-free shop who has been observing a suspicious customer. This customer spent a lot of time looking at expensive pens, then walked out without buying anything. Since he or she left the store in a hurry, you suspect that this person possibly may have stolen one of the pens. Try to recover the pen if possible.

3. **A** You and your friend are going to visit your grandparents in Peru. While you are in Peru, you would like to see the ancient Inca city of Machu Picchu, which you have heard is breathtaking and fascinating. However, to reach Machu Picchu in the time that you have available, it will be necessary to take a small plane to Cuzco, and your companion is afraid of flying. Try to convince him or her that this is an opportunity of a lifetime and that it will be worth the flight.

   B You are going to visit your friend's grandparents and are extremely nervous. You are especially worried about flying from Miami to Lima. The idea of another flight, especially in a small plane, is almost more than you can bear. Try to convince your companion that you should spend time with his/her grandparents, rather than go on a trip. If he or she insists on an excursion, try to see to it that you go to Pachacamac, an archeological site that is only twenty minutes from Lima by car.

4. **A** You bought an antique sword **(una espada antigua)** at the Rastro, an open-air market in Madrid, and you plan to hand-carry it back to the United States. As you enter the Barajas airport, an airport security officer seizes the sword, thinking that it could be used as a weapon. Try to persuade him or her that the sword is a work of art, that you want it only as a decoration, that it is not sharp **(no es afilada)**, and that you are a peaceful person. Explain that your flight leaves in an hour, and try to persuade him or her to let you board with your souvenir.

   B You are a conscientious and cautious security officer. You fear that this person carrying the sword may use it to hijack the plane. Try to persuade him or her to give up the sword, or at least to check it as luggage.

   C You are A's traveling companion. You know that he or she would never use this antique sword as a weapon. Try to convince the security officer to let your friend hand-carry the sword as planned.

Más actividades creadoras

El **Vocabulario útil** al final del capítulo le ayudará con estas actividades.

A. Dibujos. *Invente una narración, tomando los siguientes dibujos como punto de partida. Su cuento debe explicar quiénes son estos personajes, qué les ha pasado antes, qué está ocurriendo ahora y qué les va a pasar en el futuro.*

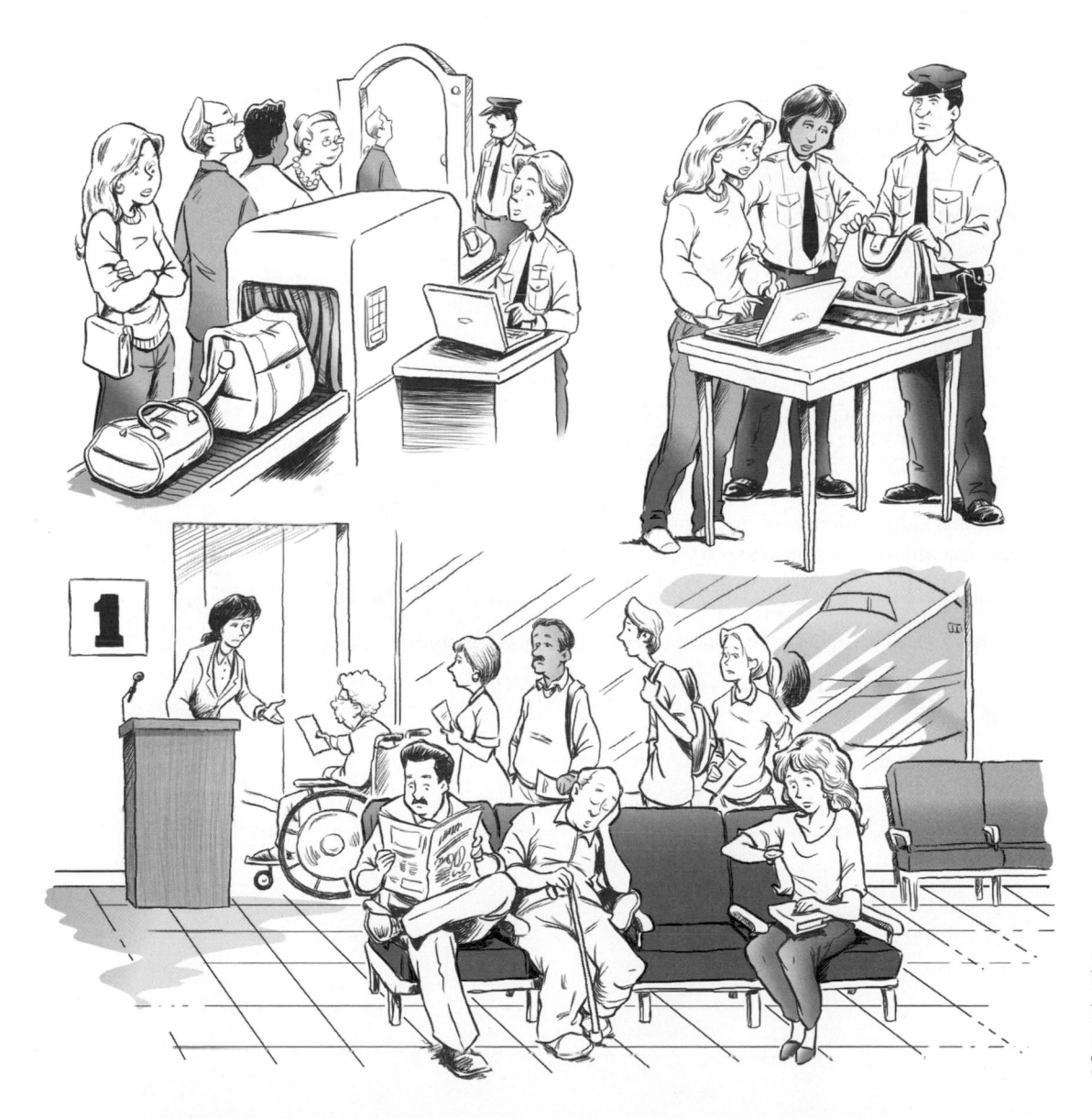

B. Uso de mapas y documentos. *Refiérase a esta tabla con vuelos entre Cali y Cartagena de Indias para contestar las siguientes preguntas.*

Cali - Cartagena

Vuelo n.º	Salida	Llegada	Escalas	Frecuencia
7450/7470	06:00	08:55	Bogotá	Lun. - Vie.
7454/7474	12:50	19:05	Bogotá	Lun. - Vie.
7456/7474	14:30	19:05	Bogotá	Lun. - Vie.
7462	06:30	07:50	Ninguna	Domingo
7454/7474	12:50	19:05	Bogotá	Domingo
7456/7474	14:30	19:05	Bogotá	Domingo

Cartagena - Cali

Vuelo n.º	Salida	Llegada	Escalas	Frecuencia
7463	14:20	15:40	Ninguna	Lun. - Vie.
7471/7455	09:25	12:20	Bogotá	Lun. - Vie.
7463	11:50	13:10	Ninguna	Domingo
7471/7455	09:25	12:20	Bogotá	Domingo

1. ¿En qué país suramericano se encuentran estas dos ciudades? Consulte el mapa en la página xiv para localizarlo.

2. ¿Cuántos vuelos sin escala se ofrecen entre Cali y Cartagena, y cuándo son?

3. ¿A qué hora es el último vuelo desde Cali a Cartagena los miércoles?

4. ¿Cuánto tiempo dura el viaje más largo desde Cali a Cartagena, y por qué es tan largo?

5. ¿Cómo se compara esta tabla con alguna tabla de vuelos nacionales en su región?

C. Cortometraje. *Vaya primero a **www.cengage.com/spanish/*** 🌐 ***conversaciones4e** y busque **Capítulo 2: Cortometraje** para mirar el cortometraje «**Barcelona-Venecia**». Luego, conteste las preguntas en la forma indicada por su profesor/a. El tema de este corto es un viaje inesperado entre las dos ciudades, a través de unos agujeros de gusano (wormholes) en la Tierra que permiten los viajes interdimensionales.*

Dirigido por David Muñoz

1. Resuma lo que le pasa a un señor de Barcelona en este cortometraje.

2. ¿Qué tipo de explicación recibe el señor del hombre de Albacete sobre su viaje inesperado?

3. Describa una escena interesante, y explique por qué le interesó.

4. ¿Cómo se compara un viaje aéreo mágico con un viaje aéreo verdadero? Señale dos ventajas de cada tipo de viaje.

5. Si existiera el tipo de viaje descrito en esta película, ¿lo tomaría? Explique sus razones.

D. A escuchar. *Escuche la entrevista en la que una persona contesta algunas* 🔊 *preguntas sobre sus experiencias con el transporte. (Para ver las preguntas, refiérase al ejercicio E, número 1.) Para escucharla, vaya a **www.cengage.com/ spanish/conversaciones4e** y busque **Capítulo 2: A escuchar**. Luego, conteste las siguientes preguntas en la forma indicada por su profesor/a.*

1. ¿Cómo se llama la persona entrevistada, y de dónde es?

2. ¿Por qué viajaban ella y su hermano Israel a Tenerife cuando ocurrió ese aterrizaje abortado en el que casi se tragaron *(swallowed up)* una casa?

3. ¿Qué error cometió un día cuando quiso viajar en tren desde Atocha, la gran estación en Madrid, hasta el pueblo de Valdepeñas en la provincia de Madrid?

4. Cuando se dio cuenta de su error aquel día, ¿qué hizo entonces para llegar a Valdepeñas?

5. ¿Cómo se comparan las experiencias de esta española con algunas de las que Ud. ha tenido en un avión o en un tren?

E. Respuestas individuales. *Piense en las siguientes preguntas para contestarlas en la forma indicada por su profesor/a.*

1. ¿Cuál ha sido la experiencia más memorable que Ud. ha tenido en un aeropuerto o en un avión? Descríbala en detalle. ¿Cómo ha sido su experiencia más memorable en un tren o en un autobús?

2. ¿Ud. o algún conocido suyo se ha defendido alguna vez contra acusaciones hechas por un/a policía? Cuente el episodio. Si prefiere, puede inventar y narrar un episodio dramático.

F. Contestaciones en parejas. *Formen parejas para completar las siguientes actividades.*

1. Formulen juntos una lista de cinco factores que les importan cuando viajan en avión. Ordenen su lista de uno a cinco, con el número uno siendo el factor más significativo. Luego, comparen su lista con las de otras parejas.

2. Cada pareja será un par de pasajeros que se encuentran sentados juntos en un vuelo de Buenos Aires a Nueva York. Un/a estudiante será un hombre/una mujer de negocios argentino/a que viaja por primera vez a los Estados Unidos y tiene muchas preguntas, y el/la otro/a será un/a negociante norteamericano/a que viaja con frecuencia a Latinoamérica. Preséntense y charlen durante unos cinco minutos; luego, cambien de papeles e inventen otra breve conversación.

G. Proyectos para grupos. *Formen grupos de cuatro o cinco personas para completar estos proyectos.*

1. Planeen y presenten un programa de televisión en que un/a reportero/a entrevista a varias personas en un aeropuerto para averiguar algo sobre sus experiencias recientes. Las entrevistas pueden incluir a un piloto, un mozo de equipajes, un/a empleado/a de alguna línea aérea y varios viajeros de distintas edades.

2. Diseñen un folleto de orientación para explicar los medios de transporte disponibles en su región para un grupo de conferenciantes *(conference participants)* hispanoamericanos.

H. Discusiones generales. *La clase entera participará en estas actividades.*

1. Lleven a cabo una encuesta *(survey)* de los aeropuertos que conocen los miembros de la clase. ¿Cuáles son los mejores? ¿Cuáles son los peores? Defiendan sus opiniones con datos. Luego, hagan lo mismo con referencia a las estaciones de tren y las terminales de autobús.

2. Siéntense en círculo y creen una narración consecutiva (de estudiante a estudiante, añadiendo espontáneamente cada estudiante un nuevo acontecimiento *[event]*) que tenga como tema central las aventuras de un/a policía en un aeropuerto internacional. Si quieren, usen fotos sacadas de revistas o gráficos por computadora para ilustrar su narración.

Vocabulario útil

*La siguiente es una lista de palabras y expresiones selectas que le ayudarán en este capítulo. Al final de cada sección, Ud. puede usar el **Vocabulario individual** para acordarse de otras palabras nuevas que encuentre.*

EL AVIÓN

Sustantivos

el ala   *wing*
el asiento   seat
el aterrizaje   *landing*
el/la auxiliar de vuelo, el aeromozo/la azafata   *flight attendant*
la bandeja   *tray*
el bulto   *bulky item; piece of luggage*
la carretilla para el equipaje   *baggage cart*
el carrito   *personal luggage carrier*
el chaleco salvavidas   *lifejacket*
el cinturón de seguridad   *seatbelt*
el compartimento, el compartimiento   *(overhead) compartment*
la correa   *strap or belt; conveyor belt*
el deslizadero (H.A.), la rampa (de emergencia) (Sp.)   *(escape) slide*
el despegue   *takeoff*
la etiqueta   *tag, label*
la fila   *row*
la hélice   *propeller*
el/la pasajero/a   *passenger*

el pasillo   *aisle*
la puerta   *gate*
la tripulación   *flight crew*
la ventanilla   *window*

Verbos

abordar   *to board*
abrochar(se)   *to buckle*
aterrizar   *to land*
caber (yo quepo)   *to fit*
deslizarse (por)   *to slide down*
despegar   *to take off*
hacer cola   *to line up, to queue*
reclamar   *to claim something* (such as your luggage)
sobrevender   *to overbook*
transbordar   *to change planes or trains*
volar (ue)   *to fly*

Adjetivos

pesado/a   *heavy; also used metaphorically to mean "a drag"* (people or events)

Preposiciones

a bordo   *on board*
al lado de   *next to*
debajo de   *beneath*

delante de   *in front of*
dentro de   *within* (used with time as "*in*")
detrás de   *behind*
encima de   *above, on top of*

Vocabulario individual

_____   _____
_____   _____
_____   _____
_____   _____

LA SEGURIDAD

Sustantivos

la alarma   *alarm*
la ametralladora   *machine gun*
el arma   *weapon*
el aviso   *warning; notification*
el cacheo   *frisking, searching*
el dato   *piece of information*
el detector de metales   *metal detector*
el/la guarda, el/la guardia de seguridad   *security guard*
el/la guardia, el/la guardia civil   *member of civil police force*
el impuesto   *duty, tax*
la INTERPOL   *INTERPOL (International Criminal Police Organization)*
la máquina de rayos X   *X-ray machine*
la pistola, el revólver   *gun*
el recinto restringido   *restricted area*
el secuestro (de un avión)   *hijacking (of a plane)*
la seña   *sign, signal*
la sospecha   *suspicion*
la vara   *wand*

Verbos

alertar, avisar   *to alert*
amenazar   *to threaten*
esconder   *to hide*
hacer sonar (ue)   *to set off* (an alarm or buzzer)
hacerle preguntas a alguien   *to question someone*
perseguir (i)   *to pursue, to chase*
sospechar   *to suspect*

Adjetivos

afilado/a   *sharp-edged*
apacible   *peaceful*
cauteloso/a   *cautious, wary*
culpable   *guilty*
envuelto/a (en)   *wrapped (in)*
libre de impuestos/de derechos (H.A.)   *duty-free*
peligroso/a   *dangerous*
sospechoso/a   *suspicious*

Vocabulario individual

_____   _____

_____   _____

_____   _____

_____   _____

LAS DEFENSAS Y LAS DISCULPAS

Sustantivos

la culpa   *fault, blame, guilt*
la disculpa   *apology*
la excusa   *excuse*
la explicación   *explanation*
el pretexto   *pretext; made-up excuse*
la razón   *reason, cause*

Verbos

disculparse   *to apologize*
dudar   *to doubt*
explicar   *to explain*
hacer caso de (algo)   *to pay attention to (something)*
pedir (i) permiso   *to ask permission*
poner pretextos   *to make up excuses*
resolver (ue)   *to solve*

Expresiones

A ver…   *Let's see . . .*
¡Basta!   *That's enough!*
Con permiso.[7]   *Excuse me. (for a minor inconvenience such as passing in front of someone)*
¿De veras?   *Really?*
¿Le/Te molesta…?   *Does . . . bother you?*
Lo siento (mucho).   *I'm (very) sorry.*
¡No puede ser!   *That's impossible!*
O sea…   *In other words . . . , That is to say . . .*
Perdón.[8]   *Excuse me. Pardon me. Sorry. (for a minor infraction such as bumping into someone)*
¡Qué lástima!   *What a pity!*
¡Qué lío!   *What a mess!*

Vocabulario individual

_____   _____

_____   _____

_____   _____

_____   _____

---

[7]This expression is both formal and informal, since it can imply either **tu permiso** or **su permiso**.
[8]This interjection is used in both formal and informal situations. The use of the verb **perdonar** (**Perdone [Ud.]/Perdona [tú]**) is also correct.

EL TREN Y EL AUTOBÚS

Sustantivos

el andén *platform (for boarding)*
la casilla de la consigna automática *locker*
el coche comedor *dining car*
el compartimento, el compartimiento *compartment (for passengers)*
la consigna *baggage checkroom*
la cortinilla *window shade*
la estación de tren (H.A.)/de ferrocarril (Sp.) *train station*
el horario de trenes/de autobuses *train/bus schedule*

la rejilla *luggage rack*
la repisa *overhead shelf*
el/la revisor/a *ticket taker*
la sala de espera *waiting room*
la taquilla de boletos (H.A.)/de billetes (Sp.), la ventanilla *ticket office, ticket window*
la terminal de autobuses *bus terminal*
el vagón *(train) car*

Verbos

bajar(se) de *to get off, to get out of*
depositar *to deposit; to place; to leave*
subir(se) a, montar en *to get on, to get into*

Vocabulario individual

_____ _____
_____ _____
_____ _____

CAPÍTULO 3

Los automóviles y la seguridad vial°

seguridad… road safety

©iStockphoto.com/Jules_Kitano

OBJETIVOS: Aprender a…

◆ obtener, interpretar y presentar información relacionada con los automóviles y la seguridad vial.

◆ dar y seguir instrucciones sobre cómo llegar a un sitio.

◆ manejar un auto y ser peatón/ona *(pedestrian)* en una ciudad hispana.

65

NOTAS CULTURALES
Hispanoamérica

La circulación en Buenos Aires, Argentina

Los automóviles

Las reformas económicas de las últimas décadas fomentaron° la expansión del mercado automotriz° latinoamericano e impulsaron la construcción de muchas nuevas carreteras y autopistas.° Una gran parte de las carreteras en Latinoamérica ahora están a cargo del sector privado. A pesar de ser costosas de usar, estas autopistas ofrecen ventajas sobre las antiguas carreteras que muchas veces padecen de° mal mantenimiento y de tráfico congestionado. En México, por ejemplo, el viaje desde Mérida hasta Cancún, que solía ser de seis horas, se ha reducido a la mitad gracias a una nueva autopista que cubre esta distancia de 315 kilómetros.

Desde hace años las principales compañías de autos a nivel mundial se establecieron en muchos de los países latinoamericanos. No solo han abierto muchas distribuidoras en distintas ciudades, sino también han establecido instalaciones de fabricación y ensamblaje° de autos. Es por

promoted
automotive
freeways

padecen... *suffer from*

assembly

eso que en todas las ciudades se ven autos de marcas como Ford, General Motors y Volkswagen entre otras. Puesto que el costo de la mano de obra en los talleres de reparación de autos es mucho más bajo en los países latinoamericanos, suelen verse un gran número de autos de modelos muy viejos junto a autos de último modelo de Mercedes Benz, BMW o Audi.

Si bien la globalización del mercado ha permitido que muchas compañías extranjeras penetren el mercado automotriz latinoamericano, también es cierto que el precio de los automóviles y de la gasolina en general son más caros que en los Estados Unidos. Al mismo tiempo, el poder adquisitivo° per cápita de la mayoría de la población es muy bajo. Así que la cantidad total de autos por habitante —ya sean nuevos o de segunda mano— es mucho menor a la de los Estados Unidos. El reducido número de autos en Latinoamérica se debe no solo a factores económicos, sino al hecho de que casi todas las grandes ciudades cuentan con un extenso sistema de transporte urbano que además es muy barato, de manera que para mucha gente tener auto propio no es una necesidad apremiante.°

Alquilar° un carro en la mayoría de los países hispanoamericanos es relativamente fácil. Muchas de las principales compañías estadounidenses de alquiler de autos como Hertz, National, Avis, Budget y Alamo tienen oficinas en muchos países. En todas las grandes ciudades, existen agencias de alquiler de autos locales, las cuales generalmente ofrecen mejores tarifas que las agencias norteamericanas. Para alquilar un auto, se requiere licencia de manejar vigente° de su país de origen o licencia internacional, pasaporte y una tarjeta de crédito. La edad legal mínima para alquilar un carro en algunos países es de veintiún años pero muchas agencias de alquiler de autos requieren que el conductor tenga por lo menos veinticinco años.

poder... buying power

urgent
to rent

licencia... valid driver's
license

El tráfico y la seguridad vial

En la mayoría de los países hispanos la circulación del tráfico es similar al de los Estados Unidos. Asimismo, las señales de tránsito° generalmente emplean los mismos diseños y a veces hasta los mismos colores, y tienen un significado idéntico o casi idéntico al de las señales que se usan en los Estados Unidos, pero existen variaciones de un país a otro. Aunque la edad legal para obtener un permiso de manejar° varía de un país a otro, en la mayoría de los países hispanos la edad legal para sacar la licencia de conducir es a los dieciocho años.

Todos los países cuentan con diferentes programas de educación y seguridad vial. Sin embargo, para muchos extranjeros manejar° un auto en las grandes ciudades latinoamericanas puede considerarse una forma de aventura urbana. El tráfico puede ser muy denso y desordenado, sobre todo a las horas pico° en las zonas comerciales e industriales, y los conductores usan la bocina° constantemente. Debido a que los gobiernos de muchas ciudades no cuentan con suficientes agentes de tránsito, no es poco común que algunas personas conduzcan con exceso de velocidad y no respeten los señalamientos de tránsito.° En general, los peatones° deberán ser muy cautelosos° y no esperar que los conductores se detengan para dejarlos pasar o cruzar la calle a menos que el semáforo° esté en «alto» o que haya señalamientos de tránsito específicos.

señales... traffic signals

permiso... driving
permit

to drive

horas... rush hour
car horn

señalamientos... traffic
markings / pedestrians /
cautious / traffic light

España

© funkyfrogstock/Shutterstock.com

Autobuses y coches en el centro de Madrid

Los automóviles

En España el número de coches ha aumentado mucho en el siglo veintiuno, y se han ampliado también las redes de carreteras y autopistas. El mantenimiento del coche es relativamente caro principalmente por el precio de la gasolina ya que los europeos pagan más del doble de lo que pagan los norteamericanos y no para de subir el precio. A esto hay que agregar° el costo de las reparaciones° y el aparcamiento° que también suelen ser un poco más caros que en los Estados Unidos.

to add
repairs / parking

Gracias a la competencia entre las muchas agencias, el alquiler de coches en España es el más barato de Europa, particularmente fuera de la temporada turística. Las compañías más conocidas son Europcar, National-Atesa, Hertz y Avis, pero por lo general, los precios más baratos se consiguen en las pequeñas agencias locales. Antes de alquilar un coche, el arrendatario° debe consultar con su proveedor° de seguro° automovilístico y con la compañía que administra su tarjeta de crédito para averiguar si necesita comprar un seguro adicional de la agencia para protegerse si el coche sufre algún daño o robo.[1]

renter / provider / insurance

---

[1]Este seguro adicional se denomina **protección opcional sin franquicia** *(exemption)* en español, y puede incluir lo que en inglés se llama *Collision Damage Waiver (CDW)* y *Loss Damage Waiver (LDW).*

El tráfico y la seguridad vial

La circulación automovilística es bastante congestionada en todas las ciudades españolas. No se suele hacer mucho caso de las prohibiciones para aparcar° en determinadas zonas, lo cual conlleva multas° que se envían a domicilio o una sanción conocida como el cepo,° que se pone en una de las ruedas para inmovilizar el coche. También existe otro castigo° mucho más temido: la grúa.° Cuando un coche está descaradamente° mal aparcado y supone un peligro o una interrupción para los demás, se expone a° que pase por allí el servicio de la grúa municipal que se lleva el coche en cuestión a unos depósitos° en las afueras° de la ciudad. Allí tendrá que ir a buscarlo el dueño del coche sancionado. Y además, aparte del tiempo que le hará perder esta tarea, tendrá que pagar una multa más alta.

    Existen dos tipos de autopistas: las «autovías» que son gratuitas y las «autopistas» propiamente dichas que casi siempre son de pago. Por ley, tiene que haber una alternativa gratuita a cualquier autopista con peaje.° El límite de velocidad en autovías y autopistas está establecido en 120 kilómetros por hora, y el Gobierno está pensando subirla a 130 kilómetros por hora. Los nuevos límites propuestos tendrán en cuenta tanto las condiciones meteorológicas como las condiciones de la vía, para que puedan ajustarse en casos de lluvia intensa, niebla espesa° o fuerte nevada.°

    Son muy severos, en carretera, los controles de alcoholemia (análisis del grado de alcohol en la sangre), porque conducir en estado de embriaguez° es el motivo de la mayor parte de los accidentes.

to park / fines
wheel clamp
punishment
tow truck / brazenly
***se...** it exposes itself*

storage depots / outskirts

toll

***niebla...** heavy fog / snowfall*
inebriation

Comprensión y comparación

Conteste las siguientes preguntas en la forma indicada por su profesor/a.

Hispanoamérica

1. ¿A qué se debe el reducido número de carros en las ciudades latinoamericanas? Señale dos razones.
2. ¿Cuáles son los requisitos para alquilar un auto en un país hispanoamericano, y cuál es la edad para alquilar un auto que se requiere en muchas agencias?
3. ¿Cómo son similares las señales de tránsito en la mayoría de los países hispanos y en los Estados Unidos?
4. ¿Cuál es la edad legal para conducir en la mayoría de los países latinoamericanos? ¿Cómo se compara esta edad con la edad mínima para manejar en su región?
5. ¿Cómo es el tráfico en la mayoría de las ciudades hispanoamericanas, y cómo se compara con el tráfico donde Ud. vive?
6. ¿Cómo deberán actuar los peatones en las ciudades hispanoamericanas, y por qué?

España

7. ¿Cómo se comparan los gastos de mantenimiento para un automóvil en España con los mismos gastos en los Estados Unidos?
8. ¿Cómo son los precios de alquiler de coches y en qué clase de agencias generalmente se pueden conseguir los precios más módicos?
9. ¿Qué castigos se aplican a los dueños de coches mal aparcados y cuál es el más temido? ¿Cómo se comparan estos castigos con los que se aplican por la misma infracción donde Ud. vive?
10. ¿Qué hacen los controles de alcoholemia y por qué son importantes?

🌐 Conexión Internet

Investigue los siguientes temas en la red. Vaya a www.cengage.com/spanish/conversaciones4e y busque Capítulo 3: Conexión Internet para encontrar sugerencias y enlaces, y apunte las direcciones que utilice. En algunos sitios será necesario hacer clic en «español».

1. **Las agencias de alquiler de automóviles.** Investigue algunas agencias de alquiler de autos en Hispanoamérica para informarse sobre sus flotas *(fleets)*, sus tarifas, sus ofertas *(offers)* corrientes y sus requisitos para alquilar. Luego, escoja dos agencias (en la misma región o en distintas regiones) y compárelas. ¿Cómo son semejantes, y en qué difieren estas dos agencias? ¿Qué tipo de vehículo alquilaría Ud. de cada agencia si estuviera ahí, y por qué?

2. **Buscando un carro o una motocicleta.** Vaya a varios sitios de venta de carros nuevos y usados en el mundo hispano para evaluar los carros y/o las motos que se ofrecen. Luego, seleccione dos vehículos que le interesan: uno nuevo y uno de segunda mano. Explique por qué los escogió, señalando sus características y comentando los precios. ¿Cómo se comparan estos vehículos con algunos en venta en su país?

3. **La mejor ruta.** Planee un viaje en carro de tres días para Ud. y un/a compañero/a en un país hispano, usando los mapas y la información en varios sitios en la red. Señale la ruta que piensa seguir y cuántos kilómetros intentará manejar cada día. Indique también dónde van a dormir cada noche, dónde van a parar para comer y qué quieren ver durante su viaje.

4. **La seguridad vial.** Lea algunos artículos, consejos y minipruebas en sitios sobre la seguridad vial. Luego, indique cinco puntos de información que le parezcan importantes, y explique por qué los escogió.

 **Vocabulario básico**

*Escuche estas palabras y expresiones, y repítalas para practicar la pronunciación. Luego practíquelas usando los recursos en Internet. Para escucharlas y practicarlas, vaya a **www.cengage.com/spanish/ conversaciones4e** y busque **Capítulo 3: Vocabulario básico.***

EL MANEJO DE UN AUTOMÓVIL[2]

Sustantivos

la avería   *breakdown; damage*
la bocina, el claxon   *car horn*
el cambio *(H.A.)*, la marcha *(Sp.)*   *gear; gearshift*
el/la conductor/a, el/la chofer[3]   *driver*
la gasolinera, la estación de servicio *(H.A.)*   *gas station, service station*
el gato   *jack*
la licencia de manejar *(H.A.)*, el carnet de conducir *(Sp.)*   *driver's license*
la llanta *(H.A.)*, la goma *(H.A.)*, el neumático   *tire*
la multa, la sanción   *fine, ticket*
el pinchazo, el ponchazo *(Mex.)*   *flat tire*
la placa *(H.A.)*, la matrícula *(Sp.)*   *license plate*
el semáforo   *traffic light*

Verbos

arrancar   *to start* (referring to a vehicle or a motor)
chocar con   *to crash, to collide with, to run into*
doblar, girar, virar *(H.A.)*   *to turn*
estacionar *(H.A.)*, aparcar *(Sp.)*   *to park*
frenar   *to brake*
funcionar   *to work, to function, to run* (referring to a motor)
manejar *(H.A.)*, conducir   *to drive*
seguir derecho, ir adelante, seguir recto *(Sp.)*   *to go straight ahead*

Adjetivos

desinflado/a   *deflated*

Expresiones

dar la vuelta   *to turn around*
dar marcha atrás, meter reversa *(Mex.)*   *to back up, put into reverse*
o sea   *in other words, that is to say*
¡Vaya por Dios!   *For goodness' sake!* (not blasphemous; used to express displeasure in response to an unpleasant event or a piece of bad news)

---

[2] Otras palabras para el automóvil son **el auto** y **el carro** (Hispanoamérica) y **el coche** (España). El vocabulario automovilístico varía entre los muchos países hispanohablantes. Sin embargo, la terminología en el **Vocabulario básico** y en el **Vocabulario útil** es más o menos universal.

[3] En España la palabra «chofer» se escribe con acento: «chófer».

Práctica del Vocabulario básico

Cada palabra o expresión será utilizada dos veces en los siguientes ejercicios.

A. Definiciones. *Empareje las columnas.*

_____ 1. la estación de servicio
_____ 2. funcionar
_____ 3. conducir
_____ 4. dar la vuelta
_____ 5. desinflado
_____ 6. arrancar
_____ 7. el cambio
_____ 8. el semáforo
_____ 9. frenar
_____ 10. la avería
_____ 11. o sea
_____ 12. dar marcha atrás
_____ 13. la placa
_____ 14. el gato
_____ 15. seguir derecho

a. iniciarse el funcionamiento
b. en otras palabras
c. detener un carro o disminuir la velocidad
d. daño que puede impedir el buen funcionamiento de una máquina
e. la hoja de metal con números y/o letras que identifica un auto
f. el aparato eléctrico con luces que regula el tráfico
g. ir adelante
h. el mecanismo que permite ajustar la velocidad del motor de un vehículo al régimen de revoluciones
i. el sitio donde se vende gasolina
j. ir hacia atrás
k. guiar el movimiento de un vehículo
l. ejecutar una función
m. cambiar el movimiento a la dirección contraria
n. el aparato que sirve para levantar una parte de un auto mientras se cambia una llanta
ñ. sin aire

B. Sinónimos o antónimos. *Para cada par de palabras, indique si el significado es igual (=) o si es lo opuesto (≠).*

1. aparcar _____ estacionar
2. el chofer _____ el pasajero
3. el neumático _____ la llanta
4. o sea _____ es decir
5. desinflado _____ inflado
6. dar marcha atrás _____ adelantarse
7. el pinchazo _____ la llanta desinflada
8. funcionar _____ marchar
9. arrancar _____ parar
10. frenar _____ acelerar
11. ¡Vaya por Dios! _____ ¡Caramba!
12. la bocina _____ el claxon
13. girar _____ seguir derecho
14. la sanción _____ el castigo por una infracción
15. la avería _____ el daño

C. Párrafo con espacios. *Llene cada espacio en blanco con la forma correcta de la palabra más apropiada de la siguiente lista.*

chocar con	manejar	el semáforo
el claxon	la multa	¡Vaya por Dios!
el/la conductor/a	el pinchazo	
la licencia	la placa	

El accidente ocurrió hace dos segundos.

—(1) _____ —exclama Ricardo—. Me van a poner

(2) _____ , seguro.

Hace un instante, su nuevo carro acaba de (3) _____ el carro

que iba por delante.

—¿Y a ti, por qué? —pregunta su amiga Isabel, sentada a su lado—. Si tú no

hiciste nada. ¡Si fue la culpa de aquel (4) _____ idiota! ¡Ni siquiera

sabe (5) _____!

—Sí, eso mismo, lo que pasó fue que paró de una manera tan brusca que no

tuve tiempo ni para tocar (6) _____. No te pasó nada, ¿verdad?

—No, no, estoy perfectamente bien. ¿Y tú?

—No creo que me haya pasado nada —murmura Ricardo, mirando

alrededor—.

En este momento, se acerca un policía.

—¿Es Ud. el conductor de este auto? —le pregunta a Ricardo.

—Sí, señor —responde Ricardo, todavía mirando (7) _____

que ahora está en verde. Se da cuenta de que el otro carro tiene un

(8) _____ en una llanta y puede ver algunas abolladuras

(dents) causadas por el impacto.

—¿Han sufrido algún daño? —pregunta el policía, mirando a Ricardo e Isabel

por la ventanilla.

—Que yo sepa, no —contesta Ricardo.

—Hágame el favor de salir del auto —comienza el policía—. Necesito confirmar algunos datos. Su (9) _____ , por favor.

—Aquí la tiene —contesta Ricardo, sacándola de la billetera.

—¿Y el número de (10) _____ de su auto? —continúa el policía.

—A ver —contesta Ricardo, mirándola— es 8185 Y6 99.

D. Oraciones originales. *Escriba cinco oraciones, usando las palabras indicadas en cualquier orden.*

EJEMPLO: la conductora / la bocina
Juan Carlos hizo sonar *(honked)* la bocina cuando una conductora cruzó la línea divisoria de la carretera.

1. el carnet de conducir / chocar

   _____

   _____

2. la marcha / la gasolinera

   _____

   _____

3. doblar / seguir derecho

   _____

   _____

4. la llanta / el gato

   _____

   _____

5. dar la vuelta / estacionar

   _____

   _____

CONVERSACIÓN CREADORA
Una aventura en la carretera

© Cengage Learning

🔊 *Escuche la siguiente conversación, y luego repítala para practicar la pronunciación. Para escucharla, vaya a **www.cengage.com/spanish/ conversaciones4e** y busque **Capítulo 3: Conversación creadora «Una aventura en la carretera».***

PERSONAJES

ARACELI, 29 años
TATIANA, 35 años
EMPLEADO DE LA AGENCIA DE ALQUILER DE COCHES
SEBASTIÁN, 42 años
GREGORIO, 28 años

ESCENARIO

Una calle de Madrid. Al fondo hay una fachada° donde dice «Alquiler   *facade*
de coches Españacar». A la puerta del establecimiento hay un coche
en el que acaban de sentarse Araceli y Tatiana. Tatiana, al volante,°   *steering wheel*
habla con el empleado a través de la ventanilla abierta.

EMPLEADO:	*(Entregándole° las llaves)* Aquí tiene las llaves. Ya le he dicho *Handing over to her*
	que si está acostumbrada a la marcha automática, al principio
	le parecerá un poco dura la palanca,° pero tiene una estabilidad *gearshift, stick shift*
	estupenda este coche, se pega muy bien a la carretera.° ***se...** it holds the road well*
TATIANA:	Esperemos que sea así.
ARACELI:	O sea que para salir a la carretera de Extremadura tenemos
	que coger la M-30.

Despliega° un plano° y se lo enseña al empleado, que da la vuelta y   *She unfolds / street map*
cambia de ventanilla.

EMPLEADO:	Exactamente. Siga hasta la Casa de Campo y luego a la
	izquierda. *(Sonriendo)* O sea que usted va de copiloto.
TATIANA:	Sí, es muy experta, da gusto viajar con ella.
EMPLEADO:	Pues nada, que se diviertan. Y a ver si se encuentran con
	don Quijote,[4] que andaba por esas tierras de la Mancha. Son
	ustedes extranjeras, ¿no?
ARACELI:	Ella sí, yo no aunque he vivido mucho tiempo en Chicago.
	Hasta la vuelta.° Ponte el cinturón, Tatiana. ***Hasta...** See you when*
	we get back.

Arrancan el coche y avanzan por el camino indicado en el plano. Araceli
bosteza.°   *yawns*

TATIANA:	Estamos casi saliendo a la carretera de Extremadura. Lo tengo
	claro. Si quieres, puedes bajar el asiento y dormir un ratito.
ARACELI:	De acuerdo, gracias.

Al cabo de un rato, Araceli, que iba dormida, se despierta ante una
sacudida° del coche que se ha detenido bruscamente. Están en pleno°   *jolt /* ***en...** in the*
campo, a varios kilómetros de Madrid.   *middle of*

ARACELI:	¡Vaya por Dios! ¿Qué ha pasado?
TATIANA:	No sé, me parece que es un pinchazo.

Se bajan las dos y comprueban° que efectivamente un neumático de atrás   *they confirm*
está desinflado.

ARACELI:	Pues vaya un plan,° ¿sabes tú cambiar un neumático? ***Pues...** Well there go our*
	(Abriendo el maletero°) Por lo menos el neumático lo *plans / car trunk*
	tenemos, pero el gato no lo veo.
TATIANA:	Yo tampoco. Tendremos que pedir ayuda.

---

[4]Aquí se refiere al protagonista de la novela clásica *Don Quijote* de Cervantes,
publicada en 1605.

Se paran al borde de la carretera y empiezan a hacer señales de autostop,° pero ningún coche se detiene.   *hitchhiking*

ARACELI: La época de autostop ya ha pasado. Ahora la gente desconfía.° Como no pase un camión…   *are distrustful*

Pasa un camión y se detiene en el arcén° ante las señales expresivas de Araceli. Da marcha atrás y se para a unos metros de las mujeres. Bajan Sebastián y Gregorio.   *shoulder*

SEBASTIÁN: ¿Qué les pasa a estas chicas tan guapas?

GREGORIO: ¿Necesitan ayuda? Aquí nos tienen.

ARACELI: *(A Tatiana, en voz baja)* Lo malo de los camioneros es que son muy ligones.° Pero son buena gente.   *flirtatious*

TATIANA: Pues verá usted…

Comprensión

A. ¿Qué pasó? *Escoja la letra que corresponde a la mejor respuesta.*

1. ¿Adónde van Tatiana y Araceli en el coche alquilado?
   a. a una calle de Madrid
   b. a Chicago
   c. a la Casa de Campo
   d. a Extremadura

2. ¿De dónde son las dos mujeres?
   a. Araceli es extranjera pero Tatiana es española.
   b. Las dos son españolas, pero una ha vivido en Chicago por mucho tiempo.
   c. Tatiana es extranjera pero Araceli es española.
   d. Las dos son extranjeras.

3. ¿Por qué se despierta Araceli?
   a. porque hay una sacudida del coche
   b. porque llegan dos camioneros
   c. porque Tatiana no puede hallar la M-30
   d. porque quiere ver el paisaje

4. ¿Qué les impide a Tatiana y Araceli cambiar el neumático?
   a. Tatiana no sabe cambiar un neumático.
   b. Araceli no quiere cambiar el neumático.
   c. No pueden encontrar otro neumático.
   d. No pueden encontrar el gato.

5. ¿Por qué paran Sebastián y Gregorio?
   a. Evidentemente conocen a Tatiana y Araceli.
   b. Ven que Tatiana y Araceli necesitan ayuda.
   c. Van a pedirles ayuda a Tatiana y Araceli.
   d. Necesitan gasolina.

B. ¿Qué conclusiones saca Ud.? *Conteste cada pregunta con una oración.*

1. ¿Cómo reaccionan Araceli y Tatiana al ver el pinchazo? _____

_____

2. ¿Qué pasa al principio cuando las mujeres hacen señales de autostop y por qué? _____

_____

3. ¿Por qué quieren las mujeres que pase un camión? _____

_____

4. ¿Qué preconcepciones tiene Araceli acerca de los camioneros? _____

_____

5. ¿Qué efecto tiene el uso de «usted» en vez de «tú» cuando habla Tatiana a uno de los camioneros al final? _____

_____

Conclusión

*Después de dividirse en grupos, inventen una conclusión a la **Conversación creadora «Una aventura en la carretera»**, siguiendo las instrucciones de su profesor/a. Consulten el **Vocabulario útil** al final del capítulo para obtener ayuda con el vocabulario de los automóviles, las instrucciones y el tráfico. En **Más actividades creadoras** Actividad F, número 2 (página 86) hay una lista de veinte síntomas de avería en un auto que también les puede ayudar.*

INSTRUCCIONES

_____

_____

PERSONAJES

Araceli _____

Tatiana _____

Sebastián _____

Gregorio

_____

IDEAS PARA SU CONCLUSIÓN

_____

_____

_____

Enlace gramatical

Los pronombres de complemento directo e indirecto

Pronombres de complemento directo		Pronombres de complemento indirecto	
me	nos	me	nos
te	os	te	os
lo/la	los/las	le	les

Los pronombres de complemento directo

1. Los pronombres de complemento directo indican qué o quién recibe directamente la acción del verbo.

   Voy a dar**te** instrucciones sobre cómo llegar a la agencia de alquiler de coches.
   Me van a alquilar un coche híbrido que consume poco combustible.

2. Por lo general los pronombres de complemento directo **lo, la, los** y **las** sustituyen a los complementos directos para evitar la repetición.

   Cuando buscan su coche, ¿las mujeres siguen al **empleado?** Sí, **lo** siguen.
   ¿Tatiana tiene **las llaves**? Sí, **las** tiene.

3. El leísmo es la práctica de usar **le** y **les** en lugar de los pronombres de complemento directo **lo** y **los** cuando estos se refieren a personas. El leísmo se practica frecuentemente en España y en algunas regiones de Hispanoamérica.

Los pronombres de complemento indirecto

1. Los pronombres de complemento indirecto indican a quién o para quién se hace una acción.

   El empleado **le** ofrece información sobre el coche.
   ¿Qué **les** pasa a estas chicas?

2. Puesto que los pronombres **le** y **les** tienen más de un significado, frecuentemente se añade **a** + sustantivo o pronombre para evitar ambigüedad o para dar énfasis.

   El empleado de la agencia **le** ofrece información **a Tatiana.**
   Los camioneros **les** ofrecen ayuda **a las dos mujeres.**

La posición de los pronombres de complemento directo e indirecto

1. El pronombre de complemento indirecto siempre precede al pronombre de complemento directo.

   ¿El gato? El camionero ya **nos lo** prestó.

2. Los pronombres de complemento indirecto **le** y **les** se convierten en **se** cuando preceden a los pronombres de complemento directo **lo, la, los** y **las.** El uso de una frase preposicional aclaratoria puede ser útil en estos casos.

   ¿Los neumáticos? **Se los** puedo vender **a los camioneros** con descuento.

3. La tabla a continuación resume la posición de los pronombres de complemento directo e indirecto cuando los dos figuran en la misma oración.

Forma verbal	Antes del verbo	Después del verbo
Tiempos simples	El empleado **lo** hace.	
Tiempos perfectos	El empleado **lo** ha hecho.	
Mandato afirmativo		¡Hága**lo**!
Mandato negativo	¡No **lo** haga!	
Infinitivo	El empleado **lo** va a hacer.	El empleado va a hacer**lo**.
Tiempos progresivos	El empleado **lo** está haciendo.	El empleado está haciéndo**lo**.

Práctica

A. **Conversación telefónica.** *Esta es una conversación parecida a la que podría tener Tatiana con una buena amiga. Complétela con los pronombres de complemento directo o indirecto, según convenga.*

En su teléfono móvil (mobile or cell phone)

TATIANA: Araceli y yo acabamos de sufrir un pinchazo y dos camioneros han parado para ayudarnos. Estamos bien pero no sabemos qué hacer.

SARA: ¿(1) _____ están molestando los camioneros?

TATIANA: No, no es eso, pero ¿por qué (2) _____ querrán ayudar?

SARA: ¿Crees que tienen malas intenciones?

TATIANA: No lo sé, pero al llegar lo primero que dijeron fue «—¿Qué (3)_____ pasa a estas chicas tan guapas?».

SARA: Esto no significa nada. ¿Cómo son?

TATIANA: A mí (4) _____ parecen simpáticos. Se llaman Sebastián y Gregorio. Espera un momento, (5) _____ voy a mandar una foto de los dos.

B. **¿Qué coche vas a alquilar?** *En una agencia de alquiler de coches en Palma de Mallorca, España, un empleado habla con Antonio, quien ha venido a alquilar un coche. Complete su conversación con los pronombres de complemento directo o indirecto, según convenga.*

EMPLEADO: Señor, (1) _____ recomiendo el Peugeot 307. Es un coche de lujo que tiene sitio para cinco pasajeros.

ANTONIO: Gracias, no. No me gustan los coches grandes. Nunca (2) _____ alquilo. Prefiero un modelo con mejor kilometraje.

EMPLEADO: ¿Le gustaría ver el Ford Focus? Es un coche muy popular.

ANTONIO: No, ese modelo no (3) _____ interesa. Tengo un Ford Focus y quiero alquilar algo diferente.

EMPLEADO: Entonces, ¿(4) _____ muestro un coche deportivo?

ANTONIO: ¿Hay alguno a precio módico?

EMPLEADO: ¡Cómo no! Tenemos un Ford Eco Sport. Es un vehículo intermedio. Además, se (5) _____ podría dar por cinco días al precio de cuatro.

ANTONIO: Bueno, eso me conviene. Trato hecho. *(It's a deal.)*

Escenas

*Formen parejas. Un/a estudiante tomará el papel de **A** y el/la otro/a el de **B**.[5] Hablen en español hasta que solucionen el conflicto en cada situación. Luego, cuenten a los demás estudiantes cómo han resuelto Uds. cada escena. El **Vocabulario útil** al final del capítulo les ayudará con el vocabulario.*

1.  You have just returned a car to the rental agency at Barajas airport outside Madrid. You left the gas tank nearly full. When you take your turn at the counter, you find that your bill includes a surcharge **(un recargo)** for filling the tank of **20 euros** (approximately $30 U.S.; consult an online currency converter, a newspaper or a bank for today's exchange rate). Explain that you filled the tank before dropping off the car, and try to get the charge removed.

   B You have routinely added a charge for refueling **(el reabastecimiento)** to this customer's bill. Since you have no way of communicating with the employees who took back the car, you cannot verify that it was half full as they indicated at check-in. Many customers remember the tank as full when in fact it is closer to empty by the time they get to the airport. Try to get this customer to accept the charge as standard procedure and move on.

---

[5]*Si hay un grupo de tres, hagan la cuarta escena con el papel de **C**.*

2. **A** You are tired of driving a long distance to your job each day, and you think that a new car will make the commute more fun. Today you saw a beautiful sports car that you want to lease. First, however, you must convince your spouse (who walks to work) that this will be the perfect car for weekend trips and running errands. Try to persuade him or her that the two of you should lease it.

   B You and your spouse are planning to lease a new car soon, and you think that an all-terrain vehicle (**un [vehículo] todoterreno**) would be ideal for weekend getaways. Today you saw the one you want. First, however, you must convince your spouse that this is a luxurious vehicle and that it would be fun to drive to work.

3. **A** Yesterday you rented a used car for a week. This morning in rush hour you got stuck in a traffic jam, and the car died. You had the car towed to the agency where you rented it. You are convinced that the car is defective and want a different car.

   B You are the rental car agent, and as far as you know this customer's car was in good condition when he or she picked it up. When the mechanic checks the car, he finds that the wire from the alternator came loose (**el cable se desconectó del alternador**). After this minor problem is fixed, the car runs perfectly. Try to persuade this customer to keep the same car.

4. **A** You have just made a right turn onto a busy street in Limón, Costa Rica, when suddenly a pedestrian (**un/a peatón/ona**) steps out from between two cars to cross the street. You instinctively brake and narrowly miss hitting him/her. A traffic officer observed the incident from the rear and is walking towards you. You want the officer to understand that you did nothing wrong so that you will not be fined.

   B You are a traffic officer (called **un/a tráfico/a** in Costa Rica) who just saw a car stop suddenly in the middle of the street, nearly causing an accident. You think that this person is a careless driver who deserves a ticket. Go over to the driver to investigate the situation and to see to it that he or she will drive more responsibly in the future.

   C You are the driver's friend who saw everything from the front seat. Try to help him/her avoid receiving an undeserved ticket.

Más actividades creadoras

*El **Vocabulario útil** al final del capítulo le ayudará con estas actividades.*

A. Dibujos. *Invente una narración, tomando los siguientes dibujos como punto de partida. Su cuento debe explicar quiénes son estos personajes, adónde quieren ir, qué está ocurriendo ahora y qué les va a pasar en el futuro.*

B. Uso de mapas y documentos. *Refiérase al blog en el cual Toyota de Argentina habla sobre sus vehículos de energías alternativas, para contestar las siguientes preguntas.*

—¿Qué ha hecho Toyota en cuanto a vehículos de energías alternativas?

—En la actualidad, Toyota tiene 20 modelos de movilidad sustentable[1] en 80 países; 19 son modelos híbridos de pasajeros y uno es un modelo híbrido "plug-in". Hay planes de que pronto tendrá 18 nuevos vehículos en diversas partes del mundo. El primer vehículo híbrido es el Prius que ahora se fabrica en cuatro versiones. Una de estas es el plug-in que se carga[2] directamente enchufándolo[3] a una toma de corriente.[4] También hay una versión del Rav4 que es 100% eléctrica. Por el momento, estos son todos los vehículos de este tipo que Toyota tiene o va a tener pronto en el mercado.

© Darren Brode / Shutterstock.com

—¿Qué posibilidades hay de aumentar el nivel de ventas del Prius en el mercado argentino?

—Una de las leyes[5] del Gobierno Argentino que se aprobó pero luego se canceló rápidamente era una ley de reducción del Derecho[6] de Importación. El propósito era el de reducir la contaminación y el consumo de combustible[7] facilitando el uso de automóviles híbridos o eléctricos. Si en el futuro se restaura esta ley o se reducen los aranceles[8] de lujo, el nivel de ventas aumentará. El Prius consume solo 3,9 litros de combustible por 100 kilómetros y contamina un 50% menos que un vehículo convencional. Por eso, es una buena opción para el mercado nacional.

—¿Hay planes hoy para la venta de otros modelos similares en Argentina?

—Dependiendo de la demanda, los mercados tienen diferentes características y estrategias para desarrollar sus modelos. Los vehículos híbridos y eléctricos son cada vez más populares y asequibles.[9] Por lo tanto, la venta de estos vehículos se desarrollará rápidamente en nuestro país y Toyota será una de las marcas que tendrá mucho éxito.

---

[1]*sustainable* [2]*is charged* [3]*plugging it in* [4]***una...*** *an electrical outlet* [5]*laws* [6]*fees* [7]*fuel* [8]*duties, tariffs* [9]*affordable*

1. ¿Cuántos modelos híbridos tiene Toyota ahora y cuántos más va a introducir?

2. ¿Cuántas versiones del Prius hay? Describa una de ellas.

3. ¿Cuáles son dos impuestos que tienen que pagar los compradores de un nuevo Prius ahora en Argentina, subiendo el precio del auto?

4. ¿Por qué dice la compañía que el Prius es un modelo excelente para el mercado nacional?

5. ¿Cómo se compara esta información sobre los vehículos híbridos y eléctricos con la de Toyota u otra compañía automovilística donde Ud. vive?

C. Cortometraje. *Vaya primero a **www.cengage.com/spanish/conversaciones4e** y busque **Capítulo 3: Cortometraje** para mirar el cortometraje «**Rogelio**». Luego, conteste las preguntas en la forma indicada por su profesor/a. En este corto un amigo cuenta las experiencias de un zombi (un hombre muerto que reaparece entre los vivos) que está enterrado en un cementerio mexicano.*

A todos los muertos del mundo

«Rogelio» dirigido por Guillermo Arriaga, OUAT! Mecia, Inc.

1. ¿Quién es Rogelio, y qué es lo que hace cada noche?

2. ¿Qué piensa Ud. sobre los zombis *(zombies)*?

3. Describa una escena interesante, y explique por qué le interesó.

4. ¿Por qué el narrador no puede continuar con la historia de Rogelio?

5. Comente la relación entre la seguridad vial y la dedicatoria que aparece al final.

D. A escuchar. *Escuche la entrevista en la que una persona habla de las indicaciones (directions) y el tráfico. (Para ver las preguntas, refiérase al ejercicio E, número 1.) Para escucharla, vaya a **www.cengage.com/spanish/conversaciones4e** y busque **Capítulo 3: A escuchar.** Luego, conteste las siguientes preguntas en la forma indicada por su profesor/a.*

1. ¿De dónde es Niyireth Sarmiento? Indique su nacionalidad y la ciudad en que vive.

2. En términos generales, ¿cómo es la ruta que ella sigue para ir al centro comercial que se llama «El Muelle» *(The Wharf)*?

3. ¿Cómo se compara la ruta que describe esta española con la ruta que Ud. sigue para llegar a un centro comercial en su región?

4. ¿Por qué dice Niyireth que la ruta que ella sigue es un poco complicada?

5. ¿Cómo suele ser el tráfico en España, y qué pueden hacer los que no quieren viajar en coche? ¿Cómo se compara el tráfico en las ciudades de España con el de su ciudad o pueblo?

E. Respuestas individuales. *Piense en las siguientes preguntas para contestarlas en la forma indicada por su profesor/a.*

1. Describa en detalle una ruta que Ud. toma con frecuencia en su ciudad o pueblo. ¿Cómo suele ser el tráfico en aquella ruta, y cómo suele ser en su región?

2. ¿Cómo sería su carro ideal? Descríbalo en detalle.

F. Contestaciones en parejas. *Formen parejas para completar las siguientes actividades.*

1. Para Uds., además del precio del coche, ¿cuáles son los factores que más influyen en su decisión cuando compran un auto? Ordenen juntos esta lista de factores de 1 a 10 (siendo el primero el más importante). Luego, comparen su ordenación con las de otras parejas.

_____ la potencia del motor
_____ la economía del coche (el número de kilómetros que rinde por litro de gasolina)
_____ el impacto del carro en el medio ambiente
_____ el estilo del modelo y su color
_____ el sistema de navegación GPS
_____ el tamaño y el sitio para los pasajeros
_____ los aparatos de seguridad (las bolsas de aire, el abridor sin llave *[keyless entry]*, los cierres *[locks]* automáticos, la alarma antirrobo *[anti-theft alarm]*)
_____ la capacidad del coche y del baúl
_____ la garantía extendida *(extended warranty)*
_____ la frecuencia y el costo de las reparaciones

2. ¿Conocen Uds. los indicios de algún problema con un auto? Indiquen cuáles de los siguientes síntomas de avería han sufrido personalmente uno o ambos de Uds. Luego, comparen sus experiencias (los números que han indicado) con las de otras parejas.

Veinte síntomas de avería en un auto

1. El motor no arranca.

2. Los frenos necesitan una presión excesiva.

3. El motor pierde potencia.

4. El coche tira *(pulls)* hacia un lado.

5. La transmisión emite ruidos anormales.

6. Hay desgaste *(wear)* irregular de las llantas.

7. Se sienten vibraciones al conducir.

8. El auto consume demasiada gasolina.

9. Los cambios de la transmisión se producen erráticamente.

10. Se oye un ruido extraño.

11. El motor tiene una marcha abrupta.

12. La transmisión resbala *(slips)*.

13. El motor se recalienta.

14. Los indicadores de dirección no funcionan.

15. Hay dificultad para cambiar de marcha.

16. El indicador de presión de aceite se enciende con el motor en marcha.

17. Los frenos suenan al activarlos.

18. Los sistemas eléctricos no funcionan.

19. El carro no acelera.

20. El motor sigue funcionando después de cortar el encendido *(ignition)*.

G. Proyectos para grupos. *Formen grupos de cuatro o cinco personas para completar estos proyectos.*

1. Diseñen anuncios para dos automóviles: uno para un auto o una camioneta *(minivan)* que compraría una familia con cuatro hijos y otro para un auto o una motocicleta que compraría un/a soltero/a joven.

2. Formulen instrucciones sobre cómo llegar desde su aula de clase a un lugar en el campus que probablemente conocen los estudiantes. Luego, lean sus instrucciones a la clase sin nombrar el destino para que sus compañeros intenten averiguarlo. Si hay tiempo, repitan esta actividad usando destinos conocidos que no están ubicados en el campus.

H. Discusiones generales. *La clase entera participará en estas actividades.*

1. Lleven a cabo una encuesta de los autos favoritos de los miembros de la clase, en dos clasificaciones: (1) carros que posiblemente comprarían al graduarse del colegio o de la universidad y (2) carros que comprarían si ganaran la lotería.

2. Lleven a cabo una encuesta sobre las diferentes clases y marcas de vehículos que tienen los miembros de la clase y sus familias. También averigüen por qué escogieron estos modelos.

Vocabulario útil

EL AUTOMÓVIL

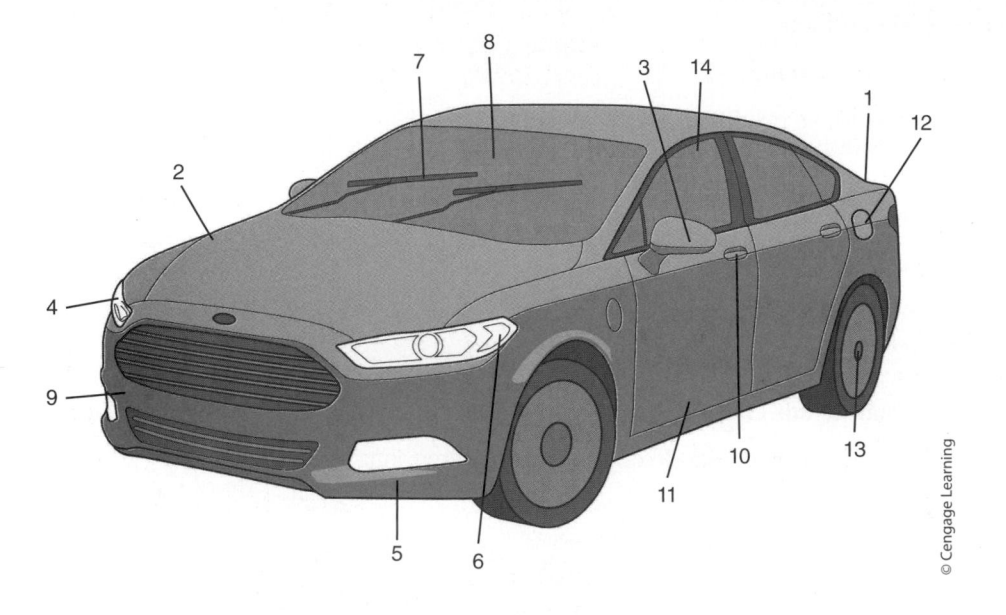

© Cengage Learning

el baúl, el maletero, el portaequipajes (1)
el capó (2)
el espejo (3)
el faro (4)
el guardafango, el guardabarros,
  la salpicadera *(Mex.)* (5)
el indicador de dirección *(H.A.)*,
  el intermitente *(Sp.)* (6)

el limpiaparabrisas (7)
el parabrisas (8)
el parachoques, la defensa *(Mex.)* (9)
el picaporte, la manivela (10)
la puerta (11)
el tanque, el depósito (12)
el tapacubos (13)
la ventanilla (14)

EL MANTENIMIENTO DE UN AUTOMÓVIL O UNA MOTOCICLETA

Sustantivos

el aceite de motor   *motor oil*
el acelerador   *accelerator*
el amortiguador   *shock absorber*
el anticongelante   *antifreeeze*
la bujía   *spark plug*
el cable   *cable*
la caja de cambios   *gearbox*
la camioneta   *minivan; light truck; station
  wagon (H.A.)*

la carga (de la batería)   *(battery) charge*
la carrocería   *body (of a car); body work*
el casco   *helmet*
el choque   *crash, collision*
el combustible   *fuel*
el concesionario   *dealer; showroom*
la dirección   *steering*
la doble tracción   *four-wheel drive*
el embrague   *clutch*

el encendido   *ignition*
el espejo retrovisor   *rear-view mirror*
el freno   *brake*
el fusible   *fuse*
la gasolina sin plomo   *unleaded gas*
la grúa, el remolcador (H.A.)   *tow truck*
el [vehículo] híbrido   *hybrid [vehicle]*
el kilometraje   *mileage* (in kilometers)
el líquido de frenos   *brake fluid*
el/la mecánico/a   *mechanic*
la moto (abreviatura de la motocicleta)   *motorcycle, "bike"*
la palanca de cambios   *gearshift, stick shift*
el piloto automático   *cruise control*
la pieza de repuesto/recambio   *spare part*
el portaguantes, la guantera   *glove compartment*
la potencia, la fuerza   *power*
la presión   *pressure*
el refrigerante   *coolant*
la reparación   *repair*
la rueda   *wheel*
el ruido   *noise*
el silenciador   *muffler*
el sistema de aire acondicionado   *air-conditioning system*
el sistema de calefacción   *heating system*
el tablero de instrumentos   *dashboard instruments*
el taller de reparaciones, el taller mecánico   *automotive repair shop, garage*
la válvula   *valve*
la velocidad   *speed, velocity*
el volante, el timón (H.A.)   *steering wheel*

Verbos

apretar (ie)   *to tighten; to press (a button)*
arreglar   *to repair, to fix*
atropellar   *to knock down; to run over*
consumir, gastar   *to consume*
cortar/apagar el encendido   *to turn off the ignition*
desgastar(se)   *to wear out*
desperdiciar   *to waste*
estropearse   *to break down*
fundir   *to blow (a fuse)*
hacer/meter cambios (H.A.), cambiar de marcha (Sp.)   *to change gears*
poner en marcha   *to start up; to put in gear*
recalentar (ie)   *to overheat*
remolcar   *to tow*
rendir (i) (H.A.), ceder el paso (Sp.)   *to yield*
resbalar   *to slip; to slide; to skid*
sonar (ue)   *to sound*

Adjetivos

abollado/a   *dented*
caducado/a   *expired*
cargado/a   *charged*
descargado/a   *not charged*
descuidado/a   *careless, negligent; neglected*
encendido/a, prendido/a (H.A.)   *started up, ignited*
flojo/a   *loose, slack*
sustentable (H.A.), sostenible (Sp.)   *sustainable*
vacío/a   *empty*
vigente   *valid, in force*

Vocabulario individual

_____   _____

_____   _____

_____   _____

_____   _____

_____

LAS INSTRUCCIONES Y EL TRÁFICO

Sustantivos

el arcén   *shoulder (of a highway)*
la autopista   *expressway, freeway; turnpike, toll road (Sp.)*
la autopista de peaje/de cuota (Mex.)   *turnpike, toll road*
el bache   *pothole*
la carretera   *highway*
el carril   *lane (of a road)*
el cepo   *wheel clamp*
la circulación   *traffic flow*
la desviación, el desvío   *detour*
el embotellamiento   *traffic jam, bottleneck*
la esquina   *street corner*
el estacionamiento (H.A.), el aparcamiento (Sp.)   *parking garage; parking*
el GPS, el Sistema de Posicionamiento Global   *GPS (known by its initials in English and pronounced gé pé ese), Global Positioning System*
el parquímetro   *parking meter*
el/la peatón/ona   *pedestrian*
el plano   *map; street plan*
la señal de tráfico   *traffic sign*
el señalamiento de tránsito   *traffic marking*
el transporte colectivo/público   *public transportation*

Verbos

adelantar, pasar, rebasar (Mex.)   *to pass, to overtake*
alquilar   *to rent, to lease*
bajar(se) de   *to get out of* (a vehicle)
retroceder, volver hacia atrás   *to go back, to back up*
subir(se) a   *to get into* (a vehicle)

Adjetivos

atropellado/a   *run over, knocked down*
indemne, ileso   *unhurt, unharmed*
vial   *relating to traffic or the road*

Preposiciones

a la derecha/izquierda   *to the right/left*
a la vuelta (de la esquina)   *around the corner*
al lado de   *next to*
frente a   *facing, in front of*
hacia abajo, calle abajo   *down the street*
hacia arriba, calle arriba   *up the street*
todo derecho, todo seguido, todo recto (Sp.)   *straight ahead*

Expresiones

¡Alto!   *Stop!*
estacionado (H.A.)/aparcado (Sp.) en segunda fila   *double-parked*
estar en rojo/verde/amarillo   *to be red/green/yellow*
exceder la velocidad máxima   *to speed, to exceed the speed limit*
hacer autostop, ir de aventón (Mex.)   *to hitchhike*
¡Hasta la vuelta!   *See you when we (or when you) get back!*
la hora pico (H.A.), la hora punta (Sp.)   *rush hour*
ponerle/darle (a alguien) una multa   *to impose a fine (on someone); to give (someone) a ticket*
tocar la bocina/el claxon; hacer sonar la bocina/el claxon   *to honk the horn*

Vocabulario individual

_____   _____

_____   _____

_____   _____

_____   _____

_____   _____

Unidad 2 Las familias, las amistades y la vida diaria

CAPÍTULO 4 La comida y las amistades

© Iakov Filimonov/Shutterstock.com

OBJETIVOS: Aprender a...

- ◆ obtener, interpretar y presentar información relacionada con la comida.
- ◆ participar en las actividades de un restaurante.
- ◆ emprender y desarrollar amistades de varios tipos.

NOTAS CULTURALES
Hispanoamérica

Un café al aire libre en La Habana, Cuba

La comida

La comida tiene un papel muy importante en todo el mundo hispano. El reunirse a comer es uno de los eventos sociales más importantes por dos razones. La primera es que a la hora de comer se reúne la familia, que constituye el núcleo fundamental en la sociedad hispana. Y la segunda es que durante las comidas, sobre todo en los restaurantes, también se pueden desarrollar las amistades y arreglar los negocios.

La gran diversidad de la comida en Hispanoamérica se debe a la variada geografía del continente y a la influencia de varias culturas, principalmente la indígena, la africana y la europea. Por ejemplo, en las islas caribeñas se come mucho plátano, arroz y frijoles. En México y los países de Centroamérica el maíz, los frijoles y el arroz forman la base de muchas comidas. La papa es un alimento principal en los países andinos, especialmente en Perú donde hay más de mil variedades de papas. En el Cono Sur se come una gran cantidad de carne de res,° producto de las extensas pampas argentinas. También en el Cono Sur y en Perú se conserva la costumbre de la hora del té, que se sirve a media tarde. Aunque últimamente en Argentina y Paraguay se está perdiendo la costumbre de tomar «el mate» por las tardes, la bebida sigue siendo sumamente popular. El mate es una infusión hecha

carne... beef

© Maridav/Shutterstock.com

con las hojas secas de la yerba mate y se sirve en una calabaza° seca con una bombilla° o pajilla.° — *gourd* / *small pipe for drinking mate / straw*

Las diferencias lingüísticas entre un país y otro son más notorias cuando se habla de comida, de manera que las mismas verduras o frutas tienen distintos nombres en distintos países. Por ejemplo, en México se le llaman «jitomates» a lo que el resto de Hispanoamérica les llaman «tomates». En México y Cuba se habla de «plátanos», mientras que en la mayor parte de Centro- y Suramérica estas frutas que se pueden comer frescas, sin necesidad de cocinarlas, son «bananas» o «bananos». En los demás países, «plátano»° se refiere a una variedad más grande que generalmente se debe cocinar para comerse. — *plantain*

Los hábitos de comer

Existen ciertas características típicas que unen a los hispanoamericanos. Las horas tradicionales para servir la comida son, en general, más tarde que en los Estados Unidos. La comida principal, generalmente conocida como el almuerzo (aunque en México es «la comida»), se toma entre la una y las tres de la tarde, y la cena de las ocho a las diez de la noche; el desayuno generalmente se sirve entre las siete y las ocho de la mañana. Estos horarios cambian mucho los fines de semana y los días festivos o cuando la familia celebra algo en especial. Por lo general el desayuno consiste en café con leche y panecillos calientes. La comida más fuerte° del día es el almuerzo *más... heaviest* que incluye tres platos: la sopa; la carne, pollo o pescado acompañado de verduras o ensalada; y por último el postre. La cena usualmente consta de algo muy ligero,° excepto en ocasiones especiales o cuando se sale a algún *light* restaurante.

Otro rasgo común entre los países latinoamericanos es la forma en que se socializa a través de la comida. El ejemplo más típico y tradicional es «la sobremesa» durante la cual la familia y los invitados, si los hay, permanecen sentados a la mesa después de comer o cenar y charlan° sobre cualquier *they chat* tema. Durante la semana la sobremesa solo dura unos cuantos minutos, mientras cada persona comparte con los demás algún suceso sobre su día o sus planes para el resto del día. Cuando hay invitados, la sobremesa puede durar hasta una hora y puede tocar los más variados temas, desde la política y los encabezados noticiosos° del día, hasta anécdotas familiares del pasado *encabezados... leading headlines* y chistes.

Es muy común que, cuando menos una vez a la semana, se reúnan a comer o a cenar toda la familia y los parientes más cercanos. Fuera del ámbito° familiar, los desayunos o almuerzos de negocios son populares entre *sphere* ejecutivos y empleados de oficina, y suelen tener lugar en restaurantes. Las cenas de negocios son menos frecuentes y generalmente suceden por motivo de algún evento especial. En las ciudades es muy común ver negocios de comida rápida, sobre todo los de las grandes franquicias° norteamericanas, *franchises* aunque no han llegado a sustituir a los restaurantes tradicionales.

España

© Tupungato/Shutterstock.com

Un restaurante con terraza en Valencia

La comida

La comida española es variada, debido en gran medida a su buena ganadería,°   *livestock*
sus muchos productos agrícolas y su pesca. Cada región tiene su plato típico.
Uno de los más apreciados es la paella, especialidad del Levante[1] español, donde
están los mejores arrozales.°   Otro es el gazpacho, una sopa fría con tomate y   *rice fields*
verduras variadas que se toma fundamentalmente en verano. Está creciendo
la popularidad de los alimentos ecológicos,° cuya certificación garantiza que   **alimentos...** *organic foods*
cumplen con ciertas normas de producción. También se aplican en España las
reglas del Modelo Europeo de Producción (MEP). Tanto estas reglas como las
normas ecológicas aseguran que los alimentos son sanos y seguros y que su
producción ha respetado el medio ambiente° y el bienestar animal.   **el medio...** *the earth's environment*

Los hábitos de comer

En España las comidas se sirven más tarde que en muchos otros países.
El desayuno es tal vez la comida con un horario más flexible. Consiste
usualmente en café con leche, acompañado de churros,° un bollo,° o   *crullers / sweet bun*

---

[1]El Levante es una región situada en la parte oriental *(eastern)* del Mediterráneo, donde se
levanta el sol. Aunque sus límites no son fijos, el Levante español suele incluir cuatro de las
cuarenta y nueve provincias: Castellón, Valencia, Alicante y Murcia.

tostadas. Estas últimas pueden llevar mermelada, mantequilla, aceite de oliva o tomate y aceite. A veces se toma un zumo de naranja° o cualquier otra fruta. Los españoles son muy aficionados al café° y mucha gente a lo largo del día suele tomar varios, unas veces solo° y otras con leche. De hecho, es un buen pretexto para quedar con° los amigos, utilizando la expresión, «¿Tomamos un café?».

zumo... orange juice
son... are coffee enthusiasts / without milk, black / *quedar...* to arrange to meet with

El almuerzo es la comida más importante del día y suele incluir dos platos y postre. Se empieza a tomar a las dos de la tarde y muchos restaurantes siguen abiertos a las cinco de la tarde, porque no está arraigada° la costumbre de levantarse de la mesa inmediatamente al acabar de comer. En las comidas, muchos españoles suelen tomar un vaso de vino o una cerveza para acompañar los platos; el vino se clasifica como alimento y su producción es dirigida por el Ministerio de Agricultura. La cena por lo general es más ligera que el almuerzo, sobre todo cuando se toma en casa, y se sirve a partir de° las nueve de la noche. Pero hay muchos restaurantes, sobre todo en ciudades grandes como Madrid y Barcelona, que están abiertos y sirven comidas hasta la madrugada.° Hay gente que cena a la salida de la última sesión de los teatros o los cines, que acaba a la una.

deeply rooted

a... starting from

early morning hours

En los bares de España un punto favorito de reunión es la barra.° Mucha gente come allí; van de aperitivos o «tapas»,° famosas por su variedad, que a veces sustituyen la comida. En los restaurantes se puede comer a la carta o según el menú del día que suele consistir en primer plato, segundo plato y postre. Algunos jóvenes españoles prefieren comidas al estilo americano en locales° como Burger King y McDonald's. Pero aún predominan los que siguen eligiendo «pinchos»,° «tapas» o «guisos»° de tipo español. Los locales especializados en bocadillos también tienen gran demanda. (El bocadillo se diferencia del sándwich en que está hecho con pan de barra.°) El contenido de los bocadillos es de lo más variado, desde carne a pescado o incluso vegetariano. Al bocadillo se le llama comúnmente «bocata» y a los locales especializados «bocadillerías» o «bocaterías».

counter
small plates

places
small shish kebabs / stews

pan... long loaf

Comprensión y comparación

Conteste las siguientes preguntas en la forma indicada por su profesor/a.

Hispanoamérica

1. ¿Por qué tiene la comida un papel social importante en el mundo hispano?
2. ¿Cuáles son algunas características de la comida de las siguientes regiones: las islas del Caribe, México y Centroamérica, y el Cono Sur?
3. ¿Cuáles son las horas tradicionales para el desayuno, el almuerzo y la cena? ¿Cómo se compara este horario con el suyo?
4. En un día típico, ¿en qué consiste el desayuno, el almuerzo y la cena para la gente hispanoamericana? ¿Cómo se comparan estas comidas con las suyas?

5. ¿Qué es la «sobremesa»? ¿Qué temas suele incluir durante la semana? ¿Existe semejante costumbre en su familia?

6. ¿Cómo son las comidas de negocios hispanoamericanas y cómo se comparan con las que tienen lugar en su país?

España

7. ¿Cuál es la comida principal en España y qué incluye?

8. ¿Qué son los alimentos ecológicos y los alimentos producidos según las normas del Modelo Europeo de Producción? ¿Cómo se comparan estos con los alimentos ecológicos y naturales en su país?

9. Típicamente, ¿dónde se reúne la gente en un bar o restaurante y qué se hace allí?

10. ¿Qué es un bocadillo, cómo se le llama comúnmente y dónde se compra?

🌐 Conexión Internet

*Investigue los siguientes temas en la red, consultando las sugerencias seleccionadas (en **www.cengage.com/spanish/conversaciones4e**) y apuntando las direcciones que utilice. En algunos sitios será necesario hacer clic en «español».*

1. **Los restaurantes de Buenos Aires.** Investigue y comente sobre dos restaurantes de Buenos Aires. ¿Cuáles son sus especialidades, cuándo están abiertos, qué promociones hay y qué ofrecen además de la comida? ¿Qué pediría si fuera a uno de estos restaurantes, y por qué? ¿Cómo se comparan estos restaurantes con algunos restaurantes en su ciudad o pueblo?

2. **Unas recetas de cocina.** Seleccione una categoría de comida que le interese (por ejemplo los primeros platos, los segundos platos, las ensaladas, las pastas, los pescados y mariscos, las verduras, las salsas o los postres). Luego, imprima *(print)* dos recetas que le gustaría probar *(to try)*. ¿Cómo son estos platos, y por qué cree que le van a gustar?

3. **La comida vegetariana.** ¿Cuáles son algunas ventajas de la comida vegetariana? ¿Cómo es la dieta vegetariana, y cómo se compara con la de comida vegana *(vegan)*? ¿Es Ud. vegetariano/a, y de qué tipo? ¿Por qué escogió Ud. el vegetarianismo? Si no es vegetariano/a, ¿le influye de alguna manera la información sobre el vegetarianismo ofrecida en algunos sitios informativos en la red? Explique.

4. **Las tapas españolas.** Busque una explicación para el origen del nombre «tapas». ¿Cuáles son algunas tapas sencillas, y cuáles son algunas más elaboradas? Consultando guías del tapeo *(tapas crawl)* o algunos menús de restaurantes sevillanos, indique dos tapas que le gustaría probar. ¿Hay algunas tapas que cree que no le gustaría probar? ¿Por qué no?

🔊 🌐 Vocabulario básico

Escuche y repita estas palabras y expresiones y practíquelas usando los recursos en Internet (en www.cengage.com/spanish/conversaciones4e).

EL RESTAURANTE

Sustantivos
el aperitivo, el entremés *(Sp.)* *appetizer*
el/la camarero/a, el/la mesero/a *(H.A.)* *waiter/waitress*
la copa, el trago *drink* (alcoholic)
el fondo *back of a room or building; bottom*
el local *place, premises*
la pareja *pair, couple*
el postre *dessert*
el primer/segundo plato[2] *first/second course*
la ración *portion, serving*
el refresco *soft drink*

Verbos
charlar *to chat, to converse*
citarse (con) *to make a date or appointment (with)*
comprometerse *to commit oneself; to get engaged*
encontrarse (ue) (con) *to meet, to run into*
ponerse *to become* (for emotional states or conditions)
probar (ue) *to taste, to try*
señalar *to signal, to point out*

Adjetivos
fuerte *strong; heavy* (for meals and drinks)
ligero/a *light*

Adverbios
alrededor (de) *around*
enseguida, en seguida *right away*

Expresiones
a partir de... (una hora) *starting from ..., as of ... (a certain time)*
de espaldas *with one's back turned*
hacer falta *to need; to be missing*
¡Qué casualidad! *What a coincidence!*

---

[2]En México y en algunas otras regiones de Hispanoamérica se le llama «**platillo**».

Práctica del Vocabulario básico

A. Definiciones. *Empareje las columnas.*

_____ 1. de espaldas
_____ 2. encontrarse
_____ 3. la pareja
_____ 4. a partir de
_____ 5. probar
_____ 6. enseguida
_____ 7. ponerse
_____ 8. señalar
_____ 9. charlar
_____ 10. comprometerse
_____ 11. el segundo plato
_____ 12. alrededor
_____ 13. la ración
_____ 14. citarse
_____ 15. el fondo

a. hablar
b. una porción de comida
c. en un círculo exterior
d. juntarse por casualidad en algún sitio
e. señalar un día y un lugar para una reunión
f. dos personas juntas
g. desde algún tiempo en adelante
h. en una habitación, la parte más lejos de la entrada
i. prometer hacer una cosa
j. llamar la atención hacia una persona o una cosa
k. la comida que se sirve después del primer plato
l. experimentar una nueva condición
m. muy pronto
n. posición en la que no se ve la cara sino la espalda
ñ. comer algo por primera vez

B. Sinónimos o antónimos. *Para cada par de palabras, indique si el significado es igual (=) o si es lo opuesto (≠).*

1. en seguida _____ mucho más tarde
2. el camarero _____ el mesero
3. el local _____ el sitio
4. el refresco _____ la bebida sin alcohol
5. el trago _____ la copa
6. charlar _____ conversar
7. probar _____ declinar
8. señalar _____ indicar
9. alrededor de _____ en torno a
10. citarse con _____ no aceptar una invitación
11. hacer falta _____ necesitar
12. ¡Qué casualidad! _____ ¡Qué coincidencia!
13. el primer plato _____ el plato que sigue al entremés
14. el fondo _____ el frente
15. el entremés _____ el aperitivo

C. Analogías. *Señale la respuesta más apropiada para duplicar la relación que existe entre las palabras modelo.*

> **EJEMPLO:** la película: el cine
> la comida: _____
> a. el libro   b. <u>el restaurante</u>   c. la cuenta

1. caliente: el sol
   dulce: _____
   a. el primer plato   b. el postre   c. ligero

2. el libro: el prefacio
   la cena: _____
   a. el postre   b. el primer plato   c. el aperitivo

3. la comida: comprar los ingredientes
   el matrimonio: _____
   a. comprometerse   b. probar   c. señalar

4. pequeño: ligero
   grande: _____
   a. fuerte   b. alrededor   c. en seguida

5. sobre: encima de
   desde: _____
   a. a partir de   b. una comida ligera   c. ligero

6. mucho: poco
   un banquete: _____
   a. una comida fuerte   b. una comida ligera   c. la pareja

7. ver: mirar
   cambiar de estado: _____
   a. hacer falta   b. citarse   c. ponerse

8. once futbolistas: el equipo
   dos novios: _____
   a. la pareja   b. el fondo   c. encontrarse

9. cambiar: variar
   reunirse: _____
   a. ponerse   b. encontrarse   c. el local

10. las maletas: el portero
    los platos: _____
    a. la cuenta   b. el primer plato   c. el camarero

D. Palabras en contexto. *Escriba la palabra o frase que corresponde a cada definición, y úsela en una oración original.*

1. un lugar: _____

   _____

2. una bebida no alcohólica: _____

   _____

3. lo opuesto de cara a cara: _____

   _____

4. hay necesidad: _____

   _____

5. lo que se toma en un bar: _____

   _____

6. una exclamación de sorpresa: _____

   _____

7. Una comida grande es _____.

   _____

8. el último plato de la cena: _____

   _____

9. Una comida pequeña es _____.

   _____

10. la cantidad para una persona: _____

    _____

© Cengage Learning

🔊 *Escuche la siguiente conversación, y luego repítala para practicar la pronunciación (en **www.cengage.com/spanish/conversaciones4e**).*

PERSONAJES

MANUEL, 50 años, padre de Isabel y Luisito
CRISTINA, 45 años, madre de Isabel y Luisito
ISABEL, 18 años, hija
LUISITO, 15 años, hijo
ARTURO, 22 años, amigo de Isabel
MESERO JOVEN

ESCENARIO

Restaurante bastante lujoso, cerca de la Plaza de Mayo, en Buenos Aires. Son las 2 p.m. y casi todas las mesas están ocupadas. En una de ellas está sentado solo Arturo comiendo unos aperitivos.

Entran Manuel y Cristina con sus dos hijos. Un mesero se acerca a ellos.

MESERO:	*(Dirigiéndose a Manuel)* Buenos días, señor. ¿Cuántos son?
MANUEL:	Cuatro. Tenemos mesa reservada para las dos y cuarto.
MESERO:	¿A nombre de quién?
CRISTINA:	Familia Sánchez Torres.
MESERO:	*(Mirando su libreta°)* Ah, sí, aquí está. *(Señala una mesa junto a la ventana.)* Es aquella de la ventana, se la preparo enseguida. *(Mira su reloj.)* Llegaron temprano.
CRISTINA:	No importa, esperamos. *(A su marido)* ¿Querés³ tomar una copa en el bar mientras tanto, Manolo?° Tengo sed.

reservation book

nickname for "Manuel"

Van hacia el bar, que está a la izquierda del local, y piden tres cervezas para los mayores y un refresco para Luisito. Luisito y su hermana se han quedado un poco aparte y miran alrededor.

LUISITO:	*(A su hermana)* Che,⁴ mira ese chico que está de espaldas.
ISABEL:	¿Cuál?
LUISITO:	Ese alto de la chaqueta gris. ¿No estaba el otro día hablando con vos en el portal° cuando yo salía de casa?
ISABEL:	*(Fijándose en° Arturo y poniéndose un poco nerviosa)* Sí, es Arturo, un amigo mío, pero cállate.
LUISITO:	*(Irónico)* ¿Un amigo o un novio?

doorway

Fijándose... *Noticing*

En ese momento vuelve el mesero.

MESERO:	Pasen, la mesa está lista.
MANUEL:	Gracias. Vamos.

Van los cuatro hacia la mesa, siguiendo al mesero.

ISABEL:	*(A su madre)* Mamá, yo voy al baño. Vuelvo enseguida.
CRISTINA:	¿Querés que vaya con vos?
ISABEL:	*(Nerviosa)* No, no hace falta. No soy una niña pequeña, mamá.
CRISTINA:	*(Sonriendo)* Sí, sé que hoy cumplís° dieciocho. Ya sos° toda una señorita.

(vos) cumplís = *(tú) cumples* / **(vos) sos** = *(tú) eres*

---

³**Vos querés** is equivalent to **tú quieres. Vos** is a form of **tú** used extensively in Argentina, Uruguay, and part of Paraguay. It is also used in certain regions of Central America. While many verbs follow a regular pattern, others do not.

⁴**"Che"** is a familiar substitute for someone's proper name in Argentina and Uruguay.

Mientras ellos se acomodan° en la mesa, Isabel cruza hacia el fondo y se para un momento junto a la mesa de Arturo.   get comfortable

ARTURO: ¡Isabel! ¡Qué casualidad! ¿Qué hacés aquí? ¿Estás sola?

ISABEL: No, estoy con mi familia. Vinimos a celebrar mi cumpleaños. Hoy cumplo los dieciocho. Vos lo sabías, ¿no?

ARTURO: Claro que lo sabía. Precisamente iba a llamarte esta tarde para que tomáramos algo. *(Ofreciéndole un camarón)* Toma, ¿querés uno? Están muy buenos.

ISABEL: No, gracias, llámame luego, me están esperando mis padres.

ARTURO: ¿Aquellos son tus padres?

ISABEL: Sí, pero no mires. Todavía no saben que salgo con vos.

ARTURO: ¡Caramba! ¡Pero si es don Manuel Sánchez Torres, mi profesor de geología!

Isabel se despide y entra en el baño.

Comprensión

A. ¿Qué pasó? *Escoja la letra que corresponde a la mejor respuesta.*

1. ¿Por qué ha venido la familia Sánchez Torres al restaurante?
   a. para conocer al nuevo novio de Isabel
   b. para celebrar el cumpleaños de Isabel
   c. para felicitar a Luisito por sus buenas notas en el colegio
   d. para conocer este nuevo restaurante

2. ¿Por qué va la familia al bar?
   a. porque necesitan beber algo inmediatamente
   b. porque Luisito quiere un refresco
   c. porque llegaron temprano y necesitan esperar un rato
   d. porque Isabel no quiere encontrarse con Arturo

3. ¿Cómo puede Isabel ver a Arturo en el restaurante sin que su familia se dé cuenta?
   a. Cuando va sola al baño, primero pasa por la mesa de Arturo.
   b. Ella y Arturo van juntos al bar.
   c. Luisito va a la mesa de Arturo para arreglar una reunión.
   d. Isabel y Arturo se encuentran al fondo de la gran sala.

4. Según Arturo, ¿qué pensaba hacer él esta tarde?
   a. tomar una copa con Luisito
   b. hablar con su profesor de geología
   c. invitar a Isabel a almorzar
   d. invitar a Isabel a celebrar su cumpleaños

5. ¿Cómo conoce Arturo al padre de Isabel?
   a. Es su tío.
   b. Es su profesor.
   c. Es también el padre de Luisito.
   d. Es también su amigo.

B. ¿Qué conclusiones saca Ud.? *Conteste cada pregunta con una oración.*

1. ¿Qué tipo de relación existe entre Isabel y Luisito? _____

   _____

2. ¿Qué importancia tiene el cumpleaños de Isabel para la familia Sánchez
   Torres? _____

3. ¿Por qué se pone nerviosa Isabel cuando su mamá quiere acompañarla al
   baño? _____

4. ¿Cómo reacciona Arturo cuando ve a Isabel? _____

   _____

5. ¿Cómo reacciona Arturo al ver al padre de Isabel? _____

   _____

Conclusión

*Después de dividirse en grupos, inventen una conclusión a la **Conversación creadora**
«Encuentro en un restaurante», siguiendo las instrucciones de su profesor/a.
Probablemente usarán «**tú**» en vez de «**vos**». Consulten el **Vocabulario útil** al final
del capítulo para obtener ayuda con el vocabulario de la comida y de las relaciones
sociales.*

INSTRUCCIONES

_____

_____

PERSONAJES

Isabel _____

Arturo _____

Manuel _____

Cristina _____

Luisito _____

Mesero/a _____

IDEAS PARA SU CONCLUSIÓN

_____

_____

_____

_____

Enlace gramatical

El pretérito y el imperfecto

Usos del pretérito

1. Para expresar una acción pasada que se considera instantánea o completa; puede indicar el principio o la terminación de la acción.

> Los Sánchez Torres **llegaron** temprano al restaurante.
> Luisito **empezó** a beber su refresco.
> Isabel **se levantó** para ir al baño.

2. Para expresar una acción que se desarrolló durante un período de tiempo específico.

> Arturo **estuvo** en el restaurante durante una hora y media.

Usos del imperfecto

1. Para describir una escena o narrar acciones que estaban en proceso.

> **Era** domingo por la tarde y **hacía** sol. **Había** mucha gente en la Plaza de Mayo.
> La madre de Isabel **llevaba** un vestido nuevo.
> Arturo **comía** cuando apareció Isabel.

2. Para expresar una acción pasada que se considera repetida o habitual.

> Ellos **iban** a aquel restaurante para celebrar eventos importantes.

3. Para describir condiciones físicas o características de algo o de alguien.

> Arturo **era** alto y moreno.

4. Para expresar estados de ánimo y deseos.

> Isabel **estaba** muy nerviosa.

5. Para expresar la hora y la edad en el pasado (incluso una etapa de la vida).

> **Eran** las dos de la tarde cuando llegaron al restaurante.
> El camarero **tenía** unos treinta años.
> Cuando Isabel **era** niña su madre la acompañaba al baño.

Algunos verbos que cambian de significado

Verbo	Imperfecto	Pretérito en afirmativo	Pretérito en negativo
conocer	knew, was acquainted with	met	didn't meet
poder	was able (to), could	managed (to)	failed, did not succeed in
querer	wanted, wished (to)	tried, attempted (to)	refused (to)
saber	knew	found out, discovered	didn't find out, didn't discover
tener	had, possessed	received, got	didn't receive, didn't get

Recuerde que **había** significa *there was* o *there were;* **hubo** significa *there was* o *there were* con el sentido de «ocurrió» u «ocurrieron».

Práctica

A. La comida vegetariana en Madrid. *Complete este párrafo con el pretérito o el imperfecto de los verbos, según convenga.*

Ayer yo (1. leer) _____ un artículo en el periódico sobre los

restaurantes vegetarianos en Madrid, y luego (2. ir) _____

con dos amigas al restaurante vegetariano más antiguo de la ciudad. Se llama

«La Biotika» y está en el antiguo barrio de las letras, donde en el Siglo de

Oro (3. vivir) _____ autores importantes como Lope de

Vega.[5] Afortunadamente en el restaurante (4. haber) _____

un menú del día que nos (5. gustar) _____ a todas.

Para el postre, todas (6. elegir) _____ el rico bizcocho

(cake) de chocolate. Al comerlo, (7. pensar) _____ que

no me hacen falta para nada los productos animales. Cuando yo (8. ser)

_____ adolescente (9. comer) _____

de todo, pero hace cuatro años (10. decidir) _____ ser

vegetariana por razones tanto de ética como de salud.

---

[5]El Siglo de Oro fue el período clásico en la literatura española, abarcando los siglos XVI y XVII. Lope de Vega (1562–1635) escribió más de mil obras de teatro, entre las cuales se destacan *Fuenteovejuna* (1613), *El caballero de Olmedo* (1620) y *Peribáñez y el Comendador de Ocaña* (1605).

B. Conversaciones telefónicas. *Estas son dos conversaciones que Isabel y Arturo podrían tener con sus mejores amigos. Complételas con el pretérito o el imperfecto del verbo, según convenga.*

Según ella:

ISABEL: Acabo de ver a Arturo en el restaurante. Él (1. almorzar) _____ allí cuando llegamos.

TERESA: Pues, ¡cuéntamelo todo! ¿Te (2. dar) _____ algún regalo para tu cumpleaños?

ISABEL: No, pero me (3. invitar) _____ a tomar algo esta noche.

TERESA: ¿Crees que Luisito les (4. decir) _____ a tus padres que sales con Arturo?

ISABEL: ¡No lo sé, chica!

Según él:

ARTURO: ¡Imagínate! Nuestro profesor de geología es el padre de Isabel.

FELIPE: Claro. Todo el mundo lo sabe.

ARTURO: Pues yo no. Lo (5. saber) _____ esta tarde en el restaurante.

Escenas

*En parejas (o en un grupo de tres), hablen en español para solucionar y luego describir cada conflicto. El **Vocabulario útil** al final del capítulo les ayudará con estas escenas.*

1. **A** You are nearing the end of a delightful meal at an elegant restaurant, when the waiter or waitress trips and spills coffee on your blouse or shirt. You are upset because you are afraid the garment will be ruined. Try to persuade the waiter/waitress to guarantee that the restaurant will pay the dry cleaning bill **(la cuenta de la tintorería)** and replace your blouse or shirt if it cannot be cleaned properly.

    B You are a new waiter/waitress who has just spilled coffee on a well-dressed client. Your boss has told you that any customer claims will come out of your salary. Apologize to this customer, then assure him or her that the stain will come out with water. Try to get the customer to forget the small spill and enjoy him/herself.

2. **A** Your niece/nephew has just moved to town, and you know that she/he would like the wonderful boy/girl who lives next door to you. Describe the person in such a way that your niece/nephew will want to meet him or her, and try to arrange a date.

    B You have just moved to town and have called your favorite aunt/uncle for some recommendations about where to shop, eat, and so on. You already have a romantic partner, someone whom you are not yet ready to introduce to your family but with whom you are in love. Try to persuade your aunt/uncle that you are not interested in dating, without causing any hurt feelings.

3. **A** You are a college student from Miami, of Cuban-American heritage, who is spending his or her junior year in Madrid. You have been going out with an exchange student from Bogotá, Colombia. He or she has invited you to spend Easter vacation **(Semana Santa)** with his/her family in Colombia, and you must convince your parents to let you go. You believe that their main concern will be that the airfare is very expensive.

    B You are the Cuban-American parent of a child who wants to visit a boyfriend's/girlfriend's family for ten days. Although you can afford the airfare, you do not think it is proper for your son or daughter to arrange such a visit without a direct invitation from the boy/girlfriend's parents. Try to persuade your son or daughter to bring his/her friend home to Miami instead.

4. **A** You are a 22-year-old man from Caracas, Venezuela, who has just finished a restaurant meal with a young North American whom you like a lot. This is your first date. When the waiter/waitress presents the bill, you try to pay with a credit card but are told that the establishment accepts only cash. You are embarrassed that this has happened, and you want to save face with your date. Try to persuade your date that the best thing to do is for you to call one of your brothers to bring you some cash, even though this could take over an hour.

    B You are an 18-year-old woman from New York who is spending the summer with your grandparents in Caracas. You have enjoyed dinner very much and don't want it to be spoiled by this problem with the bill. Try to persuade your date to allow you to pay tonight's bill. Insist that it would give you pleasure to do so and that he can pick up the next check. If that tactic fails, persuade him to borrow the money from you, so that the evening won't be ruined.

    C You are the waiter/waitress and would like this couple to pay the bill and leave because other customers are waiting for the table. Without being rude, encourage them to pay now or at least to wait someplace else.

Más actividades creadoras

*El **Vocabulario útil** al final del capítulo le ayudará con estas actividades.*

A. Dibujos. *Invente una narración, tomando los siguientes dibujos como punto de partida. Su cuento debe explicar quiénes son estos personajes, qué les ha pasado antes, qué está ocurriendo ahora y qué van a hacer en el futuro.*

B. Uso de mapas y documentos. *Refiérase a este menú para servicio a habitaciones de un hotel de lujo en el D. F. (la Ciudad de México), para contestar las siguientes preguntas.*

MENÚ PARA TODO EL DÍA

New York Steak, salsa de chile pasilla°   *type of mild green chile*
Enchiladas de camarón en dos salsas
Fajitas de pollo, res o camarones
Arrachera° con chimichurri°   *Skirt steak / olive oil, garlic and herb sauce*
Ensalada de pollo con aguacate, jitomate, pepinos, aderezo de mostaza y finas hierbas
Farfalle° con salmón ahumado   *Bow-shaped pasta*
Rigatoni con salsa boloñesa°   *Bolognese (creamy tomato with meat)*
Penne con pollo a la parrilla, jitomate, hongos pambazo° y piñones°   *porcini / pine nuts*
Robalo Tikin Xic envuelto° en hoja de plátano   *wrapped*
Club sandwich en pan integral°   *whole wheat*
*Sandwich vegetariano con pesto
Hamburguesa tradicional

POSTRES

Surtido° de helados   *Assortment*
Pastel de queso estilo Nueva York
Pastel de chocolate
Tarta de frutas de la temporada

BEBIDAS

Nuestra operadora de Servicio de Habitaciones tiene a su disposición una amplia selección de vinos y licores.

*Cocina Alternativa

Estas selecciones están nutricionalmente balanceadas, son bajas en calorías, colesterol y grasas.°   *fats*
Oprima° la extensión 1605 para servicio a habitaciones.   *Press*

1. ¿Qué plato y qué postre pediría Ud.? ¿Por qué?

2. ¿Hay algún plato que sabe Ud. que no le gustaría? ¿Por qué no?

3. ¿Qué plato aquí ofrece tres posibilidades distintas en cuanto a su preparación?

4. Si Ud. estuviera en una dieta para adelgazar *(to lose weight)*, ¿qué pediría? ¿Por qué?

5. ¿Cómo se compara este menú con un menú para servicio a habitaciones en un hotel de su región?

C. Cortometraje. *Mire el cortometraje* «***Ana y Manuel***» *(en **www.cengage.com/** **spanish/conversaciones4e**). Luego, conteste las preguntas en la forma indicada por su profesor/a. Este corto es sobre una mujer que compra un cachorro (puppy) después que su novio la deja.*

Dirigido por Manuel Calvo

1. Cuando Ana y Manuel eran novios, ¿cuál fue la actitud de cada uno sobre las mascotas *(pets)*? A Ud., ¿le importa tener una mascota? Explique.

2. ¿Por qué escogió Ana el nombre «Man» para su nuevo perro, y qué significa este nombre para ella? ¿Qué cree Ud. de la idea de comprar un perro para reemplazar a un novio o novia que le ha dejado?

3. ¿Qué pasó cuando Ana intentó regalarle el perro a su hermano como regalo de Navidad, y cómo se puso ella cuando lo descubrió?

4. ¿Qué hizo Manuel por Man cuando lo encontró en el mercadillo, y luego qué hizo Man por Manuel?

5. Comente el final feliz de la película. ¿Cree Ud. que Ana y Manuel van a comprometerse? Explique.

D. A escuchar. *Escuche la entrevista en la que una persona habla sobre sus experiencias en algunos restaurantes (en **www.cengage.com/spanish/** **conversaciones4e**). (Para ver las preguntas, refiérase al ejercicio E, número 1.) Luego, conteste las siguientes preguntas en la forma indicada por su profesor/a.*

1. ¿Cómo se llama la persona entrevistada, y de dónde es?

2. ¿Cómo es la comida del restaurante «Don Genaro», y qué platos son excelentes?

3. Además de la comida, ¿qué otros aspectos del restaurante «Don Genaro» son atractivos?

4. ¿Por qué no le gustó la comida del restaurante «Montecatini»?

5. ¿Cómo se comparan los restaurantes «Don Genaro» y «Montecatini» con algunos restaurantes que Ud. conoce?

E. Respuestas individuales. *Piense en las siguientes preguntas para contestarlas en la forma indicada por su profesor/a.*

1. Describa el mejor restaurante en que ha comido, e indique por qué le gustó. Entonces, describa el peor restaurante en que ha comido, indicando por qué no le gustó.

2. Si Ud. pudiera arreglar una comida ideal para su cumpleaños sin pensar en el costo, ¿qué pediría?

F. Contestaciones en parejas. *Formen parejas para completar las siguientes actividades.*

1. En cada pareja, una persona será el/la cliente en un restaurante y la otra será el/la camarero/a. El/La cliente pedirá una comida completa, y el/la camarero/a apuntará lo que dice. Comparen lo que ha apuntado el/la camarero/a con lo que ha pedido el/la cliente para ver si todo está correcto. Luego, cambien de papeles y de restaurantes.

2. Estudien esta receta para flan de leche. Entonces, compongan juntos una receta para un plato sencillo. Luego, cambien su receta con la de otra pareja y decidan si podrían hacer este plato siguiendo su receta.

FLAN DE LECHE

Esta receta rinde[1] para 4 raciones.

150 g (2/3 de taza) de azúcar	1 cucharadita de vainilla
1 cucharadita de agua	1/2 litro (2 tazas) de leche caliente
3 huevos	una pizca de sal

Caliente el horno a una temperatura moderada de 160° Celsius (325° Fahrenheit)

1. Ponga la mitad del azúcar y el agua en una pequeña olla o sartén gruesa. A fuego lento, dore el azúcar hasta que tenga la consistencia y el color de la miel, moviéndolo a menudo con una cuchara de madera para que no se queme.
2. Viértalo inmediatamente en un molde de aluminio o un recipiente Pyrex® redondo de 20 centímetros (8 pulgadas) de diámetro, y déjelo enfriar.
3. Bata los huevos. Agregue el resto de los ingredientes, y revuélvalos bien.
4. Vierta la mezcla[2] sobre el azúcar caramelizado. Ponga el molde dentro de un recipiente que contenga suficiente agua caliente, de manera que el agua en el exterior llegue hasta la mitad de la mezcla en el molde.
5. Hornéelo de una a una hora y media, hasta que se cuaje[3] y al introducirle un palillo[4] en el centro, salga seco.
6. Retírelo del horno y sáquelo del agua. A los diez minutos, colóquelo en la nevera.[5]
7. Cuando esté completamente frío, pase un cuchillo alrededor de los lados del molde con mucho cuidado, para despegar[6] el flan. Vuélquelo[7] sobre un platón que permita conservar su delicioso almíbar de caramelo.

---

[1]*yields*   [2]*mixture*   [3]**se...** *it jells*   [4]*toothpick*   [5]*refrigerator*   [6]*to detach*   [7]*Invert it*

G. **Proyectos para grupos.** *Formen grupos de cuatro o cinco personas para completar estos proyectos.*

1. Formulen una guía de la vida social contemporánea para un grupo de estudiantes chilenos que pasarán seis semanas estudiando en su localidad. Incluyan la siguiente información: las costumbres para amistades entre jóvenes ahora, dónde y cómo se conocen los estudiantes aquí, y dónde suelen reunirse. Cuando esté lista la guía, preséntenla a la clase.

2. Imagínense que acaban de terminar una comida en un buen restaurante. Siéntense en un círculo para participar en una charla de sobremesa. Mientras hablan espontáneamente, una persona apuntará los temas de la conversación para compararlos luego con los de otros grupos.

H. **Discusiones generales.** *La clase entera participará en estas actividades.*

1. Compongan una lista de cinco de los restaurantes de esta ciudad o este pueblo. Entonces, lleguen a un acuerdo en cuanto al número de tenedores (la marca de excelencia gastronómica) que merece cada uno: de uno (el peor) a cinco (el mejor).

2. Lleven a cabo una encuesta *(survey)* acerca de los hábitos de comer de los miembros de la clase. ¿Cuándo, dónde, con quién(es) y qué suelen tomar para el desayuno, el almuerzo, la cena y los refrigerios *(snacks)*? ¿Qué piensan de la comida en esta universidad o escuela, y qué cambios pueden sugerir para mejorarla?

Vocabulario útil

LA COMIDA

Sustantivos

Las carnes
la carne de res *beef*
el conejo *rabbit*
el cordero *lamb*
el pollo *chicken*
el puerco *pork*
la ternera *veal*

Los pescados y mariscos
la almeja *clam*
el bacalao *cod*
el calamar *squid*
el camarón (H.A.), **la gamba (Sp.)** *shrimp*
la langosta *lobster*

el lenguado *sole*
los mariscos *shellfish*
la merluza *hake* (fish similar to whiting)
el robalo, el róbalo *sea bass*

Los entremeses / Los aperitivos / Las tapas
la albóndiga *meatball*
el bocadillo, el sándwich, el sandwich (Mex.) *sandwich*
el chorizo *hard sausage*
el queso *cheese*
la salchicha *fresh sausage*
la tortilla de patatas (Sp.) *potato omelet*

Los primeros platos
el caldo   *broth*
la sopa   *soup*

Las verduras
el aguacate   *avocado*
la alcachofa   *artichoke*
el apio   *celery*
el arroz   *rice*
la arveja, el chícharo (H.A.),
  el guisante (Sp.)   *pea*
la berenjena   *eggplant*
la calabaza   *squash, zucchini*
la cebolla   *onion*
la espinaca   *spinach*
la habichuela verde, la judía
  verde (Sp.)   *green bean*
el hongo (H.A.), el champiñón, la
  seta   *mushroom*
la lechuga   *lettuce*
el maíz   *corn*
la papa (H.A.), la patata (Sp.)   *potato*
el pimiento verde/rojo   *green/red (sweet) pepper*
el pepino   *cucumber*
la soya (H.A.), la soja (Sp.)   *soy; soybean*
la zanahoria   *carrot*

Los postres
el arroz con leche   *rice pudding*
el flan   *baked caramel custard*
la fruta de la temporada   *fresh fruit*
la fruta en almíbar   *stewed fruit in syrup*
el helado   *ice cream*
el pastel   *pastry, pie; cake*

El desayuno
el bollo   *sweet bun*
el churro   *cruller*
la mermelada   *jam or marmalade*
el pancito (H.A.), el panecillo   *roll*
la tostada   *slice of toast*

Las bebidas
el agua mineral (con gas/sin gas)   *mineral water (carbonated/non-carbonated)*
el café solo/cortado, con leche   *black coffee/coffee with milk*
la cerveza   *beer*
el vino blanco/tinto/clarete (rosado)   *white/red/rosé wine*

Los ingredientes y condimentos
el aceite   *oil*
el aderezo (de ensalada)   *(salad) dressing*
el (diente de) ajo   *(clove of) garlic*
el azúcar   *sugar*
las especias   *spices*
la harina   *flour*
la hierba   *herb*
la pimienta   *pepper*
la sal   *salt*
el vinagre   *vinegar*

LOS MÉTODOS DE COCINAR

Verbos
ahumar   *to smoke*
asar   *to roast*
asar en la parrilla   *to grill*
cocinar al vapor   *to steam*
cortar en cubitos/cuadritos   *to dice*
cortar en rodajas   *to slice*
dorar   *to brown*
escurrir   *to drain*
freír (i)   *to fry*
guisar   *to stew*
hervir (ie)   *to boil*
picar   *to mince (cut up finely)*
revolver (ue)   *to mix; to scramble*
saltear   *to sauté*
sazonar   *to season*

Adjetivos
moderado/a   *mild*
picante   *spicy, hot*
rico/a   *delicious*
sabroso/a   *tasty, flavorful, delicious*
soso/a   *bland, tasteless; lacking salt*

A LA MESA

Sustantivos

la fuente *serving dish, platter*

el IVA, el iva (Impuesto sobre el Valor Añadido) *Value Added Tax, VAT (for restaurants, usually around 10 percent of check)*

la jarra *pitcher*

la mancha *stain*

el mantel *tablecloth*

Verbos

derramar *to spill*

manchar *to stain*

masticar *to chew*

picar *to burn, to be hot (spicy); to snack on a communal platter or dish (Sp.)*

quemar *to burn*

reclamar *to demand*

reembolsar *to reimburse*

tragar *to swallow*

tropezar (ie) *to trip*

verter (ie) *to pour; to spill*

Vocabulario individual

_____

_____

_____

_____

_____

_____

LAS AMISTADES Y LAS FAMILIAS

Sustantivos

el abrazo *hug*

el/la amante *lover*

la amistad *friendship*

el beso *kiss*

el cariño, el afecto *affection*

el compromiso *social engagement; engagement (commitment to be married)*

el/la cuñado/a *brother/sister-in-law*

el matrimonio *marriage; married couple*

el/la nieto/a *grandson/granddaughter*

el/la novio/a *boyfriend/girlfriend; fiancé/ fiancée; groom/bride*

la nuera *daughter-in-law*

el/la primo/a *cousin*

el/la sobrino/a *nephew/niece*

el/la suegro/a *father/mother-in-law*

el yerno *son-in-law*

Verbos

amar, querer (ie) *to love*

casarse con *to marry*

coquetear, flirtear, tontear *to flirt*

dejar a alguien *to leave someone*

desenamorarse (de) *to fall out of love (with)*

emocionarse *to be moved/touched/thrilled*

enamorarse (de) *to fall in love (with)*

felicitar *to congratulate*

formalizar *to formalize, to make official*

herir (ie) *to wound; to hurt*

tener cariño a *to be fond of*

tratar bien/mal (a alguien) *to treat (someone) well/badly*

Adjetivos

afectuoso/a, cariñoso/a *affectionate, tender*

amoroso/a *loving, related to love*

apasionado/a *passionate*

comprensivo/a *understanding*

Expresiones

Amor, Cariño   *Darling*

¡Enhorabuena![6]   *Congratulations!* (for an achievement such as a promotion)

¡Felicitaciones![6]   *Congratulations!* (on a lucky event a person had something to do with, such as an engagement)

¡Felicidades![6]   *Congratulations!* (on a lucky event that is due to fate, such as a birth or anniversary)

¡Qué emoción!   *How thrilling!*

¡Qué pena!   *What a shame!*

Vocabulario individual

_____   _____

_____   _____

_____   _____

_____   _____

_____

---

[6] These three congratulatory expressions are often used interchangeably.

CAPÍTULO 5

La familia y el entretenimiento en casa

© bikeriderlondon/Shutterstock.com

OBJETIVOS: Aprender a...

- ◆ resolver un conflicto familiar.
- ◆ obtener, interpretar y presentar información relacionada con el entretenimiento en casa.
- ◆ comentar programas de televisión y películas.

NOTAS CULTURALES
Hispanoamérica

Un reportero de una cadena de televisión hispana en Chicago, Illinois

La familia

La estructura y la dinámica de la familia en Hispanoamérica son menos rígidas que en el pasado. Sin embargo, perduran° ciertos valores culturales que se expresan a través de esta institución. Por regla general, las familias conservan estrechos lazos° de unión entre sí y la vida de cada miembro gira en función de° la de los demás. Todavía se consideran típicas las familias formadas por un matrimonio y tres o más hijos. Además, en muchos hogares es común que el abuelo o la abuela, ya sean maternos o paternos, vivan bajo el mismo techo.° Puesto que hoy día un gran porcentaje de las madres trabaja fuera del hogar, en muchos casos los abuelos cuidan a los niños durante el día. Por otro lado, en muchos casos, los hijos viven juntos con sus padres hasta que se gradúan de la universidad o hasta que se casan.

    Otro rasgo típico de la familia latinoamericana es que no es tan común que se mude° de una ciudad a otra, sobre todo si la familia goza de cierta estabilidad económica. Así que las familias establecen raíces° profundas en su lugar de origen y crean grandes redes de parientes que viven en la misma ciudad o pueblo y a veces hasta en el mismo barrio. Tal vez sea esta la razón por la cual los hispanos se refieren no solo a su familia inmediata con la palabra «familia», sino a todos sus parientes, tanto maternos como paternos.

remain

ties

***gira...** revolves around*

roof

move
roots

Es por eso mismo que las grandes reuniones familiares son muy frecuentes: siempre hay algún cumpleaños de un primo, tía o abuelo que celebrar, más aún si a estos se añaden las celebraciones de la familia política.° *familia... in-laws*

Además de las celebraciones de ocasiones especiales, durante los fines de semana a muchas familias hispanas les gusta leer el periódico juntos por la mañana y jugar a las cartas por las tardes. Otras familias prefieren ir de compras, al cine o a comer fuera. Los domingos, las familias preparan comidas típicas o se van a pasar el día en el campo; para las familias acomodadas, esto significa ir a su casa de campo, finca o hacienda. En otras ocasiones se van a «pueblear», es decir recorren pequeñas poblaciones cercanas haciendo paradas frecuentes para comer «antojitos»° o comidas domingueras.° Esto es especialmente cierto cuando se celebran las fiestas patronales del pueblo o festivales regionales. También es común que las familias asistan a algún evento deportivo o que practiquen algún deporte al aire libre.

*little snacks / **comidas...** Sunday meals*

El entretenimiento en casa

Si se quedan en casa, los pasatiempos favoritos de las familias hispanas son ver la televisión y utilizar el Internet («surfear la red»). Para niños y adolescentes los videojuegos —casi todos norteamericanos— son también muy populares. De hecho, la influencia de la cultura estadounidense es palpable en lo que se refiere al entretenimiento. La mayoría de las películas y programación° importadas son de los Estados Unidos, dobladas° o subtituladas al español. *programming / dubbed*

Hoy día la televisión ha dejado de ser una actividad puramente familiar, pues mientras unos ven la televisión otros pasan el tiempo en la computadora o en su tableta digital[1] o teléfono celular. Además gran parte de la programación se ha especializado más en atraer la atención de ciertos grupos dependiendo de su edad, de manera que lo que es interesante para una generación ya no lo es para la otra. En vez de unirse alrededor del televisor a una hora determinada, muchos prefieren ver programas de televisión por Internet cuando se les dé la gana.° Sin embargo, un tema común de sobremesa sigue siendo comentar lo que ocurrió o está ocurriendo en los programas de televisión, sobre todo en los concursos° y en las muchas telenovelas° que dan los canales hispanoamericanos.

cuando... whenever they feel like it
game shows, contests
TV serials, soap operas

Dos grandes cadenas° internacionales con transmisión exclusivamente en español son Univisión y Telemundo. Ambas tienen sus sedes° en los Estados Unidos y son sumamente populares entre los más de 53 millones de latinos que viven en este país. En los últimos años, Univisión ha llegado muchas veces a ser la cadena nacional más popular en los Estados Unidos entre adultos de 18–34 años durante el horario de máxima audiencia,° *el horario... prime time*

television networks
headquarters

---

[1]En escritos oficiales es común usar «una tableta» para referirse a este dispositivo *(device)*. También es frecuente decir «un tablet» (o a veces «una tablet») para evitar confusión, sobre todo en el habla coloquial.

superando las cadenas que emiten° en inglés. A muchos de sus televidentes°   *broadcast / TV viewers*
les gusta usar *Twitter* y otros medios sociales para comentar lo que está
pasando en un programa mientras lo miran.

   Aunque hoy día el entretenimiento en casa es más individualizado,
todavía hay un tipo de programa que atrae a millones de televidentes y sigue
uniendo a las familias alrededor del televisor. Esta es la transmisión en
vivo° de partidos° de fútbol de torneos nacionales e internacionales.   ***en...*** *live / matches*

España

Participantes en un programa de «telerealidad» (reality show) español

La familia

A pesar de recientes tensiones y cambios en la familia tradicional, en España el interés y la preocupación por la familia se extienden a casi todas las esferas de la vida. Por lo tanto, el grupo básico del que se considera miembro el español es su familia, y esta inspira una lealtad° más fuerte que cualquier otra. Muchos jóvenes, tanto si son estudiantes universitarios o están en el paro,° viven con sus padres hasta los 30 años.

    Como en Hispanoamérica, muchos acontecimientos° sociales son de tipo familiar, caracterizados por la presencia de niños y adultos. Además de reunirse en muchas ocasiones y por cualquier motivo, ya sean fiestas familiares, bodas,° bautizos,° comuniones, cumpleaños o funerales, los miembros de una familia española suelen reunirse en muchas de las festividades religiosas y populares.

loyalty

están... are unemployed
events

weddings / baptisms

El entretenimiento en casa

En cuanto a los medios de comunicación, una reciente encuesta del CIS (Centro de Investigaciones Sociológicas) recoge que un 56,8 por ciento de los españoles prefiere la televisión para estar informados. La radio ocupa el segundo puesto con un 13,7%, luego siguen los periódicos digitales y escritos, con 11,9% y 9% respectivamente. Las redes sociales, a pesar de estar cada vez más presentes, ocupan el final de la lista con un 3,6%. Otro estudio indica que cada día los españoles pasan en promedio tres horas y quince minutos viendo «la tele» y les dedican una hora y dieciocho minutos a los otros medios de comunicación (radio, Internet, periódicos y revistas —no solo uno en particular sino varios).

Hay docenas de cadenas de televisión. La televisión estatal° (Radio Televisión Española o RTVE), cuyo centro está en Madrid, dispone de° dos cadenas: La 1 (TVE-1) y La 2 (TVE-2). También cuenta con canales° especializados, tales como Teledeporte y Canal 24 horas, este último dedicado a noticias de España y del resto del mundo. Otras cadenas son privadas, como Canal + (Plus), Antena 3, Cuatro, Telecinco y la Sexta. Existen además cadenas regionales, que se llaman televisiones autonómicas,[2] con uno a tres canales cada una, que ofrecen noticias y otra programación relacionada con la región. Algunas de las televisiones autonómicas transmiten en español, como la de la Comunidad de Madrid que se llama TeleMadrid. Otras transmiten en idiomas que no son castellano, cuando prevalece° otro idioma en la región. Por ejemplo, TVC (Televisió de Catalunya) transmite en catalán y EITB (Euskal Irrati Telebista) transmite en euskera (el idioma vasco) en uno de sus canales; asimismo hay televisiones autonómicas que transmiten en gallego y valenciano (este último clasificado como un dialecto del catalán). En España se puede ver también muchas cadenas internacionales por satélite. La programación de los canales nacionales, autonómicos y por satélite aparece en los periódicos, con especial atención a las películas.°

Las fuentes° de la programación española son en gran medida° gubernamentales,° sobre todo en los telediarios.° Estos también se alimentan de° la prensa y la radio con las que colaboran. La televisión vive mucho de anuncios,° aunque las cadenas de ente público° reciben gran parte de su presupuesto del Estado y en los últimos años han suprimido la publicidad. Los programas con más audiencia suelen ser los concursos, los programas de «telerealidad°», los de deporte y los informativos. Las telecomedias donde se reflejan los problemas domésticos de familias de la clase media española también son muy populares. Muchos programas son importados, sobre todo de los Estados Unidos y de Gran Bretaña.

Cada vez más° gente prefiere ver cine en su casa que ir a un local público, en parte por falta de tiempo y en parte por motivos económicos. Por eso, ir a una sala de cine se ha convertido en una experiencia menos habitual.

state-owned, national
dispone… *has available*
channels

prevails

films
*sources / **en…** to a large extent / governmental / newscasts / **se…** are fed by / commercials / **de…** public (state-owned) networks*

los programas… *reality shows*

Cada… *More and more*

---

[2]En España hay diecisiete autonomías *(autonomous regions)*. Son Andalucía, Aragón, Principiado de Asturias, Baleares, Canarias, Cantabria, Castilla-La Mancha, Castilla y León, Cataluña, Comunidad Valenciana, Extremadura, Galicia, La Rioja, Comunidad de Madrid, Navarra, País Vasco y Región de Murcia. Cada autonomía elige su propio gobierno con un presidente y un parlamento.

Comprensión y comparación

Conteste las siguientes preguntas en la forma indicada por su profesor/a.

Hispanoamérica

1. Describa la composición de una familia que se considera típica en un hogar hispanoamericano: ¿quiénes podrían vivir bajo el mismo techo (*roof*)?
2. ¿Es común que la familia latinoamericana se mude de una ciudad a otra? ¿Qué efectos tiene esta característica (de mudarse o no) en la estructura familiar?
3. Compare el uso de la palabra «familia» en la cultura hispana con su uso en la cultura estadounidense.
4. ¿Cuáles son algunas de las actividades que las familias hispanoamericanas prefieren hacer durante los fines de semana? ¿Cómo se comparan estas actividades con las de su familia durante los fines de semana?
5. ¿Qué sigue siendo un tema común de sobremesa relacionado con la televisión? ¿Ud. también suele hablar de lo mismo en su casa?
6. Señale un éxito que ha conseguido la cadena Univisión en los Estados Unidos. ¿Cómo se comparan sus hábitos de mirar la televisión con los de los televidentes entre 18–34 años que miran la programación de Univisión?

España

7. ¿Qué importancia tiene la familia en España, y por qué?
8. ¿Cuánto tiempo dedican los españoles a los medios de comunicación? Dé ejemplos de este contacto.
9. ¿Qué son las televisiones autonómicas? Empezando con el castellano, señale cuatro idiomas y un dialecto en que transmiten las diferentes televisiones autonómicas.
10. ¿Cómo se comparan los programas populares en España con los que tienen gran popularidad en los Estados Unidos?

🌐 Conexión Internet

*Investigue los siguientes temas en la red, consultando las sugerencias seleccionadas (en **www.cengage.com/spanish/conversaciones4e**) y apuntando las direcciones que utilice. En algunos sitios será necesario hacer clic en «español».*

1. **Los programas de televisión.** Seleccione y analice las descripciones de dos programas de televisión que se ofrecen esta semana en español en algún país donde se trasmite en este idioma. ¿Qué tipos de programas son, y cómo se comparan estos dos programas con algunos programas norteamericanos en inglés?

2. **El cine.** Seleccione y analice la descripción de una película (de ser posible en español) o un artículo sobre la industria cinematográfica (de ser posible en Hispanoamérica o España). ¿De qué se trata, y por qué le interesa?

3. **Los periódicos en línea.** Mire algunos periódicos en línea, y comente sobre dos artículos que traten asuntos *(matters)* importantes: uno internacional y uno nacional (del país donde se publica el periódico). ¿Cómo se compara el artículo internacional con algún tratamiento de estos eventos en la prensa norteamericana?

4. **Las emisoras de radio *(Radio stations)*.** Escuche algunos programas de radio en el mundo hispano, y comente un programa de noticias y una selección musical, señalando cuáles son sus características más interesantes o notables.

🔊 🌐 Vocabulario básico

*Escuche y repita estas palabras y expresiones y practíquelas usando los recursos en Internet (en **www.cengage.com/spanish/conversaciones4e**).*

EL ENTRETENIMIENTO EN CASA

Sustantivos

el ambiente   *atmosphere, environment, air*[3]
el anuncio   *commercial, advertisement, announcement*
el asunto   *matter, subject, issue*
la cadena   *television network; chain*
el canal   *channel*
la imagen   *image*
el noticiero, el telediario *(Sp.)*   *news program*
la película   *movie*
la programación   *programming*
la telenovela[4]   *television serial, soap opera*
el/la televidente   *TV viewer*
el televisor   *television set*
la transmisión, la difusión   *broadcast*

Verbos

aguantar   *to put up with, to tolerate, to bear*
apagar   *to turn off*
bajar/subir   *to turn down or go down/to turn up or go up*

---

[3]Se usa el término «el medio ambiente» cuando se trata del ambiente en general *(the earth's environment)*.
[4]A veces en Hispanoamérica las telenovelas se llaman simplemente «novelas». En España se les llaman «culebrones», una palabra derivada de «culebra» *(snake)*, a causa de su estructura serpentina.

grabar   *to record* (sound, images, or both)
importar   *to matter; to mind, to be important*
poner, encender *(Sp.)*   *to turn on*
reñir (i)   *to argue, to quarrel, to scold*
transmitir, emitir   *to broadcast*

Adjetivo
acogedor/a   *welcoming, warm, friendly, cozy*

Expresiones
estar harto/a de   *to be fed up with*
llevarse bien/mal   *to get along well/badly, to have a good/bad relationship*
lo que sea   *whatever*

Práctica del Vocabulario básico

A. Oraciones. *Escoja la letra de la(s) palabra(s) que complete(n) mejor cada oración.*

1. La cadena nacional se dedica a ___ programas culturales.
   a. transmitir   b. grabar

2. La ___ en la versión latina de Hulu incluye episiodios de programas y películas en español.
   a. televidente   b. programación

3. Frecuentemente hay varios ___ durante un programa de media hora.
   a. canales   b. anuncios

4. El ___ de aquella casa es acogedor.
   a. ambiente   b. televisor

5. Cuando hay una guerra, la gente busca información y aumenta la audiencia que mira ___ cada noche.
   a. las telenovelas   b. los telediarios

6. Univisión y Telemundo son ___ que emiten programas en español.
   a. cadenas   b. televisores

7. En los videos musicales, la música va acompañada por ____.
   a. la transmisión   b. la imagen

8. Para ___ un programa de televisión, hace falta una máquina DVR.
   a. grabar   b. aguantar

9. Algunos televidentes suelen ___ el volumen durante los anuncios comerciales.
   a. emitir   b. bajar

10. Los que quieren ver las telenovelas cuando salen al aire necesitan ___ las interrupciones de los anuncios.
    a. poner   b. aguantar

B. Definiciones. *Empareje las columnas.*

e	1. el ambiente	a.	una red de estaciones *la cadena*
i	2. el asunto	b.	la difusión
a	3. la cadena *network*	c.	lo que se ve en el cine *película* *televisor → TV set*
c	4. la película	d.	estar cansado/a de
	5. la programación	e.	la atmósfera *el ambiente*
j	6. la telenovela	f.	cualquier cosa
n	7. emitir	g.	registrar sonidos e imágenes
l	8. el televidente	h.	el horario de programas
b	9. la transmisión	i.	la materia de que se trata
k	10. el televisor	j.	un drama en episodios
m	11. el canal *channel*	k.	un aparato de televisión *el televisor*
f	12. lo que sea	l.	una persona que mira la televisión *televiante*
ñ	13. poner la radio	m.	una estación que transmite programación *la cadena*
d	14. estar harto/a de	n.	transmitir *emitir*
g	15. grabar	ñ.	hacer que funcione la radio

C. Antónimos. *Empareje las columnas con la letra de la(s) palabra(s) que significa(n) lo opuesto o algo muy distinto.*

i	1. reñir	a.	no tener importancia
c	2. subir	b.	incómodo
d	3. lo que sea	c.	bajar
h	4. estar harto/a de	d.	algo específico
	5. llevarse bien	e.	estar satisfecho/a de
g	6. apagar	f.	llevarse bien
	7. aguantar	g.	encender
b	8. acogedor	h.	no tolerar
j	9. poner la tele	i.	llevarse mal
a	10. importar	j.	apagar la tele

D. Oraciones con espacios. *Añada las palabras indicadas de la siguiente lista, haciendo los cambios necesarios.*

acogedor/a	la difusión	la película
el anuncio	la imagen	reñir
apagar el televisor	importar	la telenovela
el asunto	llevarse bien	el televidente
el canal	el noticiero	el televisor

1. Las dos amigas _____ y se quieren mucho.

2. _____ refleja la música en los videos musicales.

3. Mirando la televisión es difícil escaparse de los _____ omnipresentes.

4. Juan ve _____ de las seis de la tarde en CNN en Español.

5. Esta _____ nueva salió recientemente de Hollywood.

6. _____ típico ve tres horas de televisión cada día.

7. María invita a Juan a una cena en su casa _____.

8. El teleadicto no apaga casi nunca _____.

9. Cristina y Juana son muy buenas amigas y nadie las ha visto _____.

10. Javier usa el control remoto para cambiar de _____.

11. A Elena no le _____ esperar para ver los episodios de su telenovela favorita en el sitio en la red de la cadena Univisión.

12. Magdalena _____ antes de acostarse.

13. Aquella actriz es la heroína de _____ mexicana que concluye esta noche.

14. _____ del debate presidencial es el presupuesto del país.

15. _____ de programas no es gratis en todos los canales.

© Cengage Learning

🔊 *Escuche la siguiente conversación, y luego repítala para practicar la pronunciación (en **www.cengage.com/spanish/conversaciones4e**).*

PERSONAJES

LUCÍA, 21 años
SARA, su amiga, 21 años
PILAR, madre de Lucía, 48 años

ESCENARIO

Cocina-cuarto de estar en casa de los padres de Lucía en el barrio de Santa Cruz de Sevilla. En una esquina hay una mesa grande rodeada de bancos° con almohadones.° Ambiente acogedor.

benches / cushions, large pillows

129

Son las siete de la tarde. Lucía se está preparando un bocadillo. Tiene la radio encendida y canturrea,° mientras saca el fiambre° de la nevera.° Se oye un timbre.° Lucía baja el volumen de la radio y se acerca al telefonillo° gris,° que está adosado a° la pared y comunica con el portal° de la calle.

hums / cold cuts
refrigerator / bell
intercom / gray / está…
is up against / entrance

LUCÍA: ¿Sí?... ¿Quién eres? No te entiendo… ¡Ah, Sara! Sí, mujer, claro que puedes subir… pero ¿qué te pasa?... No, mi madre ha salido un momento… Vale,[5] ahora me lo cuentas, te abro… ¿Ya?

Vuelve a colgar° el telefonillo, apaga la radio, cierra la nevera y sale. Al poco rato vuelve a entrar con Sara, una chica de su edad que viste vaqueros y trae una bolsa° de deporte. Parece muy abatida.° Deja la bolsa en el suelo y se sienta, de codos° en la mesa, con la cara entre las manos. Lucía se queda de pie, mirándola.

to hang up

bag / depressed, dejected
elbows

LUCÍA: ¿Quieres tomar algo? Me estaba preparando un poco de merienda.

SARA: No, no quiero nada, estoy hecha polvo,° de verdad.

estoy… I'm exhausted

Se tapa la cara con las manos y llora. Lucía se le acerca por detrás y la coge por los hombros.

LUCÍA: Venga, mujer, no te pongas así. ¿Otra vez has vuelto a reñir con tu madre?

SARA: Sí, pero esta vez va en serio,° no me vuelve a ver el pelo,° te lo juro; me busco un trabajo, hago lo que sea, pero allí no vuelvo, que la aguante mi padre, si quiere, que para eso se casó con ella. ¿Me das un vaso de agua?

en… seriously / no…
[she] won't see a trace
of me again

LUCÍA: Sí, ahí está uno sin tocar, a tu derecha. *(Se siente frente a ella.)* Pero cálmate un poco, anda.° Te tiemblan° los dedos.

SARA: *(Después de tomar un sorbo° de agua):* Es que ya no sé qué hacer para darle gusto, cualquier pretexto le parece bueno para meterse conmigo°… *(Se oye el ruido de una puerta.)* Vámonos a tu cuarto, oye. Viene alguien, ¿no?

come on, go on / tremble
sip

meterse… to pick on me

LUCÍA: Sí, pero no te preocupes, debe ser mi madre.

SARA: No le importará que me quede a dormir aquí esta noche, ¿verdad?

LUCÍA: ¡Qué pregunta tan tonta! Ya la conoces.

Entra Pilar con sus paquetes. Tiene un aspecto bastante juvenil.

PILAR: ¡Cómo estaba la tienda de gente, Dios mío! *(Fijándose en° la amiga de su hija.)* Ah, hola, Sara, guapa, no sabía que estuvieras aquí.

Fijándose… noticing

SARA: Buenas tardes, Pilar.

---

[5]La palabra **vale** (*fine, sure, OK*) es una expresión común en España.

PILAR:	¿Qué tal por tu casa?
SARA:	Fatal.° Me he ido de casa.
PILAR:	¿Otra vez? ¡Vaya por Dios! ¿Qué os ha pasado ahora?
SARA:	Yo qué sé,° mi madre está histérica, que no me puede ver ni en pintura.° Habrá discutido con mi padre, como siempre, y luego la que pago el pato° soy yo. ¡Yo qué culpa tengo de que ellos se lleven mal! Estoy harta.
PILAR:	No digas tonterías. ¿Quieres que la llame? Tú también le habrás hecho algo.

Awful

Yo... I have no idea
*no... can't stand the sight of me / **pago**... pay the price*

Comprensión

A. ¿Qué pasó? *Conteste cada pregunta con una oración.*

1. ¿Dónde tiene lugar esta conversación? _____

_____

2. ¿Qué está haciendo Lucía antes de la visita de Sara? _____

_____

3. ¿Cómo está Sara cuando llega a la casa de Lucía, y por qué? _____

_____

4. Según Sara ¿cómo le trata su madre, y por qué? _____

_____

5. ¿Qué piensa Pilar sobre la situación entre Sara y su madre, y qué le ofrece a Sara? _____

_____

B. ¿Qué conclusiones saca Ud.? *Indique la letra que corresponde a la mejor respuesta.*

1. ¿Por qué cree Sara que puede confiar en *(to trust)* Lucía?
   a. Sara sabe que Lucía es una buena amiga.
   b. Sara sabe que Lucía la conoce muy bien.
   c. Sara sabe que Lucía es muy simpática.
   d. *a, b y c*

2. ¿Por qué pide Sara un vaso de agua?
   a. porque está muy emocionada y quiere calmarse
   b. porque Lucía le pone muy nerviosa
   c. porque está muy contenta y quiere beber agua
   d. porque acaba de probar el fiambre y tiene sed

3. ¿Cuál es la razón por la cual Sara se ha ido de casa?
   a. Sara piensa que sus padres se llevarán mejor sin ella.
   b. Sara piensa que su madre está celosa de su relación con su padre.
   c. Los padres de Sara quieren que ella se vaya de casa.
   d. La madre de Sara la trata muy mal y Sara no sabe qué hacer.

4. ¿Por qué quiere quedarse Sara a dormir en casa de Lucía?
   a. porque quiere hablar con su amiga durante toda la noche
   b. porque quiere que Pilar hable con su madre
   c. porque no quiere volver a su propia casa
   d. porque prefiere estar en el barrio de Santa Cruz

5. ¿Qué parece sentir Pilar hacia Sara?
   a. Parece que la quiere mucho, porque es su hija.
   b. Parece que la quiere mucho, porque es una buena amiga de su hija.
   c. Parece que la quiere mucho, porque es su sobrina.
   d. No parece sentir nada porque no la conoce bien.

Conclusión

Después de dividirse en grupos, inventen una conclusión a la **Conversación creadora** *«Los problemas generacionales», siguiendo las instrucciones de su profesor/a. Consulten el* **Vocabulario útil** *al final del capítulo para obtener ayuda con el vocabulario.*

INSTRUCCIONES

_____

_____

PERSONAJES

Sara _____

Lucía _____

Pilar _____

La madre **o** El padre de Lucía _____

_____

_____

IDEAS PARA SU CONCLUSIÓN

_____

_____

_____

_____

Enlace gramatical

Por y para

Los usos de *por*

1. Para indicar una duración temporal definida o aproximada. *(for, during, in)*

   Estuvimos en Sevilla **por** dos días.

   Cuando eran jóvenes, miraban la televisión todos los sábados **por** la mañana.

2. Para expresar la causa, la razón o el motivo de una acción. *(because of, on account of, on behalf of)*

   No pudimos ver la película **por** un corte de electricidad.

3. Para expresar movimiento a lo largo de o a través de un lugar. *(through, along, by)*

   Lucía y su madre dieron un paseo **por** el barrio de Santa Cruz.

4. Para indicar el intercambio o la sustitución de una cosa por otra. *(in exchange for)*

   Pagamos 15 euros[6] **por** este DVD.

5. Para indicar «a beneficio de» o «a favor de». *(on behalf of, for the benefit of, in favor of)*

   El niño pequeño no sabía usar el teléfono; afortunadamente, su hermano pudo hacer la llamada **por** él.

6. Para indicar un medio de comunicación o transporte. *(by)*

   La tienda mandó su factura **por** correo.

7. Para expresar el agente de una acción en la voz pasiva. *(by)*

   Aquel programa de televisión fue dirigido **por** uno de los actores.

8. Para expresar la idea de «en busca de». *(in search of, for)*

   Fue al quiosco **por** la revista. *(H.A.)* Fue al quiosco **a por** la revista. *(Sp.)*

9. Para indicar velocidad, frecuencia o unidad de medida. *(per)*

   Los organizadores del festival de música cobraron veinte euros **por** persona.

---

[6]Un euro equivale a aproximadamente un dólar y treinta centavos estadounidenses. Para calcular el cambio con precisión, es necesario consultar un convertidor de divisas *(currencies)* en la red, un periódico reciente o con un banco.

10. Con algunas expresiones.

por casualidad	*by chance*	**por** lo visto	*apparently*
por desgracia	*unfortunately*	**por** si acaso	*just in case*
por eso	*therefore*	**por** supuesto	*of course*
por lo menos	*at least*	**por** todas partes	*everywhere*

Los usos de *para*

1. Para expresar el uso o propósito de un objeto, o la intención de una acción. *(in order to, for)*

   Queríamos comprar un programa **para** editar películas en casa.
   Esta caja es **para** su colección de discos compactos.

2. Para indicar el destino de una persona o de un objeto.

   Pilar salió **para** la tienda a las seis.
   Esta llamada es **para** la madre de Lucía.

3. Para señalar un tiempo definido en el futuro o una fecha límite. *(by, for)*

   Tengo que devolverle el libro a mi amigo **para** mañana.

4. Para expresar una comparación u opinión.

   Para alguien de su edad, Lucía sabe mucho sobre el arte.
   Para Pilar, los conflictos entre madre e hija son casi desconocidos.

5. Con algunas expresiones.

para nada	*at all*
no ser **para** tanto	*to be not so bad*
para entonces	*by then, by that time*
para siempre	*forever*

Práctica

A. **Una carta electrónica.** *Complete esta carta que Teresa le escribió a su amiga sobre el Festival de Cine Europeo de Sevilla con **por** o **para**, según convenga.*

Hola Anita,

Siento no haberte escrito antes, pues he estado bien ocupada con el trabajo.

En noviembre fui a Sevilla (1) _____ asistir al Festival de

Cine con mi prima Gabriela. Afortunadamente pudimos quedarnos

(2) _____ unos días con una amiga suya

que vive en el barrio de Santa Cruz. El primer día del festival

pasamos (3) _____ la taquilla *(box office)* muy temprano

(4) _____ la mañana (5) _____ comprar

entradas a todos los eventos que nos interesaban. También compramos

un afiche *(poster)* del festival y se lo regalamos a su amiga sevillana. Ella

también se llama Anita, y creo que te caería muy bien *(you would like her*

a lot).

Espero verte pronto. Besos y abrazos,

Teresa

B. **Yo soy Betty, la fea.** *En Colombia y muchos otros países, esta telenovela alcanzó índices de sintonización* (tuning in) *sin precedente cuando salió al aire, y se considera una clásica del género. Complete este párrafo sobre la legendaria telenovela con **por** o **para,** según convenga.*

Esta telenovela exitosa fue protagonizada (1) _____

una heroína simpática llamada Beatriz (Betty) Pinzón Solano. Resignada a

ser soltera (2) _____ siempre, ella se dedica a trabajar

como secretaria en una empresa de alta costura (diseño de moda). Está

secretamente enamorada de su jefe, Armando Mendoza; desafortunadamente,

(3) _____ él Betty es solamente su aliada *(ally)*

(4) _____ luchar contra los planes diabólicos de Daniel, el

hermano de la novia de Armando. Sin embargo, (5) _____

su inteligencia y honestidad Betty llega a ser presidenta de la empresa y se

casa con Armando.

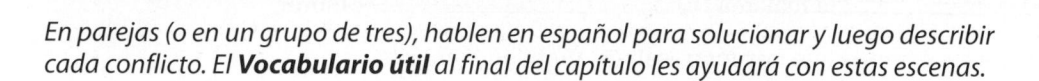

Escenas

*En parejas (o en un grupo de tres), hablen en español para solucionar y luego describir cada conflicto. El **Vocabulario útil** al final del capítulo les ayudará con estas escenas.*

1. **A** Your television set is several years old. Lately it hasn't been working very well, so you want to get it fixed. You take the set to a small shop near your home. You want to get the set back quickly, so that you can keep up with the soccer matches that are being shown during the next two weeks. You also want to spend as little as possible to fix it.

   B You are the owner of a small TV sales and repair shop. You can repair this customer's TV, but the part it needs must be special-ordered and the repair will cost more than the set is worth now. You think that fixing it would be a waste of money. Try to convince this customer that it would be wiser to buy a new TV set, preferably from you.

2. **A** You enjoy watching a show from beginning to end, and you have been watching a situation comedy for the past ten minutes. Your partner, however, keeps changing the channel with the remote control during commercials, to see what else is on TV. Try to convince him or her to wait until this show ends before switching channels.

   B When there is nothing great on TV, you like to channel surf and watch several shows at once. The sitcom you are watching now is only mildly interesting, so you think that you and your partner should see what else is being offered. Try to convince him or her that it is important to see what other programs are on, so that you don't miss a better one.

3. **A** You are the director of programming for an international television network that reaches audiences in Mexico, Bolivia, Chile, Panama, Paraguay, Uruguay, and Costa Rica. You are selecting American shows to buy for the new season, and you can choose one more show. You think that you will choose a crime drama, because it will appeal to young, affluent audiences. Also, the president of the network enjoys these shows very much.

   B You are a producer of cooking shows, and you would like to expand into the Hispanic-American market. You must convince this network programming director that cooking shows will reach the audience he or she wants, and people of all ages will watch them regularly. Offer to introduce the programming director to some of the stars who are judges on one of your shows to help convince him or her to buy them.

4. **A** You are the parent of a six-year-old child who delights in watching DVDs and, although you think he or she watches too many, you allow it. However, your son/daughter has just asked your spouse to put on a DVD and your spouse refused the request. Try to convince your spouse to allow the child to watch it, so that you can complete some work that is due the next day.

   B You also are trying to finish some work that you brought home. Your six-year-old, who is bored at the moment, just asked you to watch a DVD. You said no. You think that your child should read more books. Try to convince your spouse to read to your son/daughter until you finish what you're doing and can play with the child.

   C You are a six-year-old who is very bored. Try to convince one of your parents to let you watch a DVD or to do some other activity with you now.

Más actividades creadoras

*El **Vocabulario útil** al final del capítulo le ayudará con estas actividades.*

A. Dibujos. *Invente una narración, tomando los siguientes dibujos como punto de partida. Su cuento debe explicar quiénes son estos personajes, qué les ha pasado antes, qué está ocurriendo ahora y qué les va a pasar en el futuro.*

B. Uso de mapas y documentos. *Lea este anuncio sobre la telenovela* Ángel rebelde, *una historia situada en Miami, para contestar las siguientes preguntas.*

Ángel rebelde

Víctor Noriega retorna a su papel de galán y Gretell Valdez debuta como protagonista en la historia de una Cenicienta *(Cinderella)* que nació princesa, pero se gana la vida conduciendo un autobús por la Ciudad del Sol.

Sinopsis

Lucía Andueza debió nacer en cuna[1] de oro, pero las circunstancias la han hecho pobre. Antes de su nacimiento, su padre mató a un hombre y fue encarcelado. Su perversa suegra *doña Paz* se aprovechó para apoderarse de sus negocios.

Rodrigo Serna Fono Video

Publicidad

A sus veinte años, *Lucía* es el sostén[2] de su familia, compuesta por su madre y dos hermanos adoptivos a quienes mantiene con su trabajo de chofer de autobús. La belleza de *Lucía* atrae los ojos de muchos hombres, desde *Juan Cuchillo*, el matón[3] del barrio, hasta el *Dr. Claudio Salazar*, un hombre atormentado por la muerte de su esposa.

Otro pretendiente[4] de *Lucía* es *Alejo Espejo*, un cincuentón[5] casado y dueño de un vivero.[6] Pero *Lucía* se enamorará de *Raúl*, el sobrino de *Alejo*, quien desde que murieran sus padres, trabaja

para su tío. *Raúl* no podrá corresponder el amor de *Lucía*, ya que al conseguir trabajo como chofer de la poderosa familia *Andueza*, su vida cambiará.

En la mansión Andueza, *Raúl* entrará en contacto con la ambiciosa *Paz* y con *Cristal*, la más guapa de las nietas de *doña Paz*, quien cautiva al inocente *Raúl*. Deslumbrado[7] por su belleza, *Raúl* no repara en su maldad. *Cristal* separará a *Raúl* de *Lucía* que, después de todo, es la legítima heredera[8] de la fortuna que disfrutan sus usurpadoras primas.

---

[1]*cradle*   [2]*support*   [3]*thug*   [4]*suitor*   [5]*man in his fifties*   [6]*(plant) nursery*   [7]*Dazzled*   [8]*heiress*

1. ¿A quién se refiere el título *Ángel rebelde*, y cómo es esta persona?

2. ¿Cómo es la situación familiar de Lucía cuando empieza la historia?

3. ¿Cuáles son tres personas despreciables en esta telenovela, y por qué lo son?

4. ¿Por qué cree Ud. que se describe la telenovela como «la historia de una Cenicienta»? Basándose en esta metáfora, ¿cuál sería la resolución de los conflictos en esta telenovela?

5. ¿Cómo se compara esta telenovela con alguna telenovela norteamericana o británica?

C. Cortometraje. *Mire el cortometraje «**Minería contaminante a cielo abierto en Colombia**» (en **www.cengage.com/spanish/conversaciones4e**). Luego, conteste las preguntas en la forma indicada por su profesor/a. En este documental (documentary) informativo un grupo de actores y actrices colombianos denuncian (denounce) los efectos contaminantes de la minería (mining) de oro en el medio ambiente de su país.*

Minería en Colombia de Razón Pública

1. ¿Cómo es la diversidad biológica de Colombia, en comparación con los demás países del mundo?

2. Señale dos efectos dañinos *(harmful)* de la explotación minera.

3. ¿Qué reacción quiere evocar la siguiente declaración?: «En Colombia, a quien se le otorga *(grant)* una licencia minera tiene por ley el derecho a explotar el subsuelo de tu casa, tu tierra».

4. ¿Cuál es el propósito *(intention, purpose)* de este corto? ¿Cree Ud. que es convincente? Explique sus razones.

5. ¿Cómo se compara este corto con alguna película norteamericana sobre la contaminación ambiental causada por una industria?

D. A escuchar. *Escuche la entrevista en la que una persona contesta algunas preguntas sobre sus gustos con respecto a los programas de televisión (en **www. cengage.com/spanish/conversaciones4e**). (Para ver las preguntas, refiérase al ejercicio E, número 1.) Luego, conteste las siguientes preguntas en la forma indicada por su profesor/a.*

1. ¿Cómo se llama la persona entrevistada, de dónde es originalmente y dónde vive ahora?

2. Debido a su carrera como estudiante de relaciones internacionales y lenguas modernas, ¿a qué tipo de programas tiene que poner atención?

3. ¿Qué tipo de programa le gustaba ver de niña?

4. ¿De qué se trataba el programa colombiano *El mundo al vuelo*?

5. ¿Cómo se comparan las preferencias de esta colombiana con las suyas, en cuanto a los programas de televisión de ahora y los del pasado?

E. Respuestas individuales. *Piense en las siguientes preguntas para contestarlas en la forma indicada por su profesor/a.*

1. ¿Cuáles son sus programas favoritos de televisión actuales (*current*), y por qué le gustan? ¿Cuáles son sus programas favoritos del pasado, y por qué le gustaban o le siguen gustando?

2. En su opinión, ¿cómo se presenta la familia norteamericana en los programas de televisión más populares? ¿En qué se parece su familia a las familias de estos programas, y en qué se diferencia?

F. Contestaciones en parejas. *Formen parejas para completar las siguientes actividades.*

1. Una persona debe asumir el papel de alguien que recientemente ha figurado en las noticias, y su compañero/a le entrevistará. Entonces cambien de papeles para otra entrevista. Luego, ofrezcan resúmenes de sus entrevistas a la clase.

2. Aquí tienen diez programas de un programa de charla (*talk show*) en la cadena Univisión. Ordenen la lista, empezando con el programa que Uds. piensan fue el más popular (1) y terminando con el menos popular del grupo (10). Luego, comparen su lista con la de otra pareja.

    ___ El mundo de los ciegos
    ___ Los vampiros
    ___ Periodistas en la guerra
    ___ La vida de los paparazzi
    ___ El contenido de los bolsos de las mujeres
    ___ Los jóvenes y el sexo
    ___ Los numerólogos (los números y la suerte)
    ___ El perdón
    ___ Cuando las amantes ganan
    ___ Incesto

G. Proyectos para grupos. *Formen grupos de cuatro o cinco personas para completar estos proyectos.*

1. Planeen y presenten un noticiero semanal (*weekly*). Si quieren, pueden usar imágenes para ilustrar las noticias.

2. Planeen y presenten una escena de un programa de telerealidad (*reality show*) o de una telenovela.

H. Discusiones generales. *La clase entera participará en estas actividades.*

1. ¿Cuáles son algunas conclusiones que se pueden sacar de esta encuesta española?

Horas diarias empleadas en ver la televisión

Horas diarias	% Hombres	% Mujeres
Menos de 1	20	14
1–2 horas	37	29
2–3 horas	23	27
3–4 horas	9	13
Más de 4	7	12
No ve nunca	4	5

2. Lleven a cabo una encuesta entre los miembros de la clase sobre cuánto miran la televisión cada día, usando la encuesta española como modelo. ¿Hay semejanzas entre las costumbres de Uds. y las de los televidentes españoles?

Vocabulario útil

*Para más vocabulario del cine, consulte el **Vocabulario útil** del capítulo 10, en la página 279.*

LA TELEVISIÓN

Sustantivos

el/la abonado/a *subscriber*
el actor/la actriz *actor/actress*
el alquiler, la renta (Mex.) *rental*
la antena parabólica *satellite dish*
el argumento, la trama, la intriga *plot*
la audiencia, el público, los espectadores *audience*
el botón *button, knob* (to control TV or DVR)
el concurso *game show, contest*
el conjunto *group; package deal*
el control remoto, el telemando (Sp.) *remote control*
el desenlace *ending, finale*
los dibujos animados *cartoons*
el docudrama *docudrama*
el documental *documentary*
el drama *drama; dramatic show*

el drama policíaco *police (crime) show*
el DVD *DVD; DVD player*
el DVR *DVR recorder*
la emisora de radio/televisión *radio/TV station*
la entrevista *interview*
el episodio *episode*
el equipo de grabación *TV crew, film crew*
el escenario *stage; setting*
el espectáculo, el show (H.A.) *variety show*
la estrella de cine/de televisión *movie/TV star*
el estreno *premiere, debut*
el fabricante *manufacturer, maker*
la farándula *show business*
el guión *script, screenplay*
el/la locutor/a *TV announcer*
la marca *brand*
la noticia, las noticias *news item, news*

el pago por vista *(H.A.)*, **el pago por evento** *(Mex.)*, **el pago por visión** *(Sp.)*   *pay per view*

la pantalla   *screen*

el papel, el rol *(H.A.)*   *role*

el/la presentador/a, el/la animador/a   *presenter, host* (of a show)

el personaje   *(fictional) character*

el/la productor/a, el/la realizador/a   *producer*

el programa de telerealidad   *reality show*

la programación territorial   *local programming*

el propósito   *intention, purpose*

la publicidad   *advertising; publicity*

la red   *network*

la redifusión   *repeat broadcast*

el satélite   *satellite*

la teleguía   *TV listing* (slang)

la televisión estatal, la televisión nacional   *national (state-owned) television*

la televisión por cable, el cable *(H.A.)*   *cable television*

la televisión regional *(H.A.)*, **la televisión autonómica** *(Sp.)*   *local television* (of states or regions of countries in Hispanic America and of the autonomous regions in Spain)

el tema   *theme; topic, subject*

la transferencia continua   *streaming*

la transmisión directa/en vivo   *live broadcast*

la transmisión en diferido   *previously recorded broadcast*

las ventas por teléfono, las ventas telefónicas   *telemarketing*

el video musical   *music video*

Verbos

actuar, interpretar   *to act, to play*

cambiar de canal(es)   *to switch the channel(s)*

descargar   *to download*

doblar   *to dub*

encargar   *to order* (merchandise or services)

filmar, rodar (ue) *(Sp.)*   *to shoot a film*

hacer un papel, representar un papel   *to play a role*

reparar   *to repair*

sacar al mercado   *to release (into the marketplace)*

salir al aire   *to air*

sintonizar   *to tune in*

televisar   *to televise*

tener lugar   *to take place*

Adjetivos

emocionante   *exciting*

exitoso/a   *successful*

sorprendente   *surprising*

televisivo/a   *of or relating to television*

Expresiones

la caja tonta   *"boob tube"*

el/la teleadicto/a   *TV addict* (slang)

Vocabulario individual

_____   _____

_____   _____

_____   _____

_____   _____

CAPÍTULO 6   # El comercio y la seguridad ciudadana°

seguridad... urban safety

Alexandre Fagundes De Fagundes/Dreamstime.com

OBJETIVOS: Aprender a...

◆ obtener, interpretar y presentar información relacionada con el comercio.

◆ hacer compras en varios entornos *(surroundings)*.

◆ describir gente y narrar acontecimientos relacionados con un crimen.

NOTAS CULTURALES
Hispanoamérica

©iStockphoto.com/elifranssens

Una vendedora de sombreros en La Paz, Bolivia

Las compras

En los países hispanos existe la posibilidad de comprar una gran variedad de productos en establecimientos de todo tipo. En todas las grandes ciudades cosmopolitas hay una sección en el centro de la ciudad donde se encuentran las tiendas más lujosas y muchas boutiques, así como restaurantes y bares de moda. En el D.F. (la Ciudad de México) esta sección se llama la Zona Rosa y en Buenos Aires es la Calle Florida. Así mismo se puede ir de compras a los almacenes, donde se puede comprar de todo, y a los diversos y modernos centros comerciales, también llamados «Shoppings» en muchos de los países suramericanos. Estos son de arquitectura moderna, muy parecidos a los de los Estados Unidos. En ellos se encuentra una gama° de tiendas nacionales y sucursales° de tiendas conocidas mundialmente, además de restaurantes y cines.

    A pesar de que los almacenes y centros comerciales atraen a mucha gente por la variedad de tiendas y opciones de entretenimiento, existen también en todas partes de las ciudades unas boutiques y tiendas pequeñas que se especializan en la venta de ciertos productos. En algunas, el cliente no puede seleccionar ni tocar la mercancía;° tiene que esperar su turno hasta que el dependiente° pueda mostrarle el artículo que quiere ver. En

range
branches

merchandise
store clerk

cuanto a las transacciones de compraventa,° un contraste importante con lo acostumbrado en los Estados Unidos es que no es frecuente que se permita el cambio o la devolución° de artículos. En algunos casos solo se aceptan cambios por objetos del mismo valor o más caros. Los posibles métodos de pago varían según la región y el tipo de establecimiento. Aunque en muchos establecimientos se acepta una variedad de tarjetas de crédito y de débito, casi siempre es necesario presentar algún tipo de identificación oficial (licencia de manejar o pasaporte), además, muchos lugares cobran una tarifa o comisión extra por uso de tarjeta o simplemente solo aceptan pagos en efectivo.°

buying and selling

return

pagos… *cash payments*

Quizás lo que convierte a los países hispanoamericanos en lugares singulares para ir de compras es que en cada uno de ellos es posible observar distintas manifestaciones artísticas y culturales. La artesanía° cambia no solo de país en país sino de región en región dentro del mismo país. Así ocurre en México, donde cada uno de sus treinta y dos estados produce distintos tipos de artesanías relacionadas con su propio folclor. Las artesanías se pueden adquirir en distintos lugares, desde los puestos° en los mercados al aire libre hasta las elegantes boutiques.

crafts

stands

Para hacer compras de todo tipo, los mercados al aire libre añaden un toque colorido tanto a pequeños pueblos como a las ciudades modernas y ofrecen experiencias únicas. Estos mercados han formado parte de la tradición hispanoamericana desde tiempos precoloniales. En mercados como La Lagunilla en el D. F., se puede regatear y conseguir a buenos precios desde comestibles hasta artesanía nacional, joyas, libros, antigüedades,° obras de arte y artículos para el hogar. Aunque han ido desapareciendo, los vendedores ambulantes° que todavía existen en algunos barrios de las ciudades y de los pueblos ofrecen otra oportunidad para hacer las compras. A cualquier hora del día hay quienes pasan vendiendo por las calles comida, bebidas, ropa o alguna chuchería.°

antiques

vendedores… *peddlers*

knickknack

Finalmente, es muy común ver quioscos y pequeños puestos por las calles. A veces, en los barrios más modestos, dichos puestos están instalados en una ventana de una casa particular. En los quioscos se puede comprar periódicos, revistas, dulces y cigarrillos.

España

Puestos (stands) y gente en el Rastro de Madrid

Las compras

Como en Hispanoamérica, en España hay diversas opciones para hacer compras, desde el enorme hipermercado al pequeño estanco.° El almacén más importante es «El Corte Inglés», que tiene sucursales repartidas por todo el país. Visitar «El Corte Inglés», aunque sea para no comprar nada, se ha convertido en una costumbre para mucha gente. Entre sus varias empresas expansionistas, esta compañía ha creado una cadena de hipermercados «Hipercor». En los «hipers» se puede comprar un sinfín° de mercancía, generalmente expuesta° en un solo piso. Allí se vende todo lo que se encuentra en un supermercado, además de libros, ordenadores,° muebles, televisores, artículos deportivos, joyas y ropa. En los últimos años, empresas europeas, como Alcampo, Carrefour o Ikea, se han establecido en la mayoría de las grandes ciudades. Cada vez más se están cerrando tiendas de comestibles° en España a causa del terreno que les han ido ganando° los hipermercados y los supermercados, que presentan más ofertas.°

Las tiendas cuyo auge° es imparable° hoy son las boutiques, y ahora hay boutiques para todos los gustos y precios. Últimamente están muy de moda las boutiques de segunda mano o de ropa usada. Los estancos, que se encuentran por todas partes, también siguen siendo muy populares aunque la ley contra el tabaco ha hecho bajar las ventas ya que mucha gente ha dejado de fumar. Además de vender tabaco, los estancos ofrecen una variedad de artículos: periódicos, revistas, sellos° y material de papelería.

tobacco shop

endless amount
displayed
computers

tiendas… *grocery stores /*
  terreno… *ground*
   gained by
special offers
expansion / unstoppable

stamps

En algunos se hacen fotocopias, se venden billetes para el transporte público e incluso se venden billetes de lotería.

Entre los muchos lugares donde se pueden hacer compras, a muchos madrileños y turistas les atrae el Rastro. Situado alrededor de la Plaza de Cascorro, en uno de los barrios más populares de Madrid, es el lugar más importante de compraventa de objetos usados. Abarca° varias calles, donde no hay más que tiendas de antigüedades y puestos callejeros.° Se puede comprar desde un enchufe° viejo hasta un cuadro que vale miles de euros. (En Barcelona, hay un mercado similar que se llama los Encantes Viejos.) Los domingos el Rastro está particularmente animado. En los últimos años los vendedores se han aprovechado de la popularidad del Rastro para subir bastante los precios. Ya no se encuentran gangas° con tanta facilidad como antes, aunque todavía, con un poco de paciencia, puede aparecer alguna.

[It] covers
puestos... *street stands*
electrical plug

bargains

Comprensión y comparación

Conteste las siguientes preguntas en la forma indicada por su profesor/a.

Hispanoamérica

1. ¿Dónde están y qué son la Zona Rosa y la Calle Florida? ¿Qué zonas de algunas ciudades norteamericanas serían comparables?
2. ¿Qué opciones existen para hacer compras en una ciudad hispanoamericana?
3. ¿Cómo se comparan los centros comerciales en Hispanoamérica con los de los Estados Unidos?
4. ¿Qué característica común hace que los países hispanoamericanos sean una experiencia única para ir de compras?
5. ¿Por qué son populares los mercados al aire libre?
6. ¿Cómo se diferencian los vendedores ambulantes de los quioscos y qué artículos venden?

España

7. ¿Qué son «El Corte Inglés» e «Hipercor»?
8. ¿Qué clases de boutiques hay y cuáles boutiques están muy de moda ahora?
9. ¿Qué se puede comprar en un estanco?
10. ¿Qué es el Rastro y dónde se encuentra?

🌐 Conexión Internet

*Investigue los siguientes temas en la red, consultando las sugerencias seleccionadas (en **www.cengage.com/spanish/conversaciones4e**) y apuntando las direcciones que utilice. En algunos sitios será necesario hacer clic en «español».*

1. **De compras en sitios de Internet.** Investigue la posibilidad de hacer compras en algunos sitios de Internet en español. Seleccione un producto (nuevo o de segunda mano) que le interesaría comprar, señalando por qué le interesa. Luego, seleccione un producto que refleja de alguna manera

la cultura hispana; por ejemplo, un «jamonero» artesanal (que se usa para sujetar un jamón serrano[1] mientras se corta). ¿Cómo se comparan los sitios en español con sitios semejantes en los Estados Unidos?

2. **Los centros comerciales en Latinoamérica.** Seleccione y resuma el contenido del sitio web de un centro comercial en Latinoamérica. ¿Qué información se encuentra en este sitio, y por qué le interesa?

3. **Anuncios clasificados.** Investigue algunos sitios de anuncios clasificados en la red, y seleccione un anuncio clasificado que le inspiraría a comprar algo. Explique por qué le interesa el anuncio, y qué información le motivó a escoger este producto u objeto. ¿Cómo se compara este anuncio con algún anuncio similar en un sitio norteamericano?

4. **El Corte Inglés.** Investigue el sitio de esta compañía para ver qué novedades hay en sus almacenes. ¿Qué es lo que más le interesa en este sitio, y por qué? ¿Cómo se comparan los almacenes «El Corte Inglés» con alguna cadena de almacenes en su región?

  ## Vocabulario básico

*Escuche y repita estas palabras y expresiones y practíquelas usando los recursos en Internet (en **www.cengage.com/spanish/conversaciones4e**).*

EL COMERCIO

Sustantivos

el almacén, la tienda por departamentos (Mex.)   *department store*
la bolsa, la cartera (H.A.), el bolso (Sp.)   *handbag, bag*
el/la dependiente/a   *store clerk*
la estación de policía (H.A.), la comisaría (Sp.)   *police station*
la ganga   *bargain*
la plata (H.A.), la pasta (Sp.)[2]   *money* (slang)
el puesto (callejero)   *(street) stand*
el/la ratero/a, el/la ladrón/ona   *thief, pickpocket*
la talla   *clothing size*

Verbos

agacharse   *to bend down, to crouch down*
cobrar   *to charge (a price), to collect payment*
denunciar   *to report something to an authority; to denounce*
fijarse en   *to notice, to pay attention to*

---

[1]El jamón serrano es un tipo de jamón español parecido al prosciutto italiano.
[2]Otras expresiones comunes *(slang)* para **el dinero** son: **la lana** (México), **la guita** (Argentina, España) y **la tela** (España).

pagar en efectivo, pagar al contado   *to pay cash*
pagar con tarjeta de crédito   *to charge (payment), to pay by credit card*
probarse (ue)   *to try on*
regatear   *to bargain, to haggle over a price*
soltar (ue)   *to let go of*

Adjetivos
confiado/a   *trusting, unsuspecting*
fijo/a   *fixed* (**precio fijo** means no bargaining allowed)

Adverbios
gratis   *free of charge*

Expresiones
darse cuenta (de)   *to become aware (of), to realize*
lo de menos   *the least of it*
no ser para tanto   *to be not so bad, to be not so serious*
por mí   *as far as I'm concerned*

Práctica del Vocabulario básico

A. Sinónimos o antónimos. *Para cada par de palabras, indique si el significado es igual (=) o si es lo opuesto (≠).*

1. agacharse	_____	ponerse de pie
2. denunciar	_____	informar a la policía
3. el almacén	_____	una tienda grande
4. la comisaría	_____	la base de la policía en una localidad
5. cobrar	_____	pedirle dinero al comprador
6. fijarse en	_____	notar
7. pagar con tarjeta de crédito	_____	pagar en efectivo
8. probarse	_____	quitarse
9. gratis	_____	que cuesta dinero
10. pasta	_____	plata
11. No es para tanto.	_____	No es tan malo.
12. lo de menos	_____	lo más importante
13. pagar al contado	_____	pagar con dinero
14. el dependiente	_____	el cliente
15. por mí	_____	en mi opinión
16. la talla	_____	el tamaño de la ropa
17. regatear	_____	pagar lo que se pide
18. confiado/a	_____	sospechoso/a
19. precio fijo	_____	prohibido regatear
20. darse cuenta de	_____	no saber

B. Párrafo con espacios. *Llene cada espacio en blanco con la forma correcta de la palabra más apropiada de la siguiente lista.*

agacharse	no ser para tanto
el almacén	el puesto callejero
la bolsa	el ratero
cobrar	soltar
fijarse en	la talla

María va a La Lagunilla a hacer algunas compras. Al bajar del camión se para

en el primer (1) _____ que encuentra. En vez de quedarse

de pie, (2) _____ para ver mejor la mercancía que está

en el suelo. María (3) _____ la bolsa, dejándola a su lado.

Así puede encontrar más rápido (4) _____ del suéter que

quiere comprarle a su novio. Ella (5) _____ un suéter bello,

admirándolo.

—¡Qué lindo! ¿Cuánto cuesta? —le pregunta al vendedor.

—Seiscientos pesos[3] —contesta él.

—Es demasiado caro, hombre. Le puedo dar trescientos cincuenta pesos.

—¡Uf! ¡Qué va! Si está hecho a mano, no como los suéteres que se hallan en

cualquier (6) _____ . ¿Usted quiere que se lo regale? ¡Le

tengo que (7) _____ algo!

—Bueno, ¿qué tal cuatrocientos?

—¡Es el último precio! Vamos a dejarlo en cuatrocientos veinticinco, por ser

usted. Y cuidado con (8) _____ , porque en este sitio hay

más de un (9) _____ .

—Yo creo que (10) _____ , a mí nunca me han robado nada.

Y vengo mucho por aquí.

—Bueno, era solo un consejo.

---

[3]Aproximadamente catorce pesos mexicanos equivalen a un dólar estadounidense. Para calcular el cambio con precisión, es necesario consultar un convertidor de divisas *(currencies)* en la red, un periódico reciente o con un banco.

C. Definiciones. *Empareje las columnas.*

_____ 1. lo de menos
_____ 2. por mí
_____ 3. la dependienta
_____ 4. darse cuenta
_____ 5. gratis
_____ 6. la ganga
_____ 7. regatear
_____ 8. la comisaría
_____ 9. denunciar
_____ 10. confiado/a
_____ 11. pagar en efectivo
_____ 12. probarse
_____ 13. fijo
_____ 14. pagar con tarjeta de crédito
_____ 15. la cartera

a. la empleada que atiende al público
b. el bolso
c. descubrir
d. con mucha fe en los demás
e. ponerse una prenda de ropa y examinarla
f. discutir el precio
g. a mi parecer
h. no importa mucho
i. un precio que no se puede regatear
j. sin tener que pagar
k. vale más de lo que cuesta
l. avisar a las autoridades
m. pagar con billetes y/o monedas
n. la estación de policía
ñ. pagar con una tarjeta magnética distribuida por un banco

D. Narración original. *Escriba la palabra que corresponde a cada definición y luego úsela en una historia original de cuatro a seis oraciones.*

1. un sinónimo para el dinero en España _____

2. algo que se compra a poco costo _____

3. un ladrón _____

4. dejar ir algo que estaba detenido _____

5. un sitio donde se vende mercancía en la calle _____

_____

_____

_____

_____

_____

_____

_____

_____

© Cengage Learning

🔊 *Escuche la siguiente conversación, y luego repítala para practicar la pronunciación (en **www.cengage.com/spanish/conversaciones4e**).*

PERSONAJES

UN VENDEDOR, de unos 50 años
UNA SEÑORA, de unos 60 años
CHICO PRIMERO
CHICO SEGUNDO (VICENTE)

ESCENARIO

Un puesto de compraventa en el Rastro. Es domingo por la mañana. Los vendedores del Rastro alinean° su mercancía en la calle. Hay mucho barullo° de gente que se empuja.

line up
commotion

153

Una señora de unos sesenta años se ha agachado a mirar unas prendas° de ropa y ha dejado un momento el bolso en el suelo para calcular sobre su cuerpo el tamaño de una blusa. Cuando se da cuenta, el bolso ha desaparecido.

articles

SEÑORA:	¡Mi bolso! ¡Mi bolso! Lo tenía aquí ahora mismo.
VENDEDOR:	Pues ya se puede despedir de él, señora. ¿De dónde sale usted? No hay que soltar los bolsos de la mano. Aquí hay mucho «chorizo°» los domingos.
SEÑORA:	*(Mirando alrededor)* ¡No puede ser! Tiene que aparecer. ¡Si no aparece me han hundido!°
VENDEDOR:	No será para tanto. Ahí no está. ¿No ve usted que no está? ¡No me revuelva° la ropa, por favor!
SEÑORA:	¡Ay Dios mío, qué catástrofe! ¿Qué voy a hacer?

thieves (slang)

me... I'm sunk

mix up

La gente se agrupa alrededor de la señora. Dos chicos jóvenes tratan de calmarla.

CHICO PRIMERO:	¿Se ha fijado usted en la gente que tenía al lado?
SEÑORA:	No me acuerdo. Bueno..., sí. Había un chico muy simpático que me estuvo dando conversación. Pero era muy guapo y muy amable. Además iba bien vestido.
CHICO SEGUNDO:	No me diga más. Esos son los peores.
SEÑORA:	¡Cómo está el mundo, Dios mío, cómo está el mundo! Hasta le dije que se parecía a mi sobrino, que Dios tenga en su gloria,° al pobre Óscar. ¡No puede haber sido él!
CHICO PRIMERO:	¿Llevaba usted mucha pasta?
SEÑORA:	Sí, bastante, pero el dinero es lo de menos.
CHICO PRIMERO:	Eso de que es lo de menos lo dirá usted.
SEÑORA:	Llevaba las llaves de casa, el carnet de identidad,° unas fotos que quiero mucho, un billete de avión para mañana…
VENDEDOR:	Pero bueno, ¿y cómo se le ocurre a usted salir a la calle con ese almacén? La veo demasiado confiada.
SEÑORA:	A mí nunca me habían robado, nunca… No sé qué hacer… Lo peor es lo del billete de avión.
CHICO SEGUNDO:	El que sea se quedará con la pasta. Lo otro muchas veces lo devuelven. Depende de la ética que tengan. ¡Pero no llore, señora! Venga con nosotros a aquel bar° a tomarse un vaso de agua, que le va a dar algo.°
SEÑORA:	No, lo que yo quiero es ir a la comisaría. ¿Dónde está la comisaría más cercana?
CHICO PRIMERO:	Ahí en La Latina. Pero una denuncia no sirve para nada. Si quiere, vamos con usted. ¿La acompañamos, Vicente?
CHICO SEGUNDO:	Por mí, vale.°

que... may God rest his soul

carnet... I.D. card

neighborhood café in Spain / le... you're going to give yourself a heart attack

Fine, Sure, Okay (Sp.)

CHICO PRIMERO: Venga, señora, no se ponga así. Vamos para allá, que está muy cerca.

SEÑORA: Dios os lo pague, hijos, Dios os lo pague. Menos mal° que queda gente buena.

Menos... It's a good thing

Comprensión

A. ¿Qué pasó? *Escoja la letra que corresponde a la mejor respuesta.*

1. ¿Cuándo y dónde tiene lugar este episodio?
   a. en La Lagunilla el sábado por la mañana
   b. en el Rastro el domingo por la mañana
   c. en la comisaría el domingo por la mañana
   d. en el Rastro el sábado por la mañana

2. ¿Cuántos personajes participan?
   a. dos
   b. tres
   c. cuatro
   d. seis

3. ¿Qué le ha pasado a la señora?
   a. Ha dejado las llaves en casa.
   b. Ha conseguido una ganga.
   c. Se ha olvidado de dónde estaba el bolso.
   d. Ha sido víctima de un robo.

4. ¿Qué *no* llevaba la señora en el bolso?
   a. las llaves
   b. un billete de avión
   c. el pasaporte
   d. unas fotos

5. ¿Adónde quiere ir la señora?
   a. al bar
   b. a la Plaza de Cascorro
   c. a casa
   d. a la comisaría

B. ¿Qué conclusiones saca Ud.? *Conteste cada pregunta con una oración.*

1. ¿Cómo pudo ocurrir el robo? _____

_____

2. Después del robo, ¿cómo reaccionan la señora y el vendedor? _____

_____

3. ¿Qué piensa el vendedor de la señora? _____

_____

4. ¿Cómo tratan los chicos a la señora? _____

_____

5. ¿Por qué piensa el chico segundo que es posible que el ratero devuelva todo lo que estaba en el bolso, menos el dinero? _____

_____

Conclusión

*Después de dividirse en grupos, inventen una conclusión a la **Conversación creadora «Un puesto de compraventa en el Rastro»**, siguiendo las instrucciones de su profesor/a. Consulten el **Vocabulario útil** al final del capítulo para obtener ayuda con el vocabulario de las compras, el crimen, las descripciones y el mercado al aire libre.*

INSTRUCCIONES

_____

_____

PERSONAJES

Vendedor/a _____

Señora _____

Chico primero _____

Chico segundo (Vicente) _____

_____

_____

IDEAS PARA SU CONCLUSIÓN

_____

_____

_____

_____

Enlace gramatical

Los mandatos (el imperativo)

Los mandatos formales (Ud./Uds.)

1. Para formar un mandato formal afirmativo, se quita la **-o** final de la primera persona singular (**yo**) de indicativo y se añaden las siguientes terminaciones. Para formar los mandatos negativos, se pone **no** antes del verbo. Observe que los mandatos formales corresponden a la tercera persona singular y plural del presente de subjuntivo.[4]

	-AR denunciar	-ER correr	-IR permitir
Ud.	(no) denunci**e**	(no) corr**a**	(no) permit**a**
Uds.	(no) denunci**en**	(no) corr**an**	(no) permit**an**

Recuerde que los verbos que tienen un cambio en la raíz del presente de indicativo o que son irregulares en la primera persona singular de indicativo mantienen el mismo cambio en los mandatos formales.

Suelte(n) el bolso.
Haga(n) todo lo posible para encontrar al ladrón.

2. Los mandatos formales de los verbos que terminan en **-car, -gar** y **-zar** tienen un cambio de ortografía.

-car	c → qu	**marcar:** marque / marquen
-gar	g → gu	**navegar:** navegue / naveguen
-zar	z → c	**cruzar:** cruce / crucen

Lance la pelota. **Marquen** los puntos.

3. Hay cinco verbos con mandatos formales irregulares.

dar	estar	ir	saber	ser
dé	esté	vaya	sepa	sea
den	estén	vayan	sepan	sean

4. Los pronombres de complemento directo e indirecto y los pronombres reflexivos se colocan después de los mandatos afirmativos; forman una sola palabra. Los pronombres de complemento directo e indirecto y los pronombres reflexivos se colocan delante de los mandatos negativos.

Devuélvamelos.[5]   No **me los** devuelva.

---

[4]Para la formación del presente de subjuntivo, consulte el **Enlace gramatical** del **capítulo 7,** páginas 185–189.

[5]Observe que se pone un acento ortográfico para mantener el acento tónico del mandato original.

Los mandatos familiares (tú/vosotros)

1. La forma afirmativa del mandato familiar singular (**tú**) tiene la misma forma que la tercera persona singular del presente de indicativo. La forma negativa corresponde a la segunda persona singular del presente de subjuntivo (**tú**).

-AR denunciar	-ER correr	-IR permitir
denuncia	corre	permite
no denuncies	no corras	no permitas

Camina al mercado todos los días.
No **camines** tan despacio.

2. Algunos verbos tienen mandatos familiares afirmativos irregulares, pero las formas negativas son regulares.

decir	hacer	ir	poner	salir	ser	tener	venir
di	**haz**	**ve**	**pon**	**sal**	**sé**	**ten**	**ven**
no digas	no hagas	no vayas	no pongas	no salgas	no seas	no tengas	no vengas

3. La forma afirmativa del mandato familiar plural (**vosotros**) cambia la **-r** final del infinitivo por **-d.** La forma negativa corresponde a la segunda persona plural del presente de subjuntivo.

-AR denunciar	-ER correr	-IR permitir
denunciad	corred	permitid
no denunciéis	no corráis	no permitáis

Seguid las instrucciones que os han dado.
No **hagáis** compras por Internet antes de aseguraros de la autenticidad del sitio.

4. Con los verbos reflexivos, se suprime la **-d** de la forma afirmativa del mandato familiar plural (**vosotros**): **sentaos, levantaos.** La única excepción es el verbo **irse: idos.**

Los mandatos colectivos (Let's)

1. Los mandatos colectivos (**nosotros**) afirmativos y negativos corresponden a la primera persona plural del presente de subjuntivo. Equivalen a la frase *Let's* + *verb* en inglés. La única excepción es el mandato afirmativo de **ir: vamos.**

-AR denunciar	-ER correr	-IR permitir
(no) denunciemos	(no) corramos	(no) permitamos

No **empecemos** con las denuncias sin saber lo que ocurrió.

2. Se suprime la **-s** final del mandato colectivo antes de agregar el pronombre de complemento indirecto **se** o el pronombre reflexivo **nos**:

   Digámoselo. Sentémonos.

3. Se puede usar la expresión **vamos a** + *infinitivo* para formar el mandato colectivo afirmativo.

   Vamos a empezar.

Los mandatos indirectos

Los mandatos indirectos se forman con **que** + *una forma del mandato formal* **(Ud./Uds.)** seguida del sujeto.

Que Dios **tenga** a Óscar en su gloria.	*May (Let) God keep Óscar in His glory.*
Que compre los billetes ella.	*Have (Let) her buy the tickets.*

Práctica

A. Las ventas en una boutique elegante. *Antes de que abra una lujosa boutique para mujeres en Cartagena, Colombia, la jefa anima a las dependientas a que vendan más. Complete sus comentarios con el mandato formal plural* **(Uds.)** *de los verbos entre paréntesis.*

1. (Vender) _____ agresivamente.
2. (Ser) _____ más enérgicas.
3. (Pasar) _____ la clienta de una dependienta a otra para vender más.
4. (Defender) _____ las prohibiciones contra la devolución de artículos.
5. No (perder) _____ ninguna oportunidad para vender accesorios.

B. Una tienda deportiva. *Un amigo de Vicente es el gerente de una tienda de deportes en Barcelona. Complete lo que le dice a su asistente con el mandato formal singular* **(Ud.)** *de los verbos entre paréntesis.*

1. (Analizar) _____ las compras de la semana pasada, según el deporte.
2. (Hacer) _____ un resumen de las ventas de cascos *(helmets)* durante la Vuelta a España.
3. (Buscar) _____ información sobre el Maratón de Barcelona para ver si podemos vincular *(tie in)* alguna oferta.
4. (Poner) _____ las fotos del Torneo de Tenis Internacional de Navarra en nuestro sitio en la red.
5. (Traer) _____ las cajas de jerseys a la primera planta *(floor)*.

C. Madrid Fashion Week. *Unas amigas se han reunido para ir a un desfile de moda (fashion show) durante Madrid Fashion Week. Complete sus comentarios con el mandato informal **(tú/vosotros)**, según convenga. (Si no han estudiado el mandato familiar plural **vosotros,** pueden sustituirlo por **ustedes.**)*

1. Anita, (sentarse) _____ aquí para que puedas ver mejor.

2. Chicas, (callarse) _____. ¡El desfile va a empezar!

3. María, por favor, (subir) _____ tu asiento un poco más.

   Complete estos comentarios con un mandato colectivo *(Let's).*

4. (Tomar) _____ un refresco luego.

5. Sí, y (comer) _____ algo ligero también.

Escenas

*En parejas (o en un grupo de tres), hablen en español para solucionar y luego describir cada conflicto. El **Vocabulario útil** al final del capítulo les ayudará con estas escenas.*

1. **A** You just bought a watch at a very low price from a street vendor. However, when you try to set it, you cannot get it to work. You want your money back.

   B You just sold a customer a watch from a batch that possibly contained some defective watches. You would like to exchange the defective watch for another one, instead of refunding the purchase price. Try to persuade the customer to accept a replacement.

2. **A** You have been invited to dinner tonight at the home of a professor in the Study Abroad program in which you have been participating for several months, and you would like to bring flowers. You once heard your professor say that he or she likes carnations **(los claveles),** so you intend to buy some. The flower stand you visit has some attractive carnations and some spectacular roses; the roses are much more expensive than the carnations.

   B You own a flower stand in La Lagunilla. All of your flowers are fresh, but you would like to sell the more perishable ones first. You know that roses will wilt in a few days, while carnations will last almost a week, so you want to sell the roses first. Try to persuade this customer to buy roses.

3. **A** While you are walking in the Centro Ciudad Comercial Tamanaco
    (C.C.C.T.), a modern shopping center in Caracas, the young woman next
    to you drops a handful of coins. You bend down to help pick them up, and
    when you stand up you realize that your wallet has been stolen. Go to the
    nearest police officer and enlist help to recover your wallet.

    B You are a police officer in the C.C.C.T. who is nearing the end of a
    shift and eager to go home. You are aware of a coin-dropping scam
    (**un engaño**) that is being perpetrated by two pickpockets in the area.
    Usually the victim cannot describe the people around him or her in
    enough detail to make a search worthwhile. Try to persuade this victim to
    go to the nearby police station to file a report.

4. **A** You bought a T-shirt (**una camiseta**) without trying it on, and when you
    get home you realize that it is too small. Unfortunately, you removed the
    tag (**la etiqueta**) and lost it. Go back to the department store where you
    bought the T-shirt, and try to exchange it for the correct size.

    B You have been working as a salesperson at the department store for three
    months and hope to become a manager someday. The store has strict
    new rules for exchanges and returns of merchandise, and one of them is
    that all sales tags must be attached. The reason for this rule is that some
    customers have been wearing items of clothing before returning them.
    Without offending the customer, explain why you cannot exchange the
    T-shirt.

    C You are a friend who is accompanying **A** because the two of you are going
    to have lunch together. You are hungry and want to go to the restaurant.
    You know that the T-shirt was never worn. Try to help your friend con-
    vince the salesperson to exchange it.

Más actividades creadoras

*El **Vocabulario útil** al final del capítulo le ayudará con estas actividades.*

A. **Dibujos.** *Invente una narración, tomando los siguientes dibujos como punto de partida. Su cuento debe explicar quiénes son estos personajes, qué ocurrió en el pasado, qué está ocurriendo ahora y qué les va a pasar en el futuro.*

B. Uso de mapas y documentos. *Refiérase a este anuncio venezolano para contestar las siguientes preguntas.*

Las maravillas del mundo animal...

Happy Animals

el multicentro de las mascotas[1]

- Todo tipo de animales domésticos: perros, gatos, canarios, tortugas,[2] peces y una gran variedad de aves.
- Alimentos y medicinas.
- Criadero[3] y entrenamiento de perros.
- Atención veterinaria y peluquería en general.
- Accesorios (ropa, huesos, juguetes, jaulas[4]) y la más completa línea de productos para shows.
- Peceras,[5] adornos, filtros y accesorios.
- Pensión[6]

- Artículos de colección con las figuras del animal de su preferencia.
- Areas verdes para la recreación de sus niños y mascotas, mientras compra en la tienda.
- Servicio expreso de fumigación contra pulgas[7] y garrapatas.[8]
- No es tóxico para niños ni animales domésticos.
- Acuarios marinos y tropicales.

Estacionamiento[9] con vigilancia privada.

Happy Animals

Av. Valencia Parpacén (Av. Los Mangos) Qta. Setorray, La Florida, Caracas, Telf: 74.31.32

---

[1]*pets* [2]*turtles* [3]*Kennel* [4]*cages* [5]*Fish tanks* [6]*Boarding* [7]*fleas* [8]*ticks* [9]*Parking*

1. ¿Qué tipos de animales domésticos se ofrecen en esta tienda?

2. Además de los animales, ¿qué artículos están en venta?

3. ¿Qué servicios se ofrecen para los animales?

4. ¿Qué hace este negocio para prevenir el robo de los carros de sus clientes?

5. ¿Cómo se compara esta tienda con algunas tiendas de mascotas donde Ud. vive?

C. Cortometraje. *Mire el cortometraje «**Medalla al empeño**» (en **www.cengage. com/spanish/conversaciones4e**). Luego, conteste las preguntas en la forma indicada por su profesor/a. En este corto un hombre viejo entrega una medalla en una casa de empeños* (pawn shop), *contando la historia de cómo la ganó para México en una carrera de ciclismo en los Juegos Olímpicos del 52 en Helsinki. El título tiene un doble sentido relacionado con las dos acepciones* (meanings) *de la palabra «empeño», que puede significar «pawning» o «effort»* (Pawning a Medal *o* Medal for Effort)*.*

Producido por Mario Mandujano y Everardo Gout

1. ¿Por qué está el viejo en la casa de empeños, y qué necesita hacer para conseguir lo que busca? Si Ud. ha ido alguna vez a una casa de empeños para vender o comprar algo, ¿cómo se compara tal negocio con la casa de empeños del corto?

2. Al principio, al empleado de la casa de empeños no le interesa el cuento del viejo. ¿Por qué cambia su actitud, y qué hace el empleado por el hombre?

3. Según el viejo narrador, ¿por qué le llamaron «La Batidora» *(the electric mixer)* a Lars Blinktmann, su rival para la medalla de oro del ciclismo en los Juegos Olímpicos?

4. ¿Cuándo y cómo se da cuenta el empleado de la casa de empeños de que el cuento que acaba de escuchar no era lo que parecía?

5. Comente sobre el doble sentido del título del corto, explicando la relevancia de cada interpretación de la palabra «empeño» para describir lo que ocurre.

D. A escuchar. *Escuche la entrevista en la que una persona contesta algunas preguntas sobre cómo prefiere pagar las compras (en **www.cengage.com/spanish/ conversaciones4e**). (Para ver las preguntas, refiérase al ejercicio E, número 1.) Luego, conteste las siguientes preguntas en la forma indicada por su profesor/a.*

1. ¿Cómo se llama la persona entrevistada, y de dónde es?

2. ¿Cómo prefiere ella pagar sus compras cuando va al mercado?

3. ¿Cuáles son los dos métodos de pago que ella prefiere usar si va al supermercado?

4. Según ella, ¿cuál es una ventaja de pagar con la tarjeta de crédito?

5. ¿Cómo se comparan los métodos de pago preferidos por esta nicaragüense con los que Ud. prefiere?

E. Respuestas individuales. *Piense en las siguientes preguntas para contestarlas en la forma indicada por su profesor/a.*

1. ¿Cómo prefiere Ud. pagar sus compras? O sea, ¿cuándo prefiere pagar en efectivo, cuándo suele usar una tarjeta de débito o cobro automático *(debit card)*, cuándo usa una tarjeta de crédito y cuándo paga con cheque? En su opinión, ¿cuáles son las ventajas y las desventajas de cada método de pago?

2. ¿Ha sido Ud. alguna vez víctima de un robo? Cuente cómo fue.

F. Contestaciones en parejas. *Formen parejas para completar las siguientes actividades.*

1. En cada pareja, un/a estudiante será el/la vendedor/a y el/la otro/a será el/la comprador/a. El/La vendedor/a tratará de vender algo que ha traído a la clase. Uds. tendrán que regatear hasta que lleguen a un acuerdo sobre un precio aceptable para los dos. Luego, cambien de papeles y sigan practicando su destreza con el regateo. (Nota: Por regla general, al comprador le conviene empezar ofreciendo un poco más de la mitad de lo que pide el vendedor.)

2. Cuéntense cuándo fue la última vez que compraron algo en rebajas *(on sale)* o en una subasta *(auction)*. ¿Resultó ser una verdadera ganga? Luego, cuente cada uno a la clase entera la experiencia de su compañero/a.

G. Proyectos para grupos. *Formen grupos de cuatro o cinco personas para completar estos proyectos.*

1. Sírvanse de las siguientes preguntas para guiar una discusión sobre la seguridad ciudadana. ¿Están Uds. preocupados por su seguridad en el lugar donde viven? ¿Qué precauciones toman para evitar robos? ¿Qué precauciones adicionales deberían tomar? Si vivieran Uds. en otra parte, por ejemplo en una ciudad grande o en un pueblo, ¿se comportarían de otra manera? Elijan a un representante de cada grupo para comunicar sus conclusiones.

2. Uno por uno, describan a un/a compañero/a de clase, sin nombrarlo/la. Cuenten los segundos que pasan antes de que uno de sus compañeros del grupo pueda identificar la persona a quien se describe.

H. Discusiones generales. *La clase entera participará en estas actividades.*

1. Siéntense en círculo para este ejercicio que fortalece *(strengthens)* la memoria. La primera persona dirá: «Hoy fui al Rastro y compré una lámpara». La próxima persona empezará con lo que dijo la anterior y añadirá otra cosa, tal como: «Hoy fui al Rastro y compré una lámpara y un tostador». Continúen hasta donde les sea posible.

2. Hagan una encuesta sobre los hábitos de los miembros de la clase en cuanto a las compras. Durante el último mes, ¿cuántos han ido a un gran almacén, a una librería, a un supermercado, a una boutique, a una tienda o a un mercado al aire libre? ¿Cuántos han hecho compras por Internet, por teléfono y/o con una aplicación en su teléfono celular?

Vocabulario útil

LAS COMPRAS

Sustantivos

la billetera, el billetero[6]   *wallet*

la caja   *cashier's station*

el cambio   *change* (from cash payment)

la casa de empeños   *pawn shop*

el comprobante de compra, el comprobante de venta   *sales slip, sales receipt*

la cuenta de crédito, la cuenta a cargo   *charge account*

el descuento   *discount*

la deuda   *debt*

la devolución   *return*

el/la diseñador/a   *designer*

el empeño   *pawning; effort, determination*

la etiqueta   *tag, label*

la facturación   *billing, invoicing*

la liquidación, las rebajas   *sale, price reduction*

el número   *size* (number)

la oferta   *offer; special offering; bid*

el pedido   *order*

la prenda (de ropa)   *article of clothing, garment*

el recibo   *receipt*

el regateo   *bargaining, haggling*

la regla   *rule*

la subasta   *auction*

la tarjeta de crédito[7]   *credit card*

la tarjeta de débito/cobro automático   *debit card*

la tela   *fabric*

el/la vendedor/a ambulante   *street vendor, peddler*

Verbos

agotarse, estar agotado/a   *to be sold out*

cambiar   *to exchange, to change*

cargar a mi (su) cuenta   *to charge to my (your) account*

devolver (ue)   *to return (something)*

empeñar   *to pawn*

envolver (ue)   *to wrap*

llevar   *to wear*

pagar a plazos   *to pay in installments*

rebasar   *to exceed, to surpass*

repartir   *to distribute*

Adjetivos

al por mayor   *wholesale*

al por menor   *retail*

apretado/a   *tight*

claro/a   *light (in color)*

estampado/a   *printed* (fabric)

gratuito/a   *free*

oscuro/a   *dark*

---

[6]También se usa **la cartera** para significar *wallet*.

[7]En España, una **tarjeta de crédito** puede significar *credit card* o *debit card*.

rayado/a, de rayas *striped*
suelto/a *loose*

Expresiones

en rebajas, rebajado/a *on sale, marked down*
hacer juego *to match, to go together*

¡Qué va! *Come on! (used to dispute something, such as an unfair price or any inaccurate statement)*
quedarle a uno bien/mal *to look good/bad, to fit well/poorly*

Vocabulario individual

_____   _____

_____   _____

_____   _____

_____   _____

_____   _____

EL CRIMEN

Sustantivos

el/la acusado/a *the accused, defendant*
el crimen, el delito *crime*
el engaño *deception, swindle*
las esposas *handcuffs*
la huella *footprint, track*
la huella digital (H.A.), la huella dactilar (Sp.) *fingerprint*
el indicio *piece of circumstantial evidence*
la multa *fine*
la patrulla *patrol*
la pista *clue*
el robo *robbery, theft*
el/la testigo *witness*

Verbos

arrestar *to arrest*
asesinar *to murder*

atestiguar *to witness*
decomisar, confiscar *to confiscate, to seize*
estafar *to swindle, to defraud*
matar *to kill*
patrullar *to patrol*
robar *to rob, to steal*
sospechar *to suspect*

Adjetivos

culpable *guilty*
sospechoso/a *suspicious*

Expresiones

¡Cuidado! *Careful!*
¡Ojo! *Watch out!*
¡Qué alivio! *What a relief!*
¡Qué susto! *What a scare!*
¡Socorro!, ¡Auxilio! *Help!*

Vocabulario individual

_____   _____

_____   _____

_____   _____

_____   _____

Estatura y peso[1]

Estatura

Pies y pulgadas	Metros y centímetros
4' 10"	1,47
4' 11"	1,49
5'	1,52
5' 1"	1,55
5' 2"	1,57
5' 3"	1,60
5' 4"	1,63
5' 5"	1,65
5' 6"	1,68
5' 7"	1,70
5' 8"	1,73
5' 9"	1,75
5' 10"	1,78
5' 11"	1,80
6'	1,83
6' 1"	1,85
6' 2"	1,88
6' 3"	1,91

Peso

Libras	Kilogramos	Libras	Kilogramos
100	45,40	180	81,72
105	47,67	185	83,99
110	49,94	190	86,26
115	52,21	195	88,53
120	54,48	200	90,80
125	56,75	205	93,07
130	59,02	210	95,34
135	61,29	215	97,61
140	63,56	220	99,88
145	65,83	225	102,15
150	68,10	230	104,42
155	70,37	235	106,69
160	72,64	240	108,96
165	74,91	245	111,23
170	77,18	250	113,50
175	79,45		

[1] Para convertir pulgadas a centímetros, multiplique por 2,540. Para convertir libras a kilogramos, multiplique por 0,454.

LAS DESCRIPCIONES

Sustantivos

la barba *beard*
el bigote *mustache*
la estatura *height*
la peluca *wig*
el peso *weight*

Adjetivos

alto/a *tall*
bajo/a *short*

calvo/a *bald*
canoso/a *gray-haired, white-haired*
delgado/a *thin, slender*
flaco/a *skinny*
gordo/a *fat*
moreno/a *brunette; dark-skinned*
pelirrojo/a *red-headed*
relleno/a, rellenito/a *plump*
rubio/a *blond*

Vocabulario individual

_____
_____
_____
_____
_____
_____

_____
_____
_____
_____
_____

EN EL MERCADO AL AIRE LIBRE

Sustantivos

las antigüedades *antiques*
los aretes, los pendientes *earrings*
el armario *wardrobe, free-standing closet*
la cabecera *headboard*
la cerámica *ceramics, pottery*
el collar *necklace*
la cristalería *glassware*
el disco compacto, el CD *compact disc, CD*
el estante para libros *bookcase*

la figura de porcelana *porcelain figurine*
las joyas *jewelry*
el marco *frame*
el mueble *piece of furniture*
el prendedor, el broche *pin, brooch*
la pulsera *bracelet*
el secador (de pelo) *hair dryer*
el tostador, la tostadora *toaster*
la vajilla *set of dishes*
el ventilador *room fan*

Vocabulario individual

_____
_____
_____
_____
_____
_____

_____
_____
_____
_____
_____

OBJETIVOS: Aprender a...

◆ obtener, interpretar y presentar información relacionada con la educación y las profesiones.

◆ resolver un asunto burocrático.

◆ participar en la vida universitaria, siendo extranjero.

NOTAS CULTURALES
Hispanoamérica

Escaleras de la Universidad de Guanajuato en México

El sistema educativo

Al igual que en los Estados Unidos, el sistema educativo básico en Hispanoamérica es de doce años. Aunque hay variaciones de nomenclatura de un país a otro, en general, los primeros seis años son de educación primaria y los otros seis son de secundaria y/o bachillerato. En algunos países se le llama «secundaria» a los primeros tres años y «preparatoria» o «bachillerato» a los últimos tres años de educación básica. En todos los países, existen escuelas públicas y privadas; a estas últimas también se les llama «colegios». Las escuelas públicas generalmente no cuentan con transporte para los alumnos, pero ofrecen acceso completamente gratuito desde kindergarten o jardín de niños hasta secundaria y bachillerato. La mayoría de los colegios proporcionan transporte y en casi todos es obligatorio usar uniforme. Muchos colegios ofrecen programas de preescolar o pre-kindergarten, también llamados «maternal» en algunos lugares.

Para la educación básica, el año escolar en la mayoría de los países hispanoamericanos es de diez meses a diez meses y medio, así que el período vacacional más largo es de un mes y medio a dos meses. Los meses en que ocurren las vacaciones dependen del país; por ejemplo, en El Salvador las vacaciones largas son en noviembre y diciembre, mientras que en Argentina son durante el verano, en enero y febrero.

A todos niveles, incluso en el de la educación preescolar, son comunes los cursos de idiomas extranjeros, sobre todo del inglés. Cuando las escuelas no imparten clases de inglés es muy común que los alumnos con los suficientes recursos económicos tomen estos cursos en institutos privados por las tardes. Entre las familias más adineradas, muchos padres de familia envían a sus hijos por seis meses o un año a los Estados Unidos, a Canadá o a algún país europeo al graduarse de secundaria o de bachillerato para que mejoren su dominio del inglés o de otro idioma.

Las universidades

En las universidades latinoamericanas la preparación de la especialización comienza desde el primer año. Por regla general los programas a nivel de licenciatura° (o de «grado») son de cuatro años. El sistema educativo tanto universitario como secundario es relativamente rígido. Aunque sí se ofrecen clases optativas,° el programa universitario es fijo para todos los alumnos de una misma generación, y el número mínimo y máximo de materias° que pueden tomar es el mismo para todos. Además de tareas y participación en clase, generalmente la calificación° del estudiante se basa en dos tipos de exámenes, uno o varios parciales y otro final. Así mismo, es común que las universidades exijan entre un 80% y un 85% de asistencia a clases° como mínimo para aprobar.° *undergraduate degree*

electives
courses

grade

asistencia... class attendance / to pass

La inscripción a gran escala que caracteriza a las universidades latinoamericanas se debe a que la mayoría son estatales. Esto significa que el gobierno las administra y las subvenciona° y que por lo tanto, la matrícula° es gratuita o sumamente barata para así asegurar más oportunidades de acceso a un alto nivel educativo. Dos de las universidades más grandes son la Universidad Nacional Autónoma de México (UNAM) en el Distrito Federal, que cuenta con más de 330.000 estudiantes, y la Universidad de Buenos Aires, Argentina, que tiene más de 308.000 alumnos; ambas cifras° incluyen estudiantes a nivel de bachillerato, técnico, de licenciatura y de posgrado.° Además hay muchas universidades privadas y solo quienes pueden costearlas° o quienes consiguen beca° pueden asistir. También existen pequeños institutos particulares o universidades técnicas que ofrecen programas de uno o dos años en campos muy específicos como la informática,° hotelería° y turismo. En todos estos casos, los estudiantes que vienen de lejos se alojan con parientes o rentan un apartamento o una habitación en una pensión° o casa de huéspedes, porque casi no existen las residencias estudiantiles.

subsidize / tuition

figures

graduate level
pay for them / a scholarship

computer science / hotel management
boarding house

Desde la década de los 60 se han instituido programas de estudios para extranjeros en algunas universidades latinoamericanas. Programas como los que existen en Costa Rica, Ecuador y México son populares entre los universitarios norteamericanos, que van por un verano, un semestre o incluso varios años. También existen programas de estudios para extranjeros a nivel posgraduado. Uno de los más conocidos es el de la Facultad° de Medicina de la Universidad Autónoma de Guadalajara (UAG) en el estado de Jalisco, en México.

School (within a university)

España

Javier Larrea/age fotostock/Getty Images

Estudiantes en la Universidad del País Vasco en San Sebastián

El sistema educativo

La educación en España es dirigida por el Ministerio de Educación, Cultura y Deporte. La educación infantil es voluntaria. Comprende dos niveles llamados «ciclos°»: el primero para niños hasta los tres años de edad, y el segundo hasta los seis años. La educación obligatoria empieza con la primaria, para los niños de seis a doce años de edad. La educación primaria incluye seis cursos académicos, organizados en tres ciclos de dos años cada uno. La educación secundaria obligatoria, conocida como la ESO, incluye cuatro cursos para jóvenes desde los doce hasta los dieciséis años. Esta etapa forma la base para el bachillerato —la última etapa, no obligatoria, de la educación secundaria— que consta de dos cursos académicos para estudiantes entre los dieciséis y los dieciocho años. Al igual que en Latinoamérica, existen colegios privados y escuelas públicas para todos los niveles educativos.

A fines del mes de junio de cada año y otra vez (en menor escala) en septiembre, los estudiantes que desean entrar a la universidad deben pasar por la Prueba de Selectividad, conocida como «la selectividad» o la PAU (Prueba de Acceso Universitario). Para poder asistir a° la universidad, es necesario aprobar esta prueba de ingreso, y la posible carrera° de un estudiante depende de su puntuación° en la selectividad.

cycles

asistir... *to attend*
major
score

Las universidades

La mayoría de las universidades españolas están superpobladas° desde que   *overpopulated*
existen mayores oportunidades para el acceso a los estudios universitarios,
aunque tal acceso ha disminuido un poco con los recientes recortes° en las   *cuts*
becas y la subida de tasas° para los estudiantes. Como consecuencia del gran   *fees*
número de estudiantes, la burocracia administrativa no siempre da abasto°   ***no…*** *can't always cope*
para atender a los nuevos problemas que continuamente se plantean. Las
clases son muy numerosas; aunque depende del tipo de estudios, no son
raras las clases que albergan° más de cien alumnos. Esta masificación° es el   *accommodate /*
problema del que surgen la mayoría de las quejas.   *overcrowding*

Desde que se formó la Unión Europea, hay muchos padres pudientes°   *wealthy*
que mandan a sus hijos a universidades extranjeras —norteamericanas y
británicas, principalmente—. Fruto de la Unión Europea es también la
beca de movilidad de estudiantes conocida como Erasmus. Este programa,
subvencionado en parte por el Gobierno Europeo y en parte por el de
cada país, permite a los estudiantes completar su instrucción pasando de
seis meses a un año en una universidad extranjera. Gracias a esta beca los
estudiantes pueden conocer las diferentes culturas y mejorar su dominio
de los distintos idiomas europeos. Dentro del país, también se ha creado
el programa Séneca, que permite a los estudiantes con mejor expediente°   *record*
pasar un curso académico en otra universidad española diferente de la suya,
que suele ser la más cercana.

En España la especialización comúnmente se decide antes de entrar
en la universidad, aunque se puede cambiar luego de carrera. Debido a
los planes de estudio fijos, un cambio generalmente resulta en la pérdida
de muchos de los cursos anteriores, aunque la adopción del sistema de
créditos hace posible que los créditos de libre configuración sean aceptados
al cambiar de estudios. Las carreras, aunque se miden en créditos, suelen
durar de tres a seis años dependiendo del campo que sea y del alumno. La
carrera de medicina, por ejemplo, requiere seis años. Algunas carreras con
una duración de cinco años son las de ingeniero superior y arquitecto. En
cambio, algunos títulos° universitarios se pueden conseguir después de   *degrees*
tres años, como el de enfermero° o ingeniero técnico. Las preguntas que   *nurse*
se hacen normalmente los estudiantes españoles unos a otros son: «¿Qué
estudias?» o «¿En qué facultad estás?».

Se han generalizado los cursos de verano dedicados a extranjeros, y es
cada vez mayor la asistencia de estudiantes norteamericanos a estos cursos.
Una diferencia que enfrentan° los estudiantes norteamericanos es que las   *face*
universidades españolas no cuentan con establecimientos adecuados para
alojarlos. Existen residencias estudiantiles llamadas colegios mayores°   ***colegios…*** *dormitories*
cercanos a algunos campus universitarios, pero resultan insuficientes
para acomodar a todos los alumnos. Por consiguiente los estudiantes,
tanto españoles que vienen de otras ciudades como los extranjeros, se
alojan en pensiones, en pisos° o en casas particulares° donde alquilan una   *apartments /* ***casas…***
habitación.   *private homes*

Comprensión y comparación

Conteste las siguientes preguntas en la forma indicada por su profesor/a.

Hispanoamérica

1. ¿Cómo se compara el sistema educativo básico en Hispanoamérica con el sistema norteamericano en cuanto a los años de educación y los tipos de escuelas?
2. ¿Qué hacen las escuelas y las familias para asegurar que los estudiantes latinoamericanos aprendan un segundo idioma, sobre todo el inglés? ¿Cómo se compara esta actitud con la actitud general hacia la enseñanza de idiomas en su país?
3. ¿Cuándo comienza la especialización de los estudiantes universitarios hispanoamericanos y cómo son sus programas de estudio?
4. ¿En qué se basa la calificación del estudiante en las universidades hispanoamericanas? ¿Cómo se compara este sistema de calificación con el que se usa en su universidad o escuela?
5. ¿Por qué existe la inscripción a gran escala en las universidades latinoamericanas?
6. Además de las grandes universidades estatales, ¿qué otras posibilidades existen para la educación superior en Latinoamérica?

España

7. Explique los niveles de la educación primaria y secundaria en España. ¿Cómo se comparan estos niveles con los de la educación primaria y secundaria en su país?
8. ¿Qué es el programa Erasmus, quiénes pueden participar y cuáles son sus beneficios?
9. ¿Qué son los colegios mayores y por qué no se alojan allí todos los estudiantes universitarios que vienen de lejos?
10. ¿Cuándo tienen que decidirse por una especialización los estudiantes universitarios en España e Hispanoamérica, y cuándo es necesario escoger una especialización en los Estados Unidos? Señale algunas ventajas y desventajas de cada sistema.

🌐 Conexión Internet

*Investigue los siguientes temas en la red, consultando las sugerencias seleccionadas (en **www.cengage.com/spanish/conversaciones4e**) y apuntando las direcciones que utilice. En algunos sitios será necesario hacer clic en «español».*

1. **Las universidades.** Investigue los sitios web de algunas universidades en distintas partes del mundo hispanohablante. Señale dos universidades que le interesan, y busque información acerca de

las facultades, los estudiantes, el campus, la matrícula, el horario académico y algunos otros aspectos que en su opinión son importantes. ¿Cómo se comparan los sitios de estas dos universidades con el sitio web de su universidad, colegio o escuela? ¿Cómo se comparan estas universidades hispanas con algunas universidades que Ud. conoce?

2. **Los programas de español para extranjeros.** Investigue varios programas de español para extranjeros y señale un programa en que le interesaría participar. ¿Dónde se encuentra este programa, y por qué cree Ud. que le gustaría estudiar allí? ¿Qué cursos ofrece este programa, y cuánto es la matrícula? En su opinión, ¿cuáles son los beneficios más destacados de este programa?

3. **La educación en las noticias.** Lea algunos periódicos en línea para buscar artículos sobre cuestiones relacionadas con la educación. Seleccione un artículo que le parezca interesante, y resuma su contenido. ¿Cómo se compara este asunto con las noticias sobre la educación donde Ud. vive?

4. **La vida estudiantil en la UNAM.** Planee sus actividades esta semana como si fuera un/a estudiante de intercambio en la Universidad Nacional Autónoma de México. Señale una noticia que le gustaría comentar con sus amigos, un coloquio o seminario que le gustaría presenciar, y alguna exposición cultural que le parece interesante. ¿Cómo se comparan las actividades en la UNAM con las de su universidad, colegio o escuela?

🔊 🌐 Vocabulario básico

*Escuche y repita estas palabras y expresiones y practíquelas usando los recursos en Internet (en **www.cengage.com/spanish/conversaciones4e**).*

LA UNIVERSIDAD

Sustantivos

la beca   *scholarship* (financial award)

la carrera   *career; university major*

la conferencia   *lecture*

el curso   *program, course of study*

el/la estudiante de primero (segundo, tercero, cuarto, quinto, sexto)   *first-year student (sophomore, junior, senior, 5th-, 6th-year undergraduate)*

la facultad   *school within a university*

el intercambio   *exchange*

la materia (H.A.), la asignatura   *course, subject* (school)

la matrícula   *tuition*

el metro   *subway*

la mochila   *backpack*

la pensión   *boarding house*

el profesorado   *faculty*

la oficina de servicios escolares (Mex.), la secretaría   *office of student services, secretary's office* (for student services or other business)

Verbos

aprobar (ue)   *to pass, to get a passing grade*

apurarse   *to worry; to rush (H.A.)*

arreglarse   *to arrange, fix; to sort out*

enterarse de   *to find out about*

reprobar (ue) (H.A.), suspender (Sp.)   *to fail, to get a failing grade*

Adjetivos

antipático/a   *unpleasant, disagreeable*

deprimido/a   *depressed*

Expresiones

Anda (tú). (Ande [Ud.].)   *Come on., Go on.*

estar libre   *to be free, to be unoccupied*

menos mal   *it's a good thing . . . , it's just as well*

tener aspecto   *to look, to appear*

Práctica del Vocabulario básico

A. Párrafo con espacios. *Llene cada espacio en blanco con la forma correcta de la palabra más apropiada de la siguiente lista.*

anda	estudiante de tercero
aprobar	la Facultad
apurarse	el intercambio
arreglarse	la materia
enterarse de	reprobar

Elena Rodríguez es una (1) _____ en

(2) _____ de Artes y Letras en la Universidad

de los Andes en Bogotá. Ella va a participar en el programa de

(3) _____ de estudiantes que existe entre su

universidad y la Universidad de Miami. Elena está nerviosa porque

acaba de (4) _____ que tiene que tomar cuatro

(5) _____ en inglés cuando vaya a Miami.

—No creo que pueda (6) _____ —confiesa Elena a su

mejor amiga Marisol.

—(7) _____ , ¡qué va! Claro que podrás —contesta

la amiga —. Tú no eres capaz de (8) _____ en nada.

Además, sabes muy bien el inglés.

—Bueno, sé algo —responde Elena—. Aunque se me ha olvidado

mucho.

—Pero si no tienes por qué (9) _____ . Cuando

te vayas a Miami, todo va a (10) _____ —le asegura

Marisol—. Y no te olvides que allá más del 60 por ciento de los habitantes

también hablan español.

B. Definiciones. *Empareje las columnas.*

_i_	1. la beca	a.	que sufre depresión
_j_	2. la matrícula	b.	no estar ocupado
_l_	3. el intercambio	c.	parecer
_k_	4. la mochila	d.	un tipo de clase universitaria en la que el profesor da un discurso
_c_	5. tener aspecto	e.	el programa de estudios
_n_	6. la pensión	f.	un cuerpo de profesores
_a_	7. deprimido/a	g.	una división universitaria
_ñ_	8. la secretaría	h.	«sophomore», en inglés
_f_	9. el profesorado	i.	ayuda económica para pagar los estudios
_h_	10. el estudiante de segundo	j.	el dinero que se paga por la educación
_d_	11. la conferencia	k.	una bolsa usada por estudiantes para llevar sus libros
_g_	12. la facultad	l.	reciprocidad escolástica entre instituciones
_b_	13. estar libre	m.	que causa aversión
_e_	14. el curso	n.	un alojamiento a precio módico
_m_	15. antipático/a	ñ.	la oficina del secretario o de la secretaria

C. Sinónimos o antónimos. *Para cada par de palabras, indique si el significado es igual (=) o si es lo opuesto (≠).*

1. el metro   _____ el tren subterráneo
2. la secretaría   _____ la oficina de servicios escolares
3. el profesorado   _____ los estudiantes
4. la conferencia   _____ la lectura
5. antipático   _____ simpático
6. deprimido   _____ alegre
7. la carrera   _____ la profesión
8. enterarse de   _____ descubrir
9. arreglarse   _____ ordenarse
10. menos mal   _____ afortunadamente

D. Crucigrama. *Utilice las siguientes definiciones para completar el crucigrama.*

Palabras horizontales

3. dinero para la matrícula que se concede al estudiante
4. la profesión
7. lo que cobra la universidad
8. programa de estudios
9. es algo bueno; _____ mal
10. salir bien en un examen
14. parecer

Palabras verticales

1. estar desocupado
2. No te preocupes. No _____.
5. Ven, hazlo.
6. salir mal en un examen
10. «course», en inglés
11. aquí se alquilan habitaciones
12. tranvía subterráneo
13. una bolsa que se lleva a la espalda

© Cengage Learning

🔊 *Escuche la siguiente conversación, y luego repítala para practicar la pronunciación (en www.cengage.com/spanish/conversaciones4e).*

PERSONAJES

SUSANA, estudiante mexicana
PILAR, estudiante mexicana
TOM, estudiante norteamericano

ESCENARIO

Un café de la Facultad de Filosofía y Letras de la Universidad Nacional Autónoma de México (UNAM). Es mediodía, en época de exámenes, y el café está muy lleno.

En una mesa Susana y Pilar repasan unos apuntes,° mientras toman   *notes*
dos cafés y unas rebanadas° de pastel.°   *slices / pastry*

Entra Tom, con una mochila a la espalda. Tiene aspecto cansado y mira alrededor sin saber adónde dirigirse.° Finalmente se acerca a ellas.   *to go*

    TOM: Perdón, ¿no les molesta que deje aquí la mochila un momento?
SUSANA: No, esa silla está libre.

Tom se quita la mochila y se limpia el sudor.° Se queda de pie, mirando un folleto.   *perspiration*

    PILAR: Siéntate, si quieres.
    TOM: Gracias. ¿Me pueden informar de los cursos de verano para extranjeros?

181

PILAR: Esos cursos no empiezan hasta el mes que viene.

TOM: Ya lo sé, lo que estoy buscando es la oficina de servicios escolares.

SUSANA: Me parece que está en el piso de arriba, ¿no, Pilar?

PILAR: No estoy segura, pero voy a preguntar. ¿Quieres que te traiga un café?

TOM: Oh, sí, estupendo.

Se va Pilar hacia el mostrador.

SUSANA: Hablas bastante bien el español. ¿De dónde eres?

TOM: De Delaware. Me enteré de esos cursos por este folleto.

SUSANA: Déjame verlo. *(Lo mira.)* ¿Tienes beca o te vas a inscribir por tu propia cuenta?

TOM: Por mi cuenta. No sé si tendré tiempo.

SUSANA: Yo creo que sí. Falta un mes.

Llega Pilar con un café y una rebanada de pastel.

PILAR: La oficina está arriba, al final del pasillo.° Cierran a la una. Tómate el café tranquilamente. También te traje una rebanada de pastel, ¿te gusta?   *hallway*

TOM: Me encanta. Menos mal que las he encontrado. Estaba muy deprimido. Y además me perdí en el metro al venir.

PILAR: Bueno, no te apures, ya verás que todo se arregla.

SUSANA: Aquí dice que tienes que presentar un certificado de tus estudios anteriores.

TOM: Creo que lo dejé en la pensión. Es que está todo muy mal explicado.

PILAR: Anda, tómate el café en paz. Lo malo es que me han dicho que la secretaria es bastante antipática. Pero, nada, tú hazte el interesante.

TOM: ¿Hacerme el interesante?

SUSANA: Sí, que le sonrías muy amable.

TOM: Voy a apuntar eso, nunca lo había oído.

SUSANA: Bueno, es que con Pilar puedes aprender más español que en todos los cursos de verano juntos. Es poeta, ¿sabes?

PILAR: Aficionada a° la poesía, pero en fin...°   ***Aficionada...*** *A fan of / en... anyway*

TOM: Yo me llamo Tom Tyler. Me gustaría volver a verlas. Pero tengo que ir arriba.

PILAR: Sí, no vayan a cerrar la ventanilla. Vamos, yo te acompaño. A ver qué humor tiene la secretaria.

TOM: No quisiera molestarte.

PILAR: No, hombre, si lo hago encantada.

SUSANA: ¿Ves cómo no funcionan tan mal las cosas en México? Bueno, la burocracia sí...

TOM: Pero la gente no. Ni los pasteles tampoco...

Se ríen. Se levantan Tom y Pilar.

PILAR: Deja ahí la mochila.

SUSANA: No tarden mucho, ¿eh?, que tengo que irme dentro de un rato.

Comprensión

A. ¿Qué pasó? *Llene cada espacio en blanco con la información necesaria.*

1. Antes de la llegada de Tom, Susana y Pilar están haciendo dos cosas: _____ y _____.

2. Tom necesita información sobre _____.

3. Pilar le trae a Tom _____.

4. _____ acompaña a Tom a la oficina de servicios escolares.

5. Tom deja _____ con Susana.

B. ¿Qué conclusiones saca Ud.? *Indique la letra que corresponde a la mejor respuesta.*

1. ¿Por qué tiene Tom aspecto cansado al llegar?
   a. porque la mochila pesa mucho y no sabe adónde debe ir en este momento
   b. porque es antipático
   c. porque los cursos de verano para extranjeros no empiezan hasta el mes que viene
   d. porque acaba de conocer a Susana y Pilar

2. ¿Cómo se siente Tom cuando entra en el café?
   a. Se siente muy importante.
   b. Se siente un poco perdido.
   c. Está cómodo y relajado.
   d. Está contento.

3. ¿Cómo reaccionan Susana y Pilar cuando se dan cuenta de la situación de Tom?
   a. Quieren ayudarlo inmediatamente.
   b. No les interesa su problema.
   c. No saben si lo quieren ayudar o no.
   d. Piensan que su problema no se puede resolver.

4. ¿Qué piensa Tom de Susana y Pilar?
   a. Piensa que son muy antipáticas.
   b. Piensa que están muy deprimidas.
   c. Piensa que son muy simpáticas.
   d. Piensa que no les gustan los extranjeros.

5. ¿Cómo se siente Tom al final de la conversación?
   a. Se siente igual de deprimido porque no ha resuelto su problema burocrático.
   b. Se siente algo mejor pero no sabe qué es lo que debe hacer ahora.
   c. Se siente deprimido porque no cree que podrá inscribirse en los cursos para extranjeros.
   d. Se siente mejor y tiene más confianza de que podrá resolver el asunto burocrático.

Conclusión

*Después de dividirse en grupos, inventen una conclusión a la **Conversación creadora** «**Intercambio universitario**», siguiendo las instrucciones de su profesor/a. Consulten el **Vocabulario útil** al final del capítulo para obtener ayuda con el vocabulario de la universidad y algunos campos de estudio.*

INSTRUCCIONES

_____

_____

PERSONAJES

Susana _____

Pilar _____

Tom _____

Secretaria _____

_____

_____

IDEAS PARA SU CONCLUSIÓN

_____

_____

_____

_____

_____

_____

_____

_____

_____

_____

_____

_____

_____

Enlace gramatical

La formación del presente de subjuntivo y el uso del subjuntivo en cláusulas sustantivas (I)

La formación del presente de subjuntivo

1. Para formar el presente de subjuntivo de los verbos regulares, se quita la **-o** final de la primera persona singular **(yo)** del presente de indicativo y se añaden las siguientes terminaciones. Observe que los verbos que terminan en **-er** e **-ir** tienen las mismas terminaciones.

-AR	-ER	-IR
apuntar	**leer**	**sufrir**
apunt**e**	le**a**	sufr**a**
apunt**es**	le**as**	sufr**as**
apunt**e**	le**a**	sufr**a**
apunt**emos**	le**amos**	sufr**amos**
apunt**éis**	le**áis**	sufr**áis**
apunt**en**	le**an**	sufr**an**

Recuerde que los verbos que son irregulares en la primera persona singular de indicativo mantienen el mismo cambio en todas las personas en el presente de subjuntivo.

conocer: cono**zco** → cono**zca**   salir: sal**go** → sal**ga**
hacer: ha**go** → ha**ga**   tener: ten**go** → ten**ga**

2. Los verbos que terminan en **-car, -gar, -zar, -ger, -gir** y **-guar** tienen un cambio ortográfico en todas las personas del presente de subjuntivo.

-car c → qu calificar	-gar g → gu tragar	-zar z → c especializar	-ger, -gir g → j elegir (i)	-guar gu → gü averiguar
califi**qu**e	tra**gu**e	especiali**c**e	eli**j**a	averi**gü**e
califi**qu**es	tra**gu**es	especiali**c**es	eli**j**as	averi**gü**es
califi**qu**e	tra**gu**e	especiali**c**e	eli**j**a	averi**gü**e
califi**qu**emos	tra**gu**emos	especiali**c**emos	eli**j**amos	averi**gü**emos
califi**qu**éis	tra**gu**éis	especiali**c**éis	eli**j**áis	averi**gü**éis
califi**qu**en	tra**gu**en	especiali**c**en	eli**j**an	averi**gü**en

3. Los verbos que terminan en **-ar** y **-er** y que cambian la raíz en el presente de indicativo tienen los mismos cambios en el presente de subjuntivo.

entender (ie)	aprobar (ue)
ent**ie**nda	apr**ue**be
ent**ie**ndas	apr**ue**bes
ent**ie**nda	apr**ue**be
entendamos	aprobemos
entendáis	aprobéis
ent**ie**ndan	apr**ue**ben

4. Los verbos que terminan en **-ir** y que cambian la raíz en el presente de indicativo tienen los mismos cambios en el presente de subjuntivo y un cambio adicional en la primera y la segunda persona del plural (**nosotros** y **vosotros**).

transferir (ie)	dormir (ue)	seguir (i)
transf**ie**ra	d**ue**rma	s**i**ga
transf**ie**ras	d**ue**rmas	s**i**gas
transf**ie**ra	d**ue**rma	s**i**ga
transf**i**ramos	d**u**rmamos	s**i**gamos
transf**i**ráis	d**u**rmáis	s**i**gáis
transf**ie**ran	d**ue**rman	s**i**gan

5. Hay seis verbos irregulares en el presente de subjuntivo.

dar	estar	haber	ir	saber	ser
dé	esté	haya	vaya	sepa	sea
des	estés	hayas	vayas	sepas	seas
dé	esté	haya	vaya	sepa	sea
demos	estemos	hayamos	vayamos	sepamos	seamos
deis	estéis	hayáis	vayáis	sepáis	seáis
den	estén	hayan	vayan	sepan	sean

El uso del subjuntivo en cláusulas sustantivas (I)

En español se usa el subjuntivo para expresar deseos, esperanzas, emociones, dudas, opiniones, mandatos e incertidumbre (*uncertainty*). El subjuntivo ocurre en cláusulas sustantivas cuando el sujeto de esta cláusula es distinto del sujeto de la cláusula principal. Observe el uso de la conjunción **que** para enlazar (*to link*) las dos cláusulas.

Mi hermana **quiere que** su hijo **siga** una carrera de informática.

cláusula principal (independiente)   cláusula sustantiva (subordinada)

Si no hay un cambio de sujeto, se usa el infinitivo.

Mi hermana **quiere seguir** una carrera de informática.

A continuación hay una lista parcial de verbos y expresiones que exigen el uso del subjuntivo en una cláusula sustantiva.

1. Con expresiones de deseo o esperanza: **desear, es deseable, esperar, ojalá, querer, rogar (ue).**

    ¿**Quieres** que te **traiga** un café?
    Mis padres **esperan** que **haga** la petición de ingreso lo más pronto posible.

2. Con expresiones de consejo, preferencia o recomendación: **aconsejar, es aconsejable, preferir (ie), es preferible, proponer, recomendar (ie), es recomendable, sugerir (ie).**

    Es aconsejable que **te alojes** en una casa particular durante el año escolar.

3. Con expresiones de permiso o prohibición: **dejar** *(to let, to allow)*, **oponerse, permitir, prohibir.**

    Me **permiten** que **siga** un curso de verano para extranjeros.

Observe que después de ciertos verbos que usan el pronombre de complemento indirecto, como **aconsejar, mandar, permitir** y **prohibir,** se puede usar el infinitivo.

    Me permiten **seguir** un curso de verano para extranjeros.

4. Con expresiones de mandato: **decir, exigir** *(to demand)*, **insistir en, mandar, ordenar, pedir (i), es necesario, es urgente.**

    Es necesario que ella **se inscriba** esta semana.
    Pilar me **dice** que **presente** un certificado de mis estudios anteriores.

Cuando solo se da información, se usa el indicativo con **decir, insistir** y **pedir.**

    Susana **dice** que las cosas no **funcionan** tan mal.

Práctica

A. **La admisión (El ingreso) a la universidad.** *Complete este folleto para estudiantes extranjeros usando el presente de subjuntivo de los verbos entre paréntesis.*

Recomendamos que Ud. (1. leer) _____ las siguientes instrucciones y que (2. visitar) _____ el sitio web de la universidad. Para asegurar la admisión es necesario que Ud…

    (3. entregar) _____ electrónicamente la petición de ingreso.

    (4. escribir) _____ el ensayo de admisión.

(5. presentar) _____ identificación con una fotografía.

(6. enviar) _____ un certificado de sus estudios anteriores.

(7. pagar) _____ la cuota de inscripción y el costo de las materias.

(8. cubrirse) _____ con un seguro de gastos médicos.

Finalmente, sugerimos que todos los estudiantes extranjeros (9. familiarizarse) _____ con los requisitos del curso antes de matricularse y que (10. consultar) _____ con los consejeros del departamento por correo electrónico para obtener más información sobre los trámites de *(steps to obtain)* admisión.

B. La Oficina de Intercambios Académicos. *Antes de su entrevista con la directora del programa de intercambios académicos, un amigo le da varios consejos a un estudiante norteamericano. Complete sus comentarios con el presente de indicativo, el presente de subjuntivo o un infinitivo, según convenga.*

1. Recomiendo que (conseguir) _____ un certificado de tus estudios anteriores.

2. Es aconsejable que (comunicarse) _____ de antemano con la secretaria de la oficina para confirmar la fecha de tu cita.

3. La directora quiere que (traer) _____ contigo unas referencias académicas, ¿no?

4. Es necesario (llegar) _____ puntualmente.

5. ¡Ojalá que te (ir) _____ bien en tu entrevista!

C. La reunión de orientación. *La directora del programa de intercambios académicos les da la bienvenida a los estudiantes extranjeros. Complete sus sugerencias con el presente de indicativo, el presente de subjuntivo o un infinitivo, según convenga.*

1. Sugerimos que Uds. (conseguir) _____ su nombre de usuario *(user name)* y contraseña *(password)* cuanto antes, para poder (empezar) _____ inmediatamente.

2. Es necesario que Uds. (ir) _____ al laboratorio de lenguas con frecuencia. Esperamos que Uds. (aprovechar) _____ todos los avances tecnológicos a su disposición.

3. Es deseable (participar) _____ en unas cuantas actividades extracurriculares. Recomendamos que Uds. (acudir) _____ a la oficina de servicios escolares para más información.

4. A veces los estudiantes extranjeros nos dicen que les (hacer) _____ falta más clases optativas. Pues, aconsejamos que Uds. también (enterarse) _____ de nuestras clases en línea.

5. Si a Uds. les interesa mejorar su rendimiento *(achievement)* académico, es aconsejable que Uds. (ponerse) _____ en contacto con la Asesoría Académica *(Academic Advisors' Office)* para que Uds. (poder) _____ recibir su apoyo.

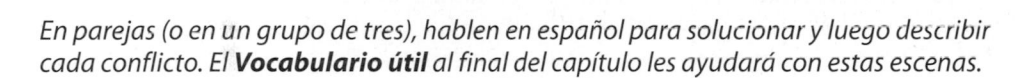

Escenas

*En parejas (o en un grupo de tres), hablen en español para solucionar y luego describir cada conflicto. El **Vocabulario útil** al final del capítulo les ayudará con estas escenas.*

1. **A** You want to go to a summer study-abroad program based in Mexico City and take all your courses in Spanish, since you think that this will be very beneficial. However, your friend and travel partner thinks that the courses will be too difficult, and you must convince him or her that this will be a rewarding choice.

   B Your Spanish ability is equal to your friend's, but you do not feel ready to take a full load of college courses in Spanish. You think that it would be better to go to Mérida, a smaller city, and to take courses taught in English. Try to convince your friend that you will learn enough outside the classroom to have a very beneficial experience, and that this will be the most enjoyable option.

2. **A** You are a foreign exchange student studying at the University of Costa Rica for a semester. You need to register for your courses, but your tuition money has not yet arrived from home. You must convince the secretary in the Registrar's office that the money is coming and that you should be allowed to register before the funds arrive.

   B You are the senior secretary in the Registrar's office. You have been told not to let any students register without paying, although once in a while an exception has been made. Try to convince this student to return when he or she has the required tuition.

3. **A** You have spent a semester in Quito, Ecuador, on an exchange program, and you are preparing to go back to your own university. You have worked hard and learned a lot, and your course grades have ranged from **"Sobresaliente"** (Excellent) to **"Aprobado"** (Passing). The **"Aprobado"** could be viewed as either a "C" or a "D." However, if it is not translated as a "C" on official documents, you will not get credit at your home university. Try to convince the secretary in charge of transferring grades that the **"Aprobado"** should be translated as a "C."

   B You have just been hired as a secretary in the office of student services, and you are worried that you will make a mistake. You instinctively like this student, and would like to practice your English with him or her. However, you have no idea what he or she is talking about in terms of grade equivalencies. Try to convince the student that his or her university will understand the grading system used in Ecuador.

4. **A** You are a second-year law student, and you are having doubts about your choice of career. You dream of being a writer. Even though it would mean losing two years of study, you want to get a degree in journalism. Try to convince your mother or father that this will be a good move.

   B You are the parent of an only child. You want him or her to continue the family tradition and become an attorney **(hacerse abogado/a)**. You think that it is time to tell the child of a large trust **(una cuenta de registro)** that he or she will receive upon graduation from law school. Try to persuade your son or daughter not to change careers.

   C You are the other parent, and you see both sides of this issue. You understand your son or daughter's feelings because you also had to give up the career you really wanted in order to fulfill other obligations. At the same time, you recognize the importance of the legal profession as well as its financial rewards. Listen carefully to the arguments presented, then decide with whom you agree and help that person convince the other one.

Más actividades creadoras

*El **Vocabulario útil** al final del capítulo le ayudará con estas actividades.*

A. Dibujos. *Invente una narración, tomando los siguientes dibujos como punto de partida. Su cuento debe explicar quiénes son estos personajes, qué les ha pasado antes, qué está ocurriendo ahora y qué van a hacer en el futuro.*

B. Uso de mapas y documentos. *Refiérase a esta sección del plano del Metro de Madrid para contestar las siguientes preguntas. Para ver las distintas líneas con más claridad, puede trazar* (to trace) *cada una en un color diferente. Si quiere ver el plano entero, visite el sitio de* **metromadrid.**

1. ¿Cuántas líneas hay en esta sección del plano del Metro de Madrid?

2. ¿Cuál es la próxima parada del Metro más cercana a la Ciudad Universitaria?

3. ¿Cuántas paradas hay entre Valdeacederas y la Ciudad Universitaria?

4. ¿Dónde hay que cambiar de una línea a otra para ir de Ríos Rosas a la Ciudad Universitaria?

5. ¿En qué ciudades hay metros en su país? ¿Cómo se compara este plano con algún plano de metro en su país?

C. Cortometraje. *Mire el cortometraje* «***Un producto revolucionario (BOOK)***» *(en* **www.cengage.com/spanish/conversaciones4e***). Luego, conteste las preguntas en la forma indicada por su profesor/a. El corto es un anuncio de televisión satírico en el cual se usa vocabulario tecnológico para describir un producto tradicional como si fuera un dispositivo (device) revolucionario.*

BOOK utilizado con el permiso de Enrique Collado Peralta.

1. Señale dos ventajas de este producto relacionadas con lo que *no* necesita.

2. Según el presentador, ¿cómo se trasmite la información contenida en este aparato?

3. Compare el producto anunciado con otro aparato que Ud. utiliza que también es «portátil, duradero y asequible *(affordable)*», señalando las ventajas de cada uno.

4. Comente la presentación satírica de dos de los siguientes elementos o accesorios del producto: el marcapáginas *(bookmark)*, el atril *(stand)*, el índice *(index)* o el lapicero *(mechanical pencil)*. ¿Cuál descripción fue su favorita, y por qué?

5. ¿Cree que este anuncio cumple con su propósito de fomentar *(encourage)* la lectura de libros? Explique su respuesta.

D. A escuchar. *Escuche la entrevista en la que una persona contesta algunas preguntas sobre su universidad (en* **www.cengage.com/spanish/ conversaciones4e**). *(Para ver las preguntas, refiérase al ejercicio E, número 1.) Luego, conteste las siguientes preguntas en la forma indicada por su profesor/a.*

1. ¿Cómo se llama la persona entrevistada, de dónde es y qué estudia?

2. ¿Qué importancia tiene la libertad de cátedra *(academic freedom)* para este estudiante?

3. ¿Qué antepasado *(ancestor)* suyo estudió en la misma universidad?

4. ¿Cuáles son dos ventajas de la Universidad Nacional Autónoma de México, y cuáles son dos desventajas?

5. En su opinión, ¿cuáles son las diferencias más notables entre la Universidad Nacional Autónoma de México y su universidad u otra universidad que Ud. conoce?

E. Respuestas individuales. *Piense en las siguientes preguntas para contestarlas en la forma indicada por su profesor/a.*

1. ¿Por qué escogió Ud. esta universidad (o este colegio o esta escuela)? ¿Cuáles son las características que más le gustan? ¿Cuáles son las características que menos le gustan?

2. Describa su especialización, detallando sus motivos para escogerla. ¿Qué es lo que más le gusta de este campo de estudio y qué es lo que menos le gusta? Si todavía no se ha decidido por una especialización, comente las posibilidades que está considerando.

F. Contestaciones en parejas. *Formen parejas para completar las siguientes actividades.*

1. Formulen cuatro listas para contestar las siguientes preguntas: ¿Cuáles son las características de un/a buen/a profesor/a, y cuáles son las características de un/a profesor/a malo/a? ¿Cuáles son las características de un/a buen/a estudiante, y cuáles son las de un/a estudiante malo/a? Cada lista debe incluir por lo menos cinco características.

2. Para Uds., ¿cuáles son los beneficios más importantes que quieren sacar de un semestre de estudio en un país hispano? Ordenen la siguiente lista de beneficios de 1 a 10, siendo el primer factor el más importante. Luego, comparen su ordenación con las de otras parejas.

____ conocer a gente nueva

____ probar comida nueva

____ visitar sitios de gran interés histórico y cultural

____ comprender mejor otra cultura

____ perfeccionar el español hablado

____ conseguir más independencia personal

____ entender mejor su propia cultura

____ poder leer mejor en español

____ poder viajar por otro país

____ conocer otro sistema educativo

G. Proyectos para grupos. *Formen grupos de cuatro o cinco personas para completar estos proyectos.*

1. Inventen un curso de verano para extranjeros ofrecido por su universidad, colegio o escuela, y compongan un anuncio de 200 palabras (una página, más o menos) para atraer a estudiantes hispanos. Su anuncio debe señalar las ventajas de su universidad, colegio o escuela y también las de su región.

2. Diseñen un folleto de orientación académica para estudiantes hispanos que acaban de venir a su universidad, colegio o escuela para estudiar por un año, y preséntenlo luego a la clase. Su folleto debe explicar por lo menos tres de los siguientes puntos: ¿Cómo son las clases? ¿Cómo son los profesores y los asistentes? ¿Cómo son los cursos académicos en las distintas facultades? ¿Qué es un «major» y qué es un «minor»? ¿Qué posibilidades hay para la vivienda *(housing)*, y dónde vive la mayoría de los estudiantes? ¿Cuáles son algunas actividades extracurriculares que son populares en este campus?

H. Discusiones generales. *La clase entera participará en estas actividades.*

1. Lean el diario escolar *(student newspaper)* de su universidad, colegio o escuela y escojan dos cuestiones que se presentan allí para discutirlas luego en clase. ¿Cuáles son algunas posibles soluciones a estos problemas? Debatan los argumentos a favor de y en contra de varias soluciones para llegar a un acuerdo sobre cuál es la mejor en cada caso.

2. ¿Dónde y en qué tipos de vivienda pueden alojarse los estudiantes de su universidad, colegio o escuela? Analicen las ventajas y las desventajas de cada una de las posibilidades.

Vocabulario útil

LA UNIVERSIDAD

Sustantivos

los apuntes   *notes* (for a course or lecture)

el ausentismo (H.A.), el absentismo (Sp.)   *absenteeism*

el bachillerato   *secondary (high school) education and the degree obtained*

la calificación, la nota   *grade*

la carpeta   *folder*

la carrera experimental   *scientific course of study*

la carrera humanística   *liberal arts course of study*

la casa particular   *private home*

la cátedra   *chair, professorship*

el/la catedrático/a   *senior professor*

la clase optativa   *elective course, optional course*

los deberes   *homework, assignments*

el/la decano/a   *dean*

la diplomatura   *undergraduate degree obtained after a course of study that is shorter than the one required for a* licenciatura

el doctorado   *doctoral (Ph.D.) degree*

la enseñanza   *teaching*

la especialización *major, field of study*
el expediente (del estudiante) *(student) record or file*
la hemeroteca *newspaper and periodicals library*
el informe *report*
la intromisión *interference*
la lectura *reading*
la libertad de cátedra *academic freedom*
la licenciatura *undergraduate degree* (commonly obtained after a four- or five-year course of study)
la maestría *master's (M.A.) degree*
el papeleo *paperwork, red tape*
la petición de ingreso, la solicitud *application for admission*
la plaza reservada *a place in the incoming class*
la puntuación *score*
el/la rector/a *university president, rector*
el/la regente de matrícula *registrar*
el requisito *requirement, required course*
la residencia estudiantil, el colegio mayor *(Sp.)* *dormitory*
la sala de conferencias, el aula *lecture hall*
la tarea *task, homework*
el título (universitario) *academic degree*
el trabajo *paper or other type of written work*
los trámites *procedures or steps needed to obtain something*

el/la universitario/a *college student or graduate*

Verbos
apuntar *to write down*
archivar *to file*
calificar *to grade*
decidirse por (algo) *to decide on (something), to choose (something)*
graduarse, licenciarse *to graduate (from college)*
iniciar *to begin*
matricularse, inscribirse *to matriculate, to register, to enroll*
sacar buenas/malas notas *to get good/bad grades*
seguir (i) un curso *to follow a program or course of study*
tomar apuntes *to take notes*
transferir (ie) *to transfer*

Expresiones
rendir (i) un examen, presentarse a un examen, hacer un examen, tomar un examen *(Mex.)* *to take an exam*
seguir (i) una carrera de..., hacer un carrera de... *to pursue a degree in* (a field of study)
zambutir *(Mex.)*, **tragar** *(Arg., Urug.)*, **empollar** *(Sp.)* *to cram for an exam*

Vocabulario individual

___
___
___
___

LAS FACULTADES

arquitectura   *architecture*
ciencias naturales   *natural sciences*
ciencias políticas y económicas   *political science and economics*
derecho   *law*

filosofía y letras   *liberal arts, humanities*
historia y arte   *history and art*
ingeniería   *engineering*
medicina   *medical school*

LAS CALIFICACIONES

sobresaliente   *excellent*
notable   *good*
aprobado   *passing*

reprobado   *failing*
suspendido (H.A.), suspenso (Sp.)   *failing badly; suspended*

LOS CAMPOS DE ESTUDIO

la administración de empresas   *business administration*
la antropología   *anthropology*
la biología   *biology*
las ciencias económicas   *economics*
las ciencias políticas   *political science*
la comunicación colectiva   *communications*
derecho   *law*
la educación primaria/secundaria   *elementary/ secondary education*
la enfermería   *nursing*
la filología   *historical study of language and literature*
la filología inglesa   *English* (language and literature)

la filosofía   *philosophy*
la geografía   *geography*
la geología   *geology*
la historia   *history*
la hotelería (H.A.), la hostelería (Sp.)   *hotel management*
los idiomas   *foreign languages*
la informática   *computer science*
la ingeniería   *engineering*
la lingüística   *linguistics*
las matemáticas   *mathematics*
el periodismo   *journalism*
la psicología   *psychology*
la química   *chemistry*
la sociología   *sociology*

Vocabulario individual

_____   _____
_____   _____
_____   _____
_____   _____

CAPÍTULO 8 **La salud y la enfermedad**

Silvia Huelva-Photos of Spain/Alamy

OBJETIVOS: Aprender a...

- ◆ obtener, interpretar y presentar información relacionada con la salud.
- ◆ describir un problema médico.
- ◆ conseguir atención médica en un país hispano.

NOTAS CULTURALES
Hispanoamérica

Paul Bradbury/OJO Images/Getty Images

Una doctora con su paciente en el sur de la Florida

Aspectos de la medicina

La atención médica en los países latinoamericanos presenta cuatro aspectos fundamentales: la práctica de la medicina convencional, la medicina rural, la medicina indígena° y los distintos tipos de medicina alternativa. Como en todo el mundo, la medicina convencional —que cuenta con la última tecnología y las instalaciones más modernas— tiene mayor representación en las áreas urbanas. En las áreas rurales, aunque haya profesionales tan bien capacitados° como en las ciudades, en la mayoría de los casos hay gran escasez° de médicos, hospitales y clínicas. Es por eso que hay mayor énfasis en la medicina tradicional; un ejemplo es el uso de las parteras,° quienes ayudan a las mujeres a dar a luz° en sus propias casas. También en las áreas rurales es donde hay mayor representación de la medicina indígena, debido en parte a la cantidad reducida de recursos convencionales y en parte a las tradiciones de su gente. En cambio, la medicina alternativa se practica en todo tipo de poblaciones, desde las grandes metrópolis hasta los pueblos más pequeños.

    Una faceta distintiva de la medicina hispanoamericana es la práctica de la medicina indígena, que se originó en los tiempos precolombinos. A las personas que practican esta forma de medicina se les llama curanderos° y tienen conocimientos sobre las propiedades de ciertas hierbas° y plantas.

native

bien... *well qualified*
shortage
midwives
dar... *to give birth*

folk healers
herbs

Junto con oraciones° y palabras especiales, usan estas hierbas y plantas, *prayers*
y también ciertos minerales, para tratar a los enfermos. Los curanderos
mantienen huertas° colectivas en las que cultivan las diferentes plantas *gardens, orchards*
que usan para sus tratamientos, y sus conocimientos y remedios se
transmiten de generación en generación. Aunque con frecuencia son
sujeto de controversia y desconfianza de quienes practican y usan la
medicina convencional, hoy día los curanderos también tienen sus propias
organizaciones y convenciones.

   Tanto en Latinoamérica como en otras partes del mundo, las diferentes
formas de medicina alternativa han cobrado nueva importancia durante las
últimas décadas a pesar de que han existido por siglos. Algunos ejemplos
de medicina alternativa son la homeopatía (en la cual se usan pequeñas
cantidades de medicamentos que provocan un mal, para así curarlo), la
acupuntura, las terapias manuales y la reflexología (en la cual se usan
masajes de las manos y/o de los pies para tratar diferentes partes del cuerpo).

Los sistemas de salud

Los países de Hispanoamérica cuentan con sistemas nacionales de salud
que cubren los costos de la atención médica de la mayoría de los empleados
y sus familias. En estos países el Seguro Social, división del Ministerio o de
la Secretaría de Salud, tiene la responsabilidad de administrar y coordinar
los servicios médicos nacionales. Estos incluyen atención médica gratuita
en hospitales y clínicas estatales, inclusive cirugías° y, en algunos casos, *surgeries*
medicamentos.° Los ingresos° que sostienen° estos sistemas provienen de° *medicines / income / support / provienen... come from / taxes*
los impuestos° que tanto las empresas como sus empleados contribuyentes
pagan al gobierno. Para las personas que no trabajan fuera de su casa, el
Seguro Social hace posible la utilización de sus servicios mediante el pago
de una cuota de inscripción y mensualidades° módicas. La Secretaría de *monthly payments*
Salud también dirige la Asistencia Pública, la cual cubre gastos° de servicios *expenses*
médicos para gente de bajos recursos.

    Por otro lado, existen también los sistemas de salud particulares.° *private*
Solo las familias de ingresos medios o altos tienen acceso a estos tipos de
sistemas de salud. Muchas empresas proveen seguro° médico comercial a *insurance*
sus empleados, y con este seguro adicional —el Seguro Social es obligatorio
por ley— pueden ir a clínicas u hospitales particulares para recibir atención
médica, si así lo prefieren.

   Aunque el Seguro Social trata de servir a todo el país, muchas veces
sus recursos no son suficientes. Por eso en algunos países los médicos y
enfermeros tienen que pasar un año trabajando en áreas rurales llevando
a cabo lo que se conoce como Servicio Social. Este servicio forma parte de
su entrenamiento y es obligatorio para todos los recién graduados de las
facultades de medicina de las diferentes universidades.

   En cuanto a la medicina preventiva, en casi todos los países de
Latinoamérica hay sociedades que se dedican a la promoción de la salud y la
prevención de enfermedades crónicas, con especial énfasis en la educación
sobre estilos de vida saludable.

España

El letrero (sign) de una farmacia en un pueblo español

Fotocelia/Dreamstime.com

Los sistemas de salud

En España, la Seguridad Social cubre muchas de las necesidades médicas de la población, bajo los auspicios del Instituto Nacional de Gestión Sanitaria (INGESA) y los servicios de salud de las comunidades autonómicas. Los beneficios pueden incluir atención médica y medicamentos a precios reducidos. El tratamiento gratuito o casi gratuito se consigue solo en los hospitales estatales, donde la lista de espera es muy larga. En los otros hospitales, el paciente y/o su seguro médico necesita pagar un porcentaje de los gastos incurridos. En el caso de los jubilados,° tienen cubiertos todos   *retirees*
los gastos de hospital y medicina. Los funcionarios del Estado pagan un porcentaje del gasto de medicinas, pero las operaciones o los tratamientos los cubre INGESA. Las fuentes° de los ingresos para la Seguridad Social son   *sources*
los propios trabajadores, las empresas, las comunidades autónomas y el Gobierno nacional.

   Existen además otras sociedades médicas° particulares —como Sanitas,   ***sociedades...*** *health*
Adeslas, MAPFRE y Asisa— que cuentan con un gran número de socios.°   *systems / members*
Cada una de ellas tiene asignado un número determinado de hospitales
para atender a sus afiliados.° Estas sociedades tienen ventajas destacadas.   *group members*
Por ejemplo, se puede elegir el especialista que el paciente prefiera, y si
tiene que hospitalizarse, el paciente dispone de una habitación para él solo
y un acompañante. Para evitar las enfermedades y promover la salud, las

Sociedades de Medicina Preventiva y de Salud Pública e Higiene trabajan para educar e informar al público.

Las farmacias españolas

Las farmacias españolas, que se identifican con una cruz verde, cumplen con° ciertas responsabilidades importantes tanto en mercancía° como en horario laboral.° En todos los pueblos y ciudades hay por lo menos una farmacia de guardia° que ha de tener abierto el establecimiento durante veinticuatro horas. Las direcciones° de las farmacias de guardia se publican en los periódicos locales y se muestran en el escaparate° de cada farmacia. Las farmacias de guardia de todas las autonomías° también se pueden encontrar en la red.

*cumplen... fulfill / merchandise / **horario**... business hours / **de**... on duty addresses store window autonomous regions*

Al igual que en Latinoamérica, en España los farmacéuticos° hacen un papel activo en el diagnóstico° y tratamiento de algunas enfermedades. Los farmacéuticos pueden aconsejar a la gente, despachar° algunos medicamentos sin receta,° tomar la presión sanguínea° y hacer diferentes pruebas diagnósticas.

*pharmacists diagnosis to dispense prescription / **presión**... blood pressure*

Comprensión y comparación

Conteste las siguientes preguntas en la forma indicada por su profesor/a.

Hispanoamérica

1. ¿Cuáles son los cuatro aspectos fundamentales de la atención médica en Latinoamérica?
2. ¿Quiénes son los curanderos, qué practican y qué emplean para tratar a los enfermos?
3. ¿Cuáles son algunas formas de medicina alternativa?
4. ¿Qué es el Seguro Social y qué servicios provee?
5. ¿Qué es el seguro médico comercial, y adónde pueden ir los empleados que lo tienen?
6. ¿Qué es el Servicio Social y para qué existe?

España

7. En términos generales, ¿cómo se compara la Seguridad Social en España con el Seguro Social en Hispanoamérica?
8. ¿Cuáles son las fuentes de ingresos de la Seguridad Social?
9. ¿Qué ventajas tienen las sociedades médicas particulares?
10. ¿Cómo se comparan los papeles de los farmacéuticos en España y Latinoamérica con los de farmacéuticos en su país?

🌐 Conexión Internet

*Investigue los siguientes temas en la red, consultando las sugerencias seleccionadas (en **www.cengage.com/spanish/conversaciones4e**) y apuntando las direcciones que utilice. En algunos sitios será necesario hacer clic en «español».*

1. **La Organización Mundial de Salud.** Investigue algunas campañas y algunos eventos organizados por la OMS. Señale dos asuntos o campañas que le parezcan muy valiosas, y explique de qué se tratan, dónde tienen lugar y qué importancia tienen para la salud mundial.

2. **Los Centros para el Control y la Prevención de Enfermedades.** Investigue algunas enfermedades o epidemias, como la lucha contra la obesidad o el virus del Nilo occidental *(West Nile virus)*, que aparecen en los titulares del sitio CDC. Señale una enfermedad o epidemia actual que le parezca muy grave, y explique qué medidas debe tomar una persona para combatirla.

3. **Una enfermedad.** Investigue una enfermedad y sus tratamientos. Algunas posibilidades son la diabetes, el cáncer, el SIDA, la depresión o los trastornos de la alimentación *(eating disorders)*. ¿Cómo actúa esta enfermedad, cuáles son sus síntomas y qué medidas existen para la prevención y/o el tratamiento?

4. **La prevención.** El tabaco, el alcohol, las drogas ilegales y la obesidad son dañinos para la salud, pero existen programas para prevenir o combatir cada uno. Busque información acerca de la prevención y el tratamiento de uno de estos males, señalando cómo funciona el programa y cuáles son sus beneficios.

🔊 🌐 Vocabulario básico

*Escuche y repita estas palabras y expresiones y practíquelas usando los recursos en Internet (en **www.cengage.com/spanish/conversaciones4e**).*

EL HOSPITAL

Sustantivos
el consultorio   *doctor's office, examining room*
la curita   *adhesive bandage*
la pastilla   *tablet*
la píldora   *pill* (coated)
la radiografía   *X-ray*
la receta   *prescription*

la sala de emergencia[1] (H.A.), la sección de urgencias (Sp.)   *emergency room*
el seguro médico   *medical insurance*
la sociedad médica   *private health system (that provides medical care to its members)*

Verbos

desmayarse   *to faint*
empeorarse   *to worsen, to become worse*
ingresar   *to be admitted, to enter*
marearse   *to feel dizzy, to feel light-headed, to be nauseated*
mejorarse   *to improve, to get better*
sangrar   *to bleed*
torcer (ue)   *to twist, to sprain*

Adjetivos

cobarde   *cowardly*
nacional   *national, public* (government-sponsored)
particular   *private*
testarudo/a   *stubborn, obstinate*
valiente   *brave, courageous*

Expresiones

dar de alta   *to discharge from a hospital*
estar a punto de (+ infinitivo)   *to be on the verge of, to be about to (do something)*
volver (ue) a (+ infinitivo)   *to do (something) again*
¡Ya lo creo!   *Of course!, That's for sure!*

Práctica del Vocabulario básico

A. Párrafo con espacios. *Llene cada espacio en blanco con la forma correcta de la palabra más apropiada de la siguiente lista.*

cobarde	mejorarse	volver a
la curita	la sala de emergencia	¡Ya lo creo!
desmayarse	sangrar	
estar a punto de	testarudo/a	

—¡Ay de mí! —grita Sara, dejando caer el cuchillo. Ella mira con horror el

dedo índice de la mano izquierda, que empieza a (1) _____

de una manera incontrolable—. ¡Me he cortado el dedo!

Su compañera Isabel, quien (2) _____ salir, entra

rápidamente en la cocina.

---

[1]En algunos países la última palabra es plural: **la sala de emergencias.**

—¿Qué te pasa? —pregunta Isabel—. ¿Necesitas una

(3) _____?

—Sí, por favor —contesta Sara—. Me siento un poco mareada, creo que

debo sentarme. Pero tú no te preocupes, ya estaré bien, pronto voy a

(4) _____.

—Ven conmigo, Sara —insiste Isabel—. Vamos a la

(5) _____ del hospital San Cristóbal, que no está lejos.

—No es necesario —contesta Sara, su voz casi inaudible—. Ya sabes

que soy un poco (6) _____ en cuanto a los hospitales. Es

que me dan tanto miedo…

—No seas (7) _____, Isabel, tienes que ver a un

médico; vamos. ¿No ves que esa curita no es suficiente para la herida que

tienes? Y parece que vas a (8) _____. Anda, aquel cuchillo

debe estar muy afilado *(sharp-edged)*.

—(9) _____ —asiente Isabel, con una pequeña

sonrisa—. No voy a (10) _____ usarlo. Vamos al hospital.

B. Definiciones. *Empareje las columnas.*

_____ 1. la píldora
_____ 2. la radiografía
_____ 3. la receta
_____ 4. sangrar
_____ 5. particular
_____ 6. cobarde
_____ 7. la pastilla
_____ 8. el seguro médico
_____ 9. nacional
_____ 10. valiente
_____ 11. torcer
_____ 12. el consultorio
_____ 13. ingresar
_____ 14. la curita
_____ 15. marearse

a. donde el/la médico/a recibe pacientes
b. un pequeño vendaje que cubre una herida
c. sin miedo
d. sentir una turbación de la cabeza y del estómago
e. ser admitido/a en el hospital
f. una prescripción de un medicamento hecho por un/a médico/a
g. una fotografía obtenida por medio de los rayos X
h. una porción pequeña de medicina que se toma oralmente y que no tiene un exterior duro
i. privado
j. dejar salir sangre
k. una pastilla protegida por un exterior duro
l. un plan que paga los gastos médicos
m. que pertenece al público general del país
n. miedoso/a
ñ. mover violentamente las extremidades del cuerpo en sentido contrario

C. Analogías. *Señale la respuesta más apropiada para duplicar la relación que existe entre las palabras modelo.*

> **EJEMPLO:** el/la profesor/a: la universidad
> el/la doctor/a: _____
> a. la píldora   b. el seguro médico   c. <u>el hospital</u>

1. comer: el tenedor
   curar: _____
   a. herir   b. la receta   c. dar de alta

2. la casa: la puerta
   el hospital: _____
   a. la sala de emergencia   b. la receta   c. la radiografía

3. oír: escuchar
   estar listo/a a: _____
   a. ingresar   b. volver a   c. estar a punto de

4. abierto: cerrado
   la clínica de salud pública: _____
   a. la radiografía   b. la sociedad médica   c. la pastilla

5. la mentira: la verdad
   ¡No es cierto!: _____
   a. ¡Ya lo creo!   b. ¡Me mareo!   c. ¡Testarudo!

6. saludar a: ingresar
   despedirse de: _____
   a. mejorarse   b. volver a hacer   c. dar de alta

7. tener buena salud: estar enfermo
   sentirse bien: _____
   a. marearse   b. ser cobarde   c. dar de alta

8. aprender: repasar
   hacer: _____
   a. estar a punto de hacer   b. volver a hacer   c. torcer

9. tener sed: tomar agua
   tener dolor de cabeza: _____
   a. tomar una pastilla   b. poner una curita   c. dar de alta

10. bueno: malo
    mejorarse: _____
    a. empeorarse   b. recetar   c. ingresar

D. Sinónimos o antónimos. *Para cada par de palabras, indique si el significado es igual (=) o si es lo opuesto (≠).*

1. particular   _____   privado
2. torcer   _____   no mover
3. dar de alta   _____   salir del hospital
4. ingresar   _____   salir del hospital
5. la píldora   _____   el líquido
6. la radiografía   _____   la fotografía interna
7. el seguro médico   _____   lo que paga los gastos médicos
8. nacional   _____   privado
9. la sociedad médica _____   la Seguridad Social nacional
10. valiente   _____   heroico
11. mejorarse   _____   sentirse peor
12. desmayarse   _____   perder el sentido
13. el consultorio   _____   el cuarto donde se examina el/la paciente
14. testarudo   _____   flexible
15. empeorarse   _____   mejorarse

CONVERSACIÓN CREADORA
Un accidente de moto[2]

Recepción

© Cengage Learning

🔊)) *Escuche la siguiente conversación, y luego repítala para practicar la pronunciación (en **www.cengage.com/spanish/conversaciones4e**).*

PERSONAJES

DOCTORA MONTERO, 38 años
ENFERMERA (SILVIA), 28 años
RAFAEL RUBIO, 40 años
RECEPCIONISTA, 18 años

ESCENARIO

Despacho° de la doctora Montero, Jefa de Traumatología° en el hospital Casimiro Ulloa, en Lima, Perú. Es por la noche. La doctora está hablando por teléfono.

*Office / **Jefa...** Chief of Trauma*

---

[2]abreviatura de **(la) motocicleta**

208

DOCTORA:	De acuerdo. No sé si llegaré a comer pero espérenme para tomar café… Creo que ya no surgirá° ningún problema, aunque nunca se sabe. *(Tocan a la puerta.)* Entre. *(Entra la Enfermera.)* Iré lo más pronto que pueda. Hasta luego. *(Cuelga el teléfono.)* ¿Qué pasa, Silvia? *(Se quita el saco blanco° y lo cuelga en la percha.°)*
ENFERMERA:	Abajo hay un hombre que pregunta por usted. Ha ingresado por la sala de emergencia. Tiene un brazo roto.
DOCTORA:	Pero si yo no tengo nada que ver con la sala de emergencia. Además estoy a punto de irme.
ENFERMERA:	Ha insistido mucho. Me dio esta tarjeta para que se la pase. Dice que no se va hasta que usted lo vea. Es muy testarudo.
DOCTORA:	*(Mirando la tarjeta)* ¡Rafael! ¡Ya lo creo que es testarudo! *(Se vuelve a poner el saco blanco.)* Vamos abajo, es un viejo amigo mío.

will arise

saco… lab coat
hanger

Toman el ascensor y llegan a la planta baja.° Junto al mostrador de Recepción, Rafael está sentado en una silla agarrándose° el brazo izquierdo con gesto° de dolor.

planta… ground floor
clutching
gesture

RECEPCIONISTA:	Si usted tiene carnet de Seguridad Social,° ya le digo que no le corresponde este hospital.
RAFAEL:	Espere a que venga la doctora Montero. *(Viendo aparecer a la Doctora)* ¡María! *(Ella se acerca y le pone una mano en el hombro.)* Una vez me dijiste que cuando me estuviera muriendo tú me ayudarías.
DOCTORA:	¿Qué te pasó, hombre? No es para tanto.
RAFAEL:	Un accidente de moto. Creo que tengo la mano desprendida.° ¡No me toques, por favor, que veo las estrellas!
DOCTORA:	No tengo más remedio. Vamos, no seas cobarde. La mano la tienes bien, lo que pasa es que te ha afectado al nervio radial.° Posiblemente tienes roto el antebrazo.°
RAFAEL:	¡No tendré que operarme!° ¡Me espanta solo pensarlo!°
DOCTORA:	Sigues igual de impaciente. Genio y figura hasta la sepultura.° Lo primero que hay que hacer es una radiografía, y enseguida te diré si tenemos que operarte o no. *(A la Enfermera)* ¿Está libre la cabina° 2?
ENFERMERA:	Creo que sí.
DOCTORA:	Pues vamos, es mejor no perder tiempo. ¿Te mareas?
RAFAEL:	Un poco… Oye, María, ¿y si tengo que operarme, me operarás tú?
DOCTORA:	Ya veremos. No adelantes los acontecimientos.°

carnet… Social Security I.D. card

dislocated

*nervio… radial nerve / forearm / **No**… I won't have to have an operation! / **Me**… I get scared just thinking about it! / **Genio**… Some people never change. (proverb) / booth*

No… Don't rush things.

Comprensión

A. ¿Qué pasó? *Escoja la letra que corresponde a la mejor respuesta.*

1. ¿Qué está haciendo la Dra. Montero cuando llega la enfermera?
   a. Está hablando por teléfono.
   b. Está examinando a un paciente suyo.
   c. Está esperando a Rafael Rubio.
   d. Está hablando con otro médico en su despacho.

2. ¿Qué noticias trae la enfermera a la Dra. Montero?
   a. Ha muerto un paciente.
   b. Ella necesita una receta.
   c. Su paciente tiene el brazo roto.
   d. Un hombre está preguntando por ella.

3. ¿Cómo sabe la recepcionista que Rafael Rubio no debe recibir tratamiento en este hospital?
   a. porque no lo conoce
   b. porque tiene carnet de Seguridad Social
   c. porque parece muy pobre
   d. porque no conoce a ningún médico en este hospital

4. ¿Qué adjetivo caracteriza mejor a Rafael en el momento en que exclama: «¡No me toques, por favor, que veo las estrellas!»?
   a. cobarde
   b. simpático
   c. valiente
   d. pensativo

5. ¿Qué hace la Dra. Montero para resolver el problema que existe?
   a. Da de alta a Rafael.
   b. Se prepara a tomar una radiografía.
   c. Busca a otro médico para operarle a Rafael.
   d. Llama a la Seguridad Social.

B. ¿Qué conclusiones saca Ud.? *Conteste cada pregunta con una oración.*

1. ¿Por qué hace la enfermera lo que le pide Rafael? _____

   _____

2. Después de su accidente, ¿por qué va Rafael a un hospital que no le corresponde? _____

   _____

3. ¿Qué tipo de relación existe entre la Dra. Montero y Rafael? _____

   _____

4. ¿Cómo reacciona la Dra. Montero ante las protestas de Rafael? _____
_____

5. ¿Por qué decide la Dra. Montero no seguir las reglas de la Seguridad Social en esta ocasión?
_____
_____

Conclusión

*Después de dividirse en grupos, inventen una conclusión a la **Conversación creadora «Un accidente de moto»,** siguiendo las instrucciones de su profesor/a. Consulten el **Vocabulario útil** al final del capítulo para obtener ayuda con el vocabulario de la medicina, los especialistas, los síntomas y enfermedades, y el cuerpo humano.*

INSTRUCCIONES

_____
_____

PERSONAJES

Doctora Montero _____

Enfermera (Silvia) _____

Rafael Rubio _____

Recepcionista _____

_____
_____

IDEAS PARA SU CONCLUSIÓN

_____
_____
_____
_____
_____
_____
_____
_____
_____

Enlace gramatical

El uso del subjuntivo en cláusulas sustantivas (II) y adjetivales

El uso del subjuntivo en cláusulas sustantivas (II)

Lo siguiente es una continuación de la explicación del uso del subjuntivo en una cláusula sustantiva (I) en la página 185.

Los siguientes verbos y expresiones exigen el uso del subjuntivo en una cláusula sustantiva cuando el sujeto de esta cláusula es distinto del sujeto de la cláusula principal; la conjunción **que** enlaza (*links*) las dos cláusulas.

1. Con expresiones de emoción u opinión:

alegrarse de	molestar	es bueno	es posible
enfadarse	sentir (ie)	es extraño	es probable
enojarse	sorprender	es importante	es ridículo
gustar	temer	es increíble	es sorprendente
lamentar	tener miedo de	es malo	es una lástima
		es mejor	

   Me alegro de que **estén** bien de salud.
   Es posible que los cirujanos le **hagan** un trasplante hoy.
   Es una lástima que **te sientas** mal.

2. Con expresiones de duda o negación. Observe que el indicativo se usa con lo contrario de estas expresiones porque indican creencia o conocimiento.

Subjuntivo	Indicativo
dudar	no dudar
es dudoso	no es dudoso
negar (ie)	no negar (ie)
no es cierto	es cierto
no es verdad	es verdad
no estar seguro/a	estar seguro/a
no creer	creer
no pensar (ie)	pensar (ie)

   No creen que Rafael **sea** alérgico a los antibióticos.
   Creen que el paciente **necesita** una silla de ruedas *(wheelchair)*.
   Dudo que me **puedan** decir el pronóstico.
   No dudo que ella **ha adelgazado.**

Note que en el interrogativo (con preguntas) se puede usar el subjuntivo o el indicativo con **creer** y **pensar**. El subjuntivo indica duda o incredulidad *(disbelief)*. El indicativo se usa para pedir información.

¿Piensas que Ramón **padezca** de diabetes?
¿Piensas que Ramón **padece** de diabetes?

El uso del subjuntivo en cláusulas adjetivales

Una cláusula adjetival describe un sustantivo o pronombre anterior, o sea, el antecedente. Cuando el antecedente se refiere a alguien o algo indefinido, inexistente o desconocido, se usa el subjuntivo en la cláusula adjetival. Si se sabe que el antecedente sí existe o es definido, se usa el indicativo.

Esperamos contratar[3] un cardiólogo que **tenga** mucha experiencia. *(antecedente indefinido)*

Acabamos de contratar a un cardiólogo que **tiene** mucha experiencia. *(antecedente existente)*

Quiero encontrar una farmacia que **esté** abierta las veinticuatro horas al día. *(antecedente desconocido)*

Conozco una farmacia que **está** abierta las veinticuatro horas al día. *(antecedente existente)*

No conozco a nadie que **sufra** de alergias. *(antecedente inexistente)*

No hay ningún farmacéutico que le **pueda** atender en este momento. *(antecedente inexistente)*

Práctica

A. Tarjetas electrónicas entre amigos. *Complete cada mensaje con el presente de indicativo o el presente de subjuntivo, según convenga.*

1. Javier,
   Es una lástima que te (haber) _____ fracturado la pierna. ¡Me molesta mucho que no (poder) _____ ir al campeonato con nosotros! ¡Ánimo!

2. Verónica,
   Me alegro de que (sentirse) _____ mejor. Estoy segura de que la doctora Montero te (dar) _____ muy buena atención médica.

3. Felipe,
   Siento mucho que no (estar) _____ bien de salud. Es evidente que (deber) _____ llevar una vida más tranquila de aquí en adelante.

---

[3]Se omite la **a** personal aquí porque la existencia de esta persona no es cierta o es desconocida.

4. Marta,

   Acabo de hablar con tu mamá. Ella teme que tú (tener) _____ la varicela *(chicken pox)*. ¿Es posible que (ser) _____ una enfermedad contagiosa? ¡Espero que no!

5. Anita,

   Ojalá que te (gustar) _____ la planta que va a llegar hoy, pues creo que las orquídeas *(orchids)* (ser) _____ tus flores favoritas. Volveré a verte mañana.

B. El hospital Casimiro Ulloa. *La junta directiva del hospital se ha reunido para discutir cuestiones de personal. Complete sus comentarios con el presente de indicativo o el presente de subjuntivo, según convenga.*

1. Conozco a un internista que (tener) _____ una clientela numerosa.

2. Debemos contratar alguien que (especializarse) _____ en cirugía reconstructiva.

3. Necesitamos un psiquiatra que (haber) _____ atendido a drogadictos.

4. La semana pasada entrevistamos a dos cardiólogos que (hacer) _____ trasplantes.

5. Desafortunadamente, no hay ningún pediatra que (saber) _____ hablar quechua.[4]

C. ¡Socorro! *En la sala de emergencia los médicos atienden a las víctimas de un accidente automovilístico. Complete sus comentarios con el presente de indicativo o el presente de subjuntivo, según convenga.*

1. Necesito al asistente que (saber) _____ sacar radiografías.

2. Afortunadamente, no hay nadie que (haber) _____ perdido el conocimiento.

3. Aquí hay alguien que (estar) _____ a punto de desmayarse.

4. ¿Hay algún cirujano que (poder) _____ atender al paciente más gravemente herido?

5. Buscamos donantes de sangre que (tener) _____ el tipo sanguíneo «O».

---

[4]Quechua, el idioma de los incas, es una lengua que todavía cuenta con más de 13 millones de hablantes en la región andina.

Escenas

*En parejas (o en un grupo de tres), hablen en español para solucionar y luego describir cada conflicto. El **Vocabulario útil** al final del capítulo les ayudará con estas escenas.*

1. **A** You have decided to be a doctor, and the time has come to break the news to your father/mother, who also is a doctor. You know that he/she has become disillusioned with the profession lately, so you must convince him/her that it is a worthwhile career for you. Tell him/her that you want to make a contribution to the world and you feel that being a doctor is the best way.

   B You are a physician who has been in practice for twenty-five years, and you have seen the profession deteriorate over that time. You know that your son/daughter is considering a career in medicine, and you are worried that he/she will face many unpleasant realities, such as the risk of contracting infectious diseases, reduced income **(menos ingresos),** and sacrifices in his/her family life. Try to convince him/her to consider a different profession.

2. **A** You are vacationing with a friend in Santa Marta, a Colombian coastal city, as part of a package tour. As the two of you are entering the tour bus, your companion trips on a slippery step **(un escalón resbaladizo),** hits his/her head, and loses consciousness. Your tour guide runs up and offers to take your friend to a national health clinic, but you want to go to a private medical clinic because you believe that your friend will get faster treatment and better care there. Try to convince the tour guide to take your friend to the best private clinic.

   B You are a tour guide in Santa Marta, Colombia. You neglected to notice that the steps of the bus were wet and slippery, and now a tourist has injured him/herself. You want the person to get care at the lowest cost so that the tour company will incur less expense; a private clinic will cost three times as much as a state-run hospital. You, yourself, use a nearby public hospital and have always received good care. Try to convince the injured person's companion to take his/her friend to this hospital.

3. **A** You are the parent of a five-year-old child who has to go into the hospital for a heart operation. Your son/daughter has an irrational fear of hospitals and is very upset. Try to explain to him/her in positive terms how a hospital and its staff function. Let him/her know that you will be there at his/her side as much as possible throughout his or her stay.

   B You are a child who is afraid of hospitals. You do not want to stay in one overnight. You worry that the doctors and nurses will hurt you, and no one will be there to defend you. Try to persuade your parent that the hospital is a terrible place where you will be harmed, especially at night, and that he/she shouldn't force you to stay there. Also try to convince your parent that the operation is unnecessary.

4. **A** You have just finished a summer course at the Universidad Nacional Autónoma de México (UNAM) in Mexico City. Yesterday you twisted your ankle while shopping at La Lagunilla and a friend of yours has insisted that you see his/her physician. Try to convince the doctor that you really are okay, although the ankle hurts. You want to see a lot more of Mexico before returning home next month.

   B You are a physician who is very conservative about treatment. An X-ray shows that this patient's left ankle has a hairline (very small) fracture. You think that this student should rest his/her ankle for at least three weeks. Try to convince the student to stay in Mexico City and rest until the ankle heals.

   C You are the student's friend. You would like to go traveling with him or her, but do not want to jeopardize his/her health. Try to work out a compromise with the doctor that would allow your friend to rest for a briefer period of time and then take some short trips with your assistance.

Más actividades creadoras

*El **Vocabulario útil** al final del capítulo le ayudará con estas actividades.*

A. Dibujos. *Invente una narración, tomando los siguientes dibujos como punto de partida. Su cuento debe explicar quiénes son estos personajes, qué les ha pasado antes, qué está ocurriendo ahora y qué van a hacer en el futuro.*

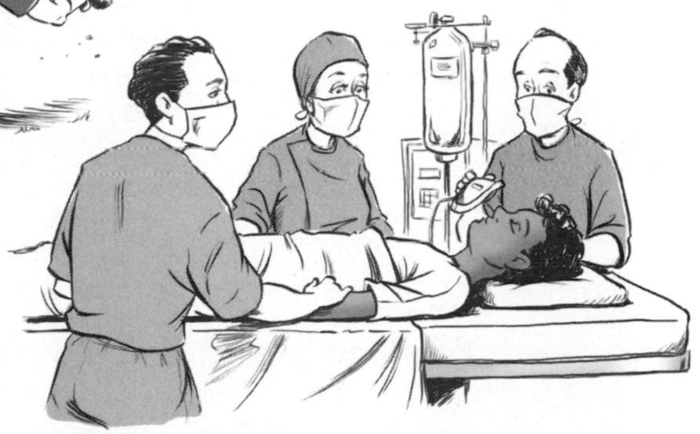

© Cengage Learning

B. Uso de mapas y documentos. *Refiérase a este anuncio de un periódico estadounidense para contestar las siguientes preguntas.*

1. ¿A qué comunidad se dirige este anuncio, y por qué?

2. ¿Qué representa el relámpago *(flash of lightning)* del anuncio? ¿Cómo se compara la diabetes con el relámpago?

3. Según el anuncio, ¿qué hay que hacer para controlar la diabetes?

4. Si un diabético aprende a controlar su enfermedad, ¿qué puede evitar?

5. ¿Qué piensa Ud. del lema *(slogan)* «Tome su diabetes en serio para que no se vuelva cosa seria.»? ¿Cómo se compara este con el lema en inglés que también aparece? ¿Puede Ud. sugerir otro lema en español para comunicar el mensaje del anuncio?

C. Cortometraje. *Mire el cortometraje «**Quiero ser charro**» (horseman, cowboy) (en **www.cengage.com/spanish/conversaciones4e**). Luego, conteste las preguntas en la forma indicada por su profesor/a. En este corto un niño enfermo tiene un gran deseo, y su sueño se hace realidad gracias a la fundación «Make-A-Wish» en el estado de Colorado.*

Cortesía de Make-A-Wish Foundation of America

1. ¿Cuántos años tiene Jesús, y cuántos años han pasado desde que fue diagnosticado con leucemia?

2. ¿Qué hacía Jesús con la soguita *(little rope)* que tenía, y cómo se relaciona esta actividad con su gran deseo?

3. Cuando Jesús dice que le picaron *(they stuck him)* en el hospital y no lloró, ¿qué revela sobre su carácter? ¿Cómo describe la enfermera a su joven paciente?

4. ¿Cómo llega Jesús a las charrerías *(the horse rodeo)*, y qué hace después de llegar?

5. ¿Qué piensa Ud. del impacto de este regalo en la vida de Jesús? ¿Qué piensa del impacto de la fundación «Make-A-Wish» en general?

D. A escuchar. *Escuche la entrevista en la que una persona comenta una experiencia en un hospital (en **www.cengage.com/spanish/conversaciones4e**). (Para ver las preguntas, refiérase al ejercicio E, número 1.) Luego, conteste las siguientes preguntas en la forma indicada por su profesor/a.*

1. ¿Cómo se llama la persona entrevistada, y de dónde es?

2. ¿A quién le ocurrió esta historia, y dónde tuvo lugar?

3. ¿Qué problema surgió cuando la madre de este peruano llegó para su cita con el doctor, y qué hizo ella para poder recibir atención médica?

4. Después de dar a luz *(After giving birth)*, ¿qué le sucedió a su madre, y cómo terminó el episodio?

5. ¿Cómo se compara este hospital en Perú con algún hospital en su país?

E. Respuestas individuales. *Piense en las siguientes preguntas para contestarlas en la forma indicada por su profesor/a.*

1. ¿Se ha quedado Ud. alguna vez en el hospital? Describa su experiencia. Si lo prefiere, cuente un episodio que le ocurrió a alguien que Ud. conoce.

2. ¿Ha pensado Ud. alguna vez en hacer la carrera de medicina? ¿Por qué sí o por qué no?

F. Contestaciones en parejas. *Formen parejas para completar las siguientes actividades.*

1. Aquí tienen diez factores que promueven *(promote)* la buena salud. Ordenen estos factores, con el número uno siendo el factor más significativo. Luego, comparen su lista con las de otras parejas.

   _____ no fumar
   _____ mantener el peso ideal
   _____ hacer ejercicio regularmente
   _____ limitar el consumo de sal
   _____ tener padres y abuelos que conservan la salud
   _____ escoger una dieta balanceada
   _____ evitar las drogas
   _____ beber moderadamente o no beber alcohol
   _____ evitar el consumo de grasas
   _____ evitar el estrés

2. Asuman los papeles de un/a doctor/a y un/a paciente que sufre de alguna enfermedad. El/la doctor/a conseguirá el historial clínico y hará el diagnóstico. Luego, cambien de papeles.

G. Proyectos para grupos. *Formen grupos de cuatro o cinco personas para completar estos proyectos.*

1. Escojan una enfermedad y hagan una lista de sus síntomas. Entonces, elijan sus papeles: un miembro del grupo será el/la profesor/a de medicina, otro será el/la paciente y los demás serán otros médicos. El/la profesor/a les presentará su paciente a los estudiantes de medicina (la clase), explicando sus síntomas y preguntándoles a los estudiantes cuál será el diagnóstico. Los demás médicos pueden añadir más información y contestar preguntas.

2. Discutan algunos avances médicos, por ejemplo el trasplante de cara o de manos, o la cirugía de ojos para corregir la vista, o el implante coclear *(cochlear implant)* para restablecer la audición *(hearing)*, o la vacuna contra la varicela *(chicken pox)*. En su opinión, ¿cuáles son algunos de los

avances médicos más importantes en el siglo veintiuno? ¿Cuáles son los retos *(challenges)* más urgentes de la medicina hoy? Luego, comparen los asuntos discutidos por su grupo con los de otros grupos.

H. Discusiones generales. *La clase entera participará en estas actividades.*

1. ¿Por qué piensa mucha gente que la medicina hoy día representa un problema grave para la economía de los Estados Unidos? Formulen dos listas: una de razones y otra de posibles soluciones.

2. Siéntense en círculo para crear una narración consecutiva (de estudiante a estudiante, añadiendo espontáneamente cada estudiante un nuevo acontecimiento) que tenga como tema central la experiencia de un/a paciente desde que ingresa en el hospital hasta que le dan de alta.

Vocabulario útil

LA MEDICINA

Sustantivos

el/la afiliado/a   *group member* (for medical benefits)

el bisturí   *scalpel*

el cabestrillo   *sling (for an arm)*

la cabina   *booth*

la camilla   *stretcher, gurney*

la cápsula   *capsule*

el chequeo   *checkup*

la cirugía   *surgery*

el despacho   *office*

el diagnóstico   *diagnosis*

la dosis   *dose*

el/la drogadicto/a   *drug addict*

la esperanza   *hope*

el estetoscopio   *stethoscope*

el examen   *physical examination*

la farmacia, la droguería (H.A.)   *pharmacy, drugstore*

la farmacia de turno (H.A.), la farmacia de guardia (Sp.)   *twenty-four hour pharmacy*

el formulario, la forma (Mex.)   *form*

el historial clínico   *medical history* (orally transmitted)

la hoja clínica, la historia clínica   *patient chart, medical record*

la lente de contacto   *contact lens*

las lentes, los anteojos, las gafas   *eyeglasses*

el medicamento, la medicación, la medicina   *medication, medicine* (for treatment)

la medicina interna   *internal medicine*

la muleta   *crutch*

el parto   *childbirth*

el pronóstico   *prognosis*

el quirófano, la sala de operaciones   *operating room*

la quimioterapia   *chemotherapy*

la radioterapia   *radiation therapy*

el reintegro, el reembolso   *reimbursement*

la sala de espera   *waiting room*

la sala de recuperación   *recovery room*

la silla de ruedas   *wheelchair*

el sistema nacional de salubridad (H.A.), el sistema nacional de sanidad (Sp.)   *national (government-sponsored) health system*

la terapia física   *physical therapy*

el trasplante   *transplant*

el tratamiento   *(medical) treatment*

el trato   *treatment* (behavior towards someone)

la Unidad de Cuidados Intensivos, UCI *(H.A.)*,
  la Unidad de Vigilancia Intensiva, UVI
  (Sp.)   *Intensive Care Unit, ICU*
la venda, el vendaje   *bandage*
el yeso, la escayola *(Sp.)*   *cast*

Verbos
adelgazar, perder peso,
  bajar de peso   *to lose weight*
atender (ie)   *to see (a patient); to attend to*
brindar (algo)   *to offer (something)*
convalecer   *to convalesce, to recuperate*
dañar, herir (ie)   *to hurt, to injure*
diagnosticar   *to diagnose*
doler (ue)   *to hurt, to ache*
engordar, aumentar de peso.
  subir de peso   *to gain weight*
enyesar, escayolar *(Sp.)*   *to place in a cast*
fallecer   *to pass away, to die*
fracturarse, romperse, quebrarse (ie)
  (H.A.)   *to fracture, to break*
golpear (se)   *to hit (oneself)*
inyectar   *to inject*

lastimar(se):   *to injure (oneself), to hurt (oneself)*
operar (a alguien) de   *to operate on (someone)*
operarse de   *to have an operation on/for*
padecer (de), sufrir (de)   *to suffer (from)*
perder (ie) el conocimiento, perder la
  conciencia   *to lose consciousness*
ponerle (a uno) una inyección   *to give
  (someone) a shot*
prescribir, recetar   *to prescribe*
respirar hondo   *to take a deep breath*
sacar la lengua   *to stick out one's tongue*
tener náuseas   *to be nauseated*

Expresiones
dar a luz   *to give birth*
encontrarse mal   *to not feel well*
estar bien/mal de salud   *to be in good/poor
  health*
guardar cama   *to stay in bed*
hacerse la cirugía plástica/la cirugía
  estética   *to have plastic surgery*
seguir (i) un régimen/una dieta   *to be on
  a diet*

Vocabulario individual

_____   _____

_____   _____

_____   _____

_____   _____

LOS ESPECIALISTAS
el/la cardiólogo/a   *cardiologist*
el/la cirujano/a   *surgeon*
el/la cirujano/a estético/a, el/la cirujano/a
  plástico/a   *plastic surgeon*
el/la dentista   *dentist*
el/la dermatólogo/a   *dermatologist*
el/la farmacéutico/a   *pharmacist*
el/la ginecólogo/a   *gynecologist*
el/la internista, el/la especialista en
  medicina interna   *internist*
el/la neurólogo/a   *neurologist*

el/la oculista   *occulist*
el/la odontólogo/a   *odontologist, dental surgeon,
  dentist*
el/la oftalmólogo/a   *ophthalmologist*
el/la óptico/a   *optician*
el/la optometrista   *optometrist*
el/la ortodoncista   *orthodontist*
el/la ortopedista   *orthopedist*
el/la pediatra   *pediatrician*
el/la psiquiatra   *psychiatrist*
el/la radiólogo/a   *radiologist*

LOS SÍNTOMAS Y ENFERMEDADES

Sustantivos

la alergia *allergy*
la amigdalitis *tonsillitis*
la apendicitis *appendicitis*
la artritis *arthritis*
el ataque al corazón, el infarto *heart attack*
el cáncer *cancer*
la caries *(dental) cavity*
la comezón, la picazón *itch, itching*
el derrame cerebral, el ataque cerebral *stroke*
la diabetes *diabetes*
la diarrea *diarrhea*
el dolor de cabeza *headache*
el dolor de oído *earache*
el entumecimiento *numbness*
los escalofríos *chills*
la fiebre *fever*
la fractura *fracture, break*
la gripe *flu*
la hemorragia *hemorrhage*
la herida *wound, injury*
la hinchazón *swelling*
la leucemia *leukemia*
el moretón *bruise*
las paperas *mumps*
la pulmonía *pneumonia*
el reumatismo *rheumatism*
el sarpullido, la erupción *rash*
el sarampión *measles*
el SIDA (Síndrome de Inmunodeficiencia Adquirida) *AIDS*

la torcedura *sprain*
la tos *cough*
el trastorno de la alimentación *eating disorder*
el tumor *tumor*
la varicela *chicken pox*
la viruela *smallpox*

Verbos

estar embarazada, estar encinta *to be pregnant*
hincharse *to swell*
inflamarse *to become inflamed*
picar *to itch; to sting; to stick (with a needle)*
ser alérgico/a (a algo) *to be allergic (to something)*
toser *to cough*
vacunar *to vaccinate*
vomitar, arrojar, devolver (ue) *to vomit, to throw up*

Adjetivos

débil *weak*
fuerte *strong*
grave *serious*
ileso/a *unhurt, unharmed*
pálido/a *pale*
ronco/a *hoarse*
sano/a *healthy*

Adverbios

a menudo *frequently, often*
desde hace *for (a period of time)*

Vocabulario individual

_____   _____

_____   _____

_____   _____

_____   _____

_____   _____

EL CUERPO HUMANO

La anatomía superficial

1. la ceja
2. la pestaña
3. la mejilla
4. la oreja
5. la boca
6. el labio
7. el cuello
8. el pecho
9. el seno
10. la cintura
11. la cadera
12. la mano
13. el dedo
14. la uña
15. la rodilla
16. el tobillo
17. el pie
18. la frente
19. la nariz
20. la barbilla, el mentón
21. el hombro
22. la espalda
23. el brazo
24. el codo
25. el antebrazo
26. la nalga
27. la muñeca
28. el muslo
29. la pierna
30. la pantorrilla
31. el dedo del pie
32. el talón

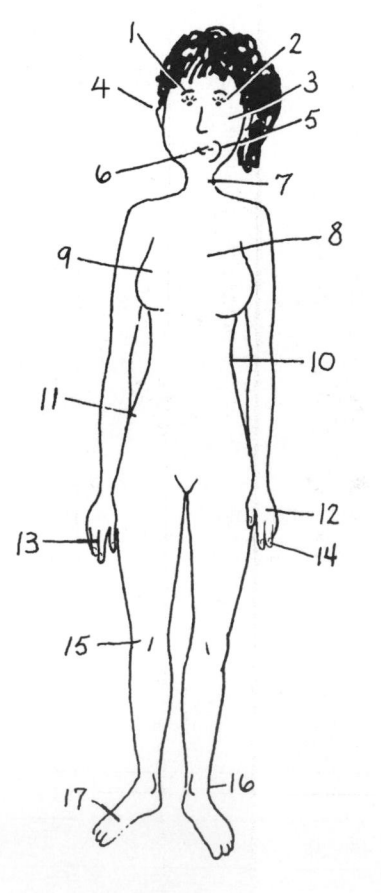
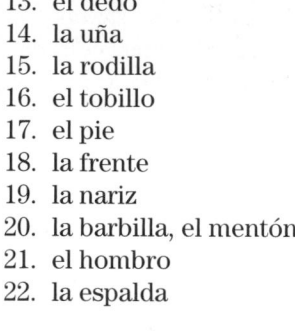

La anatomía interna

las amígdalas	*tonsils*	**el estómago**	*stomach*
el cerebro	*brain*	**el hígado**	*liver*
la columna (vertebral)	*spine*	**el hueso**	*bone*
el corazón	*heart*	**el intestino**	*intestine*
la costilla	*rib*	**el pulmón**	*lung*
el cráneo	*skull*	**el riñón**	*kidney*

Vocabulario individual

_____   _____

_____   _____

_____   _____

_____   _____

_____   _____

CAPÍTULO 9

Los deportes profesionales y de aficionados°

amateurs

©Natursports/Shutterstock.com

OBJETIVOS: Aprender a...

◆ obtener, interpretar y presentar información relacionada con los deportes.

◆ conversar sobre los deportes.

◆ dar consejos y considerarlos desde varios puntos de vista.

NOTAS CULTURALES
Hispanoamérica

Conde/Habana/Dreamstime.com

Niños jugando al béisbol en Cuba

Los deportes en Hispanoamérica

El deporte número uno en los países latinoamericanos es sin duda alguna el fútbol.° El entusiasmo de los espectadores por su equipo favorito llega a veces al fanatismo. La pasión por este deporte, también conocido como balompié, comienza desde la infancia. Los niños y niñas pequeños en cualquier oportunidad que se les presente ya sea en un parque, un terreno vacío° o en las calles, se entretienen pateando° una pelota. En muchas partes hay equipos° de aficionados° que juegan para divertirse. Varios equipos de aficionados son patrocinados° por universidades, municipalidades, negocios y asociaciones, y compiten en campeonatos° regionales, nacionales e internacionales. La mayoría de las grandes ciudades tienen ligas° profesionales que compiten entre sí en torneos° nacionales. En cada país hay un equipo nacional integrado por° sus mejores jugadores, ya sean aficionados o profesionales. Existen también equipos nacionales de fútbol juvenil varonil° y femenil° que representan sus países en competencias° internacionales como el Campeonato Mundial° Sub20.

La ambición de cada futbolista° es ser seleccionado para jugar en campeonatos internacionales y de allí a la cumbre° de competencias: el Campeonato Mundial de Fútbol por la codiciada° Copa Mundial de la FIFA,[1] que tiene lugar cada cuatro años en un país diferente. Durante el

soccer

terreno... empty field / kicking / teams / amateur athletes / sponsored / championships

leagues / tournaments
integrado... made up of

masculine / feminine / competitions / World
soccer player
peak
coveted

---

[1]Estas son las siglas *(initials)* para la « Fédération Internationale de Football Association ».

campeonato mundial, no hay otra cosa que sea más importante que los partidos° y todo el mundo los sigue de cerca, ya sea por televisión o por Internet y a través de la prensa. La mayoría de la gente no se pierde ni uno, ya que todos son transmitidos en vivo y en directo vía satélite. Los equipos de Uruguay, Argentina y Brasil han ganado la Copa Mundial varias veces. Otra competencia importante es la Copa América que disputan los equipos nacionales de Latinoamérica cada dos años en un país distinto. Existe también la Copa Mundial Femenina de Fútbol que se lleva a cabo cada cuatro años en un país diferente.

En la región del Caribe, así como en los estados norteños de México, el deporte predominante es el béisbol. Muchos jóvenes practican este deporte porque se dan cuenta de que el béisbol puede ofrecerles oportunidades extraordinarias. Bien saben que jugadores de México, Panamá, Cuba, Venezuela, la República Dominicana y Puerto Rico han alcanzado gran fama tanto en sus países de origen como en los Estados Unidos. Se calcula que en la actualidad° alrededor del 30 por ciento de los peloteros° de las grandes ligas del béisbol profesional son latinos.

El evento más importante para el béisbol caribeño es la Serie del Caribe, a la que a veces se le llama la Serie Mundial Latinoamericana. Los mejores equipos de México, Puerto Rico, Venezuela y la República Dominicana —que forman la Confederación de Béisbol del Caribe— juegan durante la temporada invernal° un torneo que se originó hace más de cincuenta años. El país que más ha triunfado en este clásico caribeño es la República Dominicana. Los seis equipos de la liga dominicana son los Tigres del Licey, las Estrellas Orientales, los Leones del Escogido, las Águilas Cibaeñas, los Toros del Este y los Gigantes del Cibao. El equipo que gana la serie final dominicana avanza a la Serie del Caribe.

Otros deportes que inspiran gran entusiasmo en Hispanoamérica son el ciclismo, el baloncesto o básquetbol, el tenis y el boxeo. Cada región tiene sus aficionados a° distintos deportes. En la sierra se practican la equitación,° el excursionismo o senderismo,° el andinismo o montañismo,° y por supuesto el esquí durante los meses de invierno. En los grandes rápidos se practica el canotaje° o el piragüismo.° En la costa son populares la pesca deportiva,° el esquí acuático, la natación° y el golf.

A nivel escolar primario y secundario en Latinoamérica los cursos de educación física forman parte del currículo educativo. En las escuelas los deportes más populares son el fútbol, el voleibol, el básquetbol y el atletismo,° para los cuales se organizan torneos interescolares y regionales. Sin embargo, los deportes no reciben la misma atención que los deportes en las escuelas estadounidenses. Es muy común que los niños que tengan los suficientes recursos económicos estén involucrados° desde temprana edad en más de algún deporte fuera del ámbito° académico. Así que durante las tardes, dos o tres veces por semana, asisten a clases de natación, tenis, judo, karate, taekwondo o gimnasia olímpica, entre otros deportes.

matches

present time / ballplayers

winter

***aficionados…** fans of horseback riding / hiking / mountain climbing / boating / canoeing*
***pesca…** sports fishing / swimming*

track and field

involved
environment

España

Melba Photo Agency/Alamy

Un jugador de pelota (jai-alai) en Guernica en el País Vasco

Los deportes en España

Al igual que en el resto de Europa y los países de Latinoamérica, en España el fútbol es el deporte rey. El entrenamiento para los futbolistas profesionales es muy duro y requiere gran dedicación. Bien es verdad que también son muy altas las cantidades cobradas por los pocos que llegan a la cumbre de la fama. Estos se convierten en figuras nacionales e incluso a veces internacionales.

El fútbol constituye uno de los temas de conversación más habituales entre la gran mayoría de los españoles. Los días en que se televisa un partido importante, los aficionados que no han podido conseguir entrada suelen reunirse en casas particulares o en los bares para seguir por televisión las incidencias del partido, lo cual da lugar a comentarios diversos que a veces provocan acaloradas° disputas.

Los equipos se catalogan en primera, segunda y tercera división, con arreglo a° su categoría. Pero los equipos locales de tercera división no despiertan entre sus partidarios° menos apasionamiento que los de primera. Algunos equipos están enfrentados con° otros y provocan rivalidades ya conocidas, especialmente enconadas° en Madrid y Barcelona. En Madrid los dos equipos rivales son el Real Madrid y el Atlético de Madrid. En Barcelona también existe enfrentamiento entre el Barcelona y el Español. Al mismo

heated

con... with regard to
supporters
enfrentados... *pitted against / deep-seated, festering*

tiempo, el Real Madrid y el Barcelona han sido enemigos siempre, y la mayoría de los españoles son partidarios de uno u otro equipo.

Otros deportes que se practican mucho son el ciclismo, el baloncesto y el balonmano.° El cenit° del ciclismo español es la Vuelta Ciclista a España. Con el Tour de France y el Giro d'Italia, la Vuelta a España es uno de los tres grandes acontecimientos° anuales del ciclismo internacional. Los éxitos del deporte español en el siglo veintiuno han sido notables. España ganó la Copa Mundial y dos Eurocopas (en el Campeonato Europeo de Fútbol), y los españoles han sido campeones del mundo y de Europa en el baloncesto. Los éxitos del tenis español han sido constantes y la fama de figuras como Rafael Nadal traspasa las fronteras.° *handball / zenith* *events* ***traspasa...** transcends national borders*

En las provincias vascas se juega la pelota vasca, conocida popularmente como el jai alai. Este juego también es popular en los países donde hay inmigrantes vascos como Cuba, México y los Estados Unidos (en la Florida, Connecticut, Rhode Island y Nevada). El jai alai se considera el deporte más rápido del mundo, y por eso es muy peligroso. Se juega con una pelota un poco más pequeña que la de béisbol y la velocidad de esta supera los 200 kilómetros por hora. La pelota se tira° contra una pared llamada el frontón de una cancha° rectangular. La coge otro jugador a la vuelta para tirarla de nuevo contra el frontón. Para tirar y coger la pelota se usa una especie de canasta° que está atada al brazo del jugador. *is thrown* *court* *basket*

Las mujeres españolas se han destacado en deportes individuales y de grupo, como el tenis, el esquí, el baloncesto, el waterpolo o la natación. Para fomentar° la participación femenina y promover la excelencia en el deporte, el Ministerio de Educación, Cultura y Deporte subvenciona programas bajo la promoción «Mujer y Deporte», con becas para las mujeres que muestran aptitudes para los deportes. *to promote*

Comprensión y comparación

Conteste las siguientes preguntas en la forma indicada por su profesor/a.

Hispanoamérica

1. ¿Qué es el Campeonato Mundial de Fútbol y qué recibe el equipo ganador?
2. ¿Qué oportunidades existen para que las mujeres compitan en el campo de fútbol? ¿Hay un equipo de fútbol femenil en su universidad, colegio o escuela?
3. ¿Cuál es el deporte predominante en la región del Caribe y en los estados norteños de México, y por qué?
4. ¿Qué es la Serie del Caribe, y cuáles son los países que participan?
5. ¿Cuáles son algunos deportes populares en la sierra y en la costa?
6. ¿Cuáles son los deportes más populares en las escuelas latinoamericanas? ¿Cómo se comparan estos deportes con los que se practican en su universidad, colegio o escuela?

España

7. ¿Cómo son las rivalidades que existen entre los equipos de fútbol español que se enfrentan? Dé ejemplos.
8. Además del fútbol, ¿qué deportes son populares en España?
9. ¿Dónde y cómo se juega el jai alai (la pelota vasca)?
10. ¿Cuáles son algunos de los deportes en que se han destacado las mujeres españolas y qué tipo de ayuda les da el Gobierno?

🌐 Conexión Internet

*Investigue los siguientes temas en la red, consultando las sugerencias seleccionadas (en **www.cengage.com/spanish/conversaciones4e**) y apuntando las direcciones que utilice. En algunos sitios será necesario hacer clic en «español».*

1. **Las noticias deportivas.** Investigue algunos sitios deportivos o la sección de deportes en un periódico en español, para obtener una idea de las historias que están desarrollándose en este momento. Señale dos asuntos o eventos que aparecen en los titulares *(headlines)*, indicando de qué se tratan y qué importancia tienen. ¿Cuál de estos asuntos le interesa más, y por qué?

2. **Los deportes de aficionados.** Investigue dos deportes que Ud. practica o que le gustaría practicar para enterarse de las oportunidades que se ofrecen para practicarlos en el mundo hispano. Algunas posibilidades son el esquí, el golf, el tenis o los deportes de riesgo *(extreme sports)*. ¿Cuáles son los dos deportes que le parecen más interesantes? ¿Dónde le gustaría practicarlos, y por qué? ¿Cómo se comparan las oportunidades para practicar tales deportes en un país hispanohablante con algunas oportunidades en su país?

3. **Una estrella hispana del fútbol o del béisbol.** Señale una estrella hispana del fútbol o del béisbol, y escriba un breve resumen de quién es y qué ha logrado. Algunas posibilidades corrientes son los futbolistas Javier «Chicharito» Hernández de México o Lionel Messi de Argentina, y los peloteros Albert Pujols de la República Dominicana y Miguel Cabrera de Venezuela.

4. **Una competencia femenil.** Investigue una competencia femenil que está ocurriendo o que pronto va a ocurrir. ¿Cuál es el deporte en que compiten? ¿Quiénes se enfrentan, y qué quieren ganar? ¿Cómo se compara esta competencia con las competencias masculinas en el mismo deporte?

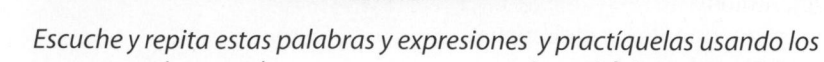

Vocabulario básico

*Escuche y repita estas palabras y expresiones y practíquelas usando los recursos en Internet (en **www.cengage.com/spanish/conversaciones4e**).*

LOS DEPORTES

Sustantivos

el/la aficionado/a   *fan; enthusiast; amateur athlete*
la competencia   *competition; rivalry (Sp.)*
el dominio   *power, control* (domination)
las dotes   *talent, gift*
el/la entrenador/a   *coach, trainer*
el equipo   *team*
la ganancia[2]   *win*
el/la jugador/a   *player*
el/la partidario/a   *supporter, follower*
el partido   *(sports) match, game*
la pérdida   *loss*
los tantos   *score, points*

Verbos

asistir a (algo)   *to attend (something)*
derrotar   *to defeat, to beat*
intentar   *to try, to attempt*
marcar un gol/un tanto   *to score a goal/a point*

Adjetivos

deportivo/a   *sports-related*
destacado/a   *outstanding, prominent*
enterado/a (de)   *informed (about)*

Adverbios

en serio   *seriously*

Expresiones

dar alas (a alguien)   *to encourage (someone)*
en cambio   *on the other hand*
fuera de serie   *extraordinary, outstanding*
no te (le, les, nos) vendría mal   *that wouldn't be a bad idea for you (him, her, them, us)*
ser aficionado/a a   *to be a fan of; to be enthusiastic about*

---

[2]Otra palabra, cuyo uso es univeral, es **la victoria** *(victory)*.

Práctica del Vocabulario básico

A. Oraciones. *Escoja la letra de la(s) palabra(s) que complete(n) mejor cada oración.*

1. Para un atleta profesional, _____ es una persona importante para el desarrollo de sus dotes.
   a. el/la entrenador/a   b. el/la aficionado/a

2. _____ de la competencia es el resultado de la buena preparación de un equipo.
   a. La ganancia   b. La pérdida

3. Muchos de _____ tenis tienen sus propias estrellas favoritas.
   a. los tantos de   b. los aficionados al

4. Un _____ de béisbol sueña con jugar en la Serie Mundial.
   a. jugador   b. dominio

5. Algunas _____ se limitan a jugadores profesionales.
   a. competencias   b. ganancias

6. A los equipos les importa mucho cuando los aficionados _____ sus competencias.
   a. asisten a   b. derrotan

7. Se dice que _____ son más importantes que el entrenamiento para ser una atleta extraordinaria.
   a. las dotes   b. los tantos

8. Para un entrenador, es difícil no _____ a un jugador excepcional.
   a. dar alas   b. marcar

9. El boxeo requiere mucho esfuerzo físico; _____, el golf requiere menos.
   a. no le vendría mal   b. en cambio

10. _____ indican quién ha ganado una competencia.
    a. Los tantos   b. Los aficionados

B. Definiciones. *Empareje las columnas.*

_____ 1. destacado	a. relacionado con los deportes
_____ 2. el entrenador	b. un grupo de jugadores
_____ 3. la competencia	c. el poder que tiene uno sobre una cosa
_____ 4. los tantos	d. la competición entre dos equipos
_____ 5. ser aficionado a	e. una persona que participa en algún deporte
_____ 6. la ganancia	
_____ 7. marcar un gol	f. los goles
_____ 8. deportivo	g. ser gran entusiasta de
_____ 9. el dominio	h. informado
_____ 10. el partido	i. el triunfo
_____ 11. el aficionado	j. la falta de triunfo
_____ 12. el equipo	k. la competición deportiva
_____ 13. la jugadora	l. el fanático del deporte
_____ 14. la pérdida	m. una persona que enseña a los jugadores
_____ 15. enterado	n. ganar un tanto para su equipo
	ñ. sobresaliente

C. Sinónimos o antónimos. *Para cada par de palabras, indique si el significado es igual (=) o si es lo opuesto (≠).*

1. ser aficionado a un deporte	_____	desconocer un deporte
2. marcar un tanto	_____	conseguir un tanto para su equipo
3. el equipo	_____	el conjunto de los jugadores
4. deportivo	_____	atlético
5. enterado de	_____	ignorante de
6. en serio	_____	seriamente
7. dar alas	_____	decir cosas que le animan a otro
8. derrotar	_____	perder
9. no te vendría mal	_____	sería malo para ti
10. fuera de serie	_____	normal
11. intentar	_____	tratar de hacer algo
12. asistir a	_____	presenciar
13. el/la partidario/a	_____	el/la aficionado/a
14. el partido	_____	el juego competitivo
15. la pérdida	_____	la victoria

D. Eliminaciones. *Elimine la(s) palabra(s) que no se relaciona(n) con las demás.*

EJEMPLO: mirar la televisión:
a. poner la televisión   b. ver un programa   c. ~~leer~~

1. destacado:
    a. importante   b. notable   c. difícil

2. en serio:
    a. de verdad   b. humorísticamente   c. sin humor

3. las dotes:
    a. la preferencia   b. el talento   c. las aptitudes

4. el dominio:
    a. el poder   b. la competencia   c. el control

5. la partidaria:
    a. la seguidora   b. la aficionada   c. la que se opone a los deportes

6. no le vendría mal:
    a. sería inconveniente   b. sería bueno   c. sería conveniente

7. fuera de serie:
    a. excepcional   b. extraordinario   c. común

8. derrotar:
    a. perder   b. vencer   c. conquistar

9. intentar:
    a. derrotar   b. planear   c. tratar de

10. en cambio:
    a. por otro lado   b. por otra parte   c. por sí mismo

© Cengage Learning

🔊)) *Escuche la siguiente conversación, y luego repítala para practicar la pronunciación (en www.cengage.com/spanish/conversaciones4e).*

PERSONAJES

ALFONSO, 20 años
EMILIA, 20 años, novia de Alfonso
JULIÁN, 45 años, padre de Alfonso
PEDRO, entrenador, 30 años

ESCENARIO

Vestuario° de un campo de deportes en Barcelona. Al fondo, las cabinas de las duchas.° Alfonso está en la ducha y Pedro le habla desde fuera.

Locker room, Dressing room / **cabinas...** *shower stalls*

236

PEDRO: Lo de hoy ha sido ya la apoteosis.° Te los has comido a todos.° ¡Qué dominio! Sobre todo el último gol, el que metiste de penalti. La gente estaba entusiasmada. Yo creo que hasta tu novia, que ya es decir.°

apotheosis, elevation to divine status / Te... You beat everyone.

ya... that's really saying something

Sale Alfonso, recién duchado, con una toalla; empieza a vestirse.

ALFONSO: Estoy muy contento, sí, he tenido suerte.

PEDRO: ¡Déjate de suertes, es que eres un fenómeno! Ahora sí que ya, después de lo de hoy, tienes que plantearte° en serio pasar a un equipo profesional. Tienes demasiada talla° para seguir jugando partidos de aficionados. ¿Te das cuenta de que los tres goles los has marcado tú? Controlabas absolutamente la situación, no se te iba una.°

to consider

stature

no... not one got past you

Entran Emilia y Julián y abrazan a Alfonso, que ha acabado de vestirse.

PEDRO: ¿Se han dado cuenta de cómo ha estado el chico?

JULIÁN: Tengo que reconocer que estoy orgulloso° de él, sí. Pero tampoco le dé usted alas, no se le vaya a subir el éxito a la cabeza.

proud

PEDRO: No le vendría mal. Es demasiado modesto. Lo de hoy no lo mejora ni Raúl.[3] Le van a empezar a salir contratos serios, ya lo verá usted.

EMILIA: No le digas eso, Pedro. Yo no quiero casarme con un futbolista profesional. Ya no vuelves a ver a tu marido, te lo roban, se convierte en un esclavo del balón. Eso, desde luego, no.° Que elija entre el fútbol y yo.

desde... absolutely not

ALFONSO: No empecemos, Emilia. No es momento para discutir eso ahora.

JULIÁN: Déjala, hombre, que se desahogue.° Estaba muy nerviosa durante el partido. Además tiene bastante razón. Tú, de momento, lo que tienes que hacer es acabar la carrera de medicina. Luego ya se verá.

se... get it off her chest

PEDRO: Perdone, don Julián, la carrera de medicina la hace cualquiera, y en cambio las dotes de su hijo como delantero centro° son fuera de serie, compréndalo. Y a ti te lo digo también, Emilia. Alfonso lleva el fútbol en la sangre.

delantero... center forward

EMILIA: Yo no quiero saber nada, allá vosotros.° Te espero en el restaurante, Alfonso.

allá... that's your business

Sale con gesto enfadado.°

gesto... angry gesture

ALFONSO: ¡Emilia, espera!

---

[3]Raúl González Blanco, una estrella legendaria del fútbol español.

Comprensión

A. ¿Qué pasó? *Conteste cada pregunta con una oración.*

1. ¿Qué está haciendo Alfonso cuando empieza el diálogo? _____
_____

2. ¿Cómo ha jugado Alfonso en el partido de hoy? _____
_____

3. ¿Qué le sugiere Pedro a Alfonso en cuanto a su carrera? _____
_____

4. ¿Cómo reacciona Emilia a la sugerencia de Pedro? _____
_____

5. ¿Qué quiere don Julián que haga su hijo? _____
_____

B. ¿Qué conclusiones saca Ud.? *Indique la letra que corresponde a la mejor respuesta.*

1. Según Pedro, la reacción de Emilia al juego de hoy fue una de
   a. disgusto.
   b. horror.
   c. indiferencia.
   d. entusiasmo.

2. ¿Por qué responde Alfonso que «he tenido suerte» cuando Pedro habla de su dominio extraordinario?
   a. porque no oye bien a Pedro
   b. porque es modesto
   c. porque le gusta que le dé alas
   d. porque no le interesa ser futbolista profesional

3. En la opinión de Emilia, la esposa de un futbolista tiene una vida
   a. solitaria y aburrida.
   b. llena de amistades.
   c. independiente y divertida.
   d. muy rica.

4. Pedro piensa que Alfonso debe ser futbolista profesional en vez de médico porque
   a. no debe quedarse con Emilia.
   b. no tiene aptitud para la carrera de medicina.
   c. tiene dotes excepcionales para el fútbol.
   d. no debe seguir los consejos de su padre.

5. Al padre de Alfonso, evidentemente le importa mucho
    a. el gran talento de su hijo como futbolista.
    b. lo que siente el entrenador de su hijo.
    c. el dinero que gana un futbolista profesional.
    d. que su hijo sea médico.

Conclusión

*Después de dividirse en grupos, inventen una conclusión a la **Conversación creadora** «**Una carrera amenazada**», siguiendo las instrucciones de su profesor/a. Consulten el **Vocabulario útil** al final del capítulo para obtener ayuda con el vocabulario de los deportes y el deportismo.*

INSTRUCCIONES

PERSONAJES

Alfonso

Emilia

Julián

Pedro

IDEAS PARA SU CONCLUSIÓN

Enlace gramatical

El uso del subjuntivo en cláusulas adverbiales y el imperfecto de subjuntivo

El uso del subjuntivo en cláusulas adverbiales

1. Una cláusula adverbial se refiere al verbo de la cláusula principal. Contesta las preguntas *¿cómo?, ¿cuándo?, ¿dónde?* o *¿por qué?* Se usa el subjuntivo en una cláusula adverbial después de las siguientes conjunciones cuando hay un cambio de sujeto. Si no hay un cambio de sujeto, se usa la preposición correspondiente (sin la palabra **que** —como por ejemplo **antes de**) con un infinitivo.

a fin de que *so that*	en caso (de) que *in case, in the*
a menos que *unless*	*event that*
antes (de) que *before*	para que *in order that, so that*
a condición de que *provided that*	sin que *without*
con tal (de) que *provided that*	a no ser que *unless*

No voy al torneo **a menos que consiga** entradas para dos.
Te acompaño al gimnasio **con tal de que volvamos** antes de las cinco.
Vamos a ducharnos **antes de ir** al restaurante.

2. Se usa el subjuntivo en una cláusula adverbial después de las siguientes conjunciones si expresan un tiempo futuro indefinido. Si se denota una acción rutinaria o si se refiere a una acción pasada, se usa el indicativo.

cuando *when*	después (de) que *after*
en cuanto *as soon as*	hasta que *until*
tan pronto como *as soon as*	mientras (que) *as long as*

El futbolista va a leer el contrato **tan pronto como** lo **reciba.** *(acción futura)*
El futbolista leyó el contrato **tan pronto como** lo **recibió.** *(acción pasada)*
Normalmente el futbolista lee el contrato **tan pronto como** lo **recibe.** *(acción rutinaria)*

3. Se usa el subjuntivo en una cláusula adverbial después de las siguientes conjunciones si expresan una acción anticipada o hipotética. Si la acción es basada en hechos *(facts)* o en eventos que ya han ocurrido, se usa el indicativo.

aunque *although, even if*	de manera que *so that*
a pesar de que *in spite of the fact that*	de modo que *so that*
por mucho que *no matter how much*	

No pude conseguir entradas al torneo **aunque pasé** por la taquilla *(ticket office)* todos los días. *(hecho)*

No podré conseguir entradas al torneo **aunque pase** por la taquilla todos los días. *(acción anticipada)*

La formación y el uso del imperfecto de subjuntivo

1. Para formar el imperfecto de subjuntivo se quita la terminación **-ron** de la tercera persona del plural del pretérito **(ellos/ellas)** y se añade uno de otros dos grupos de terminaciones. Aunque las terminaciones son intercambiables, las formas terminadas en **-ra** se usan con mayor frecuencia en Latinoamérica y en España. Las formas terminadas en **-se** se usan principalmente en España. Observe que se requiere un acento ortográfico en la vocal que precede las terminaciones de la primera persona plural **(nosotros)**.

-AR jugar		-ER comer		-IR decidir	
jug**ara**	jug**ase**	com**iera**	com**iese**	decid**iera**	decid**iese**
jug**aras**	jug**ases**	com**ieras**	com**ieses**	decid**ieras**	decid**ieses**
jug**ara**	jug**ase**	com**iera**	com**iese**	decid**iera**	decid**iese**
jug**áramos**	jug**ásemos**	com**iéramos**	com**iésemos**	decid**iéramos**	decid**iésemos**
jug**arais**	jug**aseis**	com**ierais**	com**ieseis**	decid**ierais**	decid**ieseis**
jug**aran**	jug**asen**	com**ieran**	com**iesen**	decid**ieran**	decid**iesen**

2. Los verbos que tienen irregularidades en la tercera personal plural del pretérito mantienen el mismo cambio en el imperfecto de subjuntivo. El siguiente cuadro ofrece algunos ejemplos.

Verbo	Pretérito	Imperfecto de subjuntivo
leer	leyeron	yo leyera (leyese)
conducir	condujeron	yo condujera (condujese)
dormir (ue, u)	durmieron	yo durmiera (durmiese)
sentir (ie, i)	sintieron	yo sintiera (sintiese)
pedir (i, i)	pidieron	yo pidiera (pidiese)
dar	dieron	yo diera (diese)
decir	dijeron	yo dijera (dijese)
estar	estuvieron	yo estuviera (estuviese)
haber	hubieron	yo hubiera (hubiese)
hacer	hicieron	yo hiciera (hiciese)
ir / ser	fueron	yo fuera (fuese)
poder	pudieron	yo pudiera (pudiese)
querer	quisieron	yo quisiera (quisiese)
saber	supieron	yo supiera (supiese)
tener	tuvieron	yo tuviera (tuviese)
venir	vinieron	yo viniera (viniese)

3. Se usa el imperfecto de subjuntivo bajo las mismas circunstancias que el presente de subjuntivo. El tiempo verbal de la cláusula principal determina el tiempo que se usa en la cláusula subordinada. El siguiente cuadro muestra la concordancia de los tiempos del subjuntivo.

Cláusula principal (indicativo)	Cláusula subordinada (subjuntivo)
Presente Futuro Presente perfecto Imperativo	Presente de subjuntivo Presente perfecto de subjuntivo
Pretérito Imperfecto Condicional Pluscuamperfecto Condicional perfecto	Imperfecto de subjuntivo Pluscuamperfecto de subjuntivo

Emilia **insiste** en que Alfonso **elija** entre el fútbol y ella.
Emilia **insistió** en que Alfonso **eligiera** entre el fútbol y ella.

Es mejor que **se reúnan** después en el restaurante.
Sería mejor que **se reunieran** después en el restaurante.

Práctica

A. El noticiero deportivo. *La presentadora informa sobre acontecimientos de la actualidad deportiva. Complete sus comentarios con el indicativo o el subjuntivo, según convenga.*

1. La temporada del baloncesto empezará el viernes con tal de que los jugadores no (hacer) _____ huelga *(strike)*.

2. Hoy en el torneo, los espectadores empezaron a gritar tan pronto como la famosa tenista (levantar) _____ su raqueta.

3. El entrenador tuvo que hablar con el equipo durante varios minutos antes de que ellos (volver) _____ a la cancha.

4. Por mucho que los organizadores lo (promocionar) _____, la competencia de squash no pudo atraer a un público enorme.

5. El entrenador del Barça (el Fútbol Club Barcelona) describió su equipo como «muy peligroso» y dijo que por eso (ganar) _____ el partido de ayer.

6. A pesar de la intervención del nuevo delantero centro en el partido de ayer, su equipo no (dominar) _____ el partido.

7. Aquel grupo de aficionados tendrá que cancelar su viaje a la Copa Mundial a menos que ellos (conseguir) _____ más apoyo financiero.

8. El técnico del Real Madrid dijo que con tal de que todos (jugar) _____ como lo hicieron hoy, la Copa del Rey será suya.

9. Durante la última etapa de la Vuelta a España, el ciclista colombiano pensaba que iba a ganar a menos que (sufrir) _____ un accidente.

10. Tras su reciente maternidad, la campeona olímpica en windsurf afirmó que quiere volver a la alta competición tan pronto como (poder) _____.

B. En el vestuario de los tricolores. *Antes del partido el entrenador del equipo uruguayo Nacional anima a los jugadores a que ganen el partido. Complete sus comentarios con el indicativo o el subjuntivo, según convenga.*

«—Se lo repito a todos: hay que tomar cualquier oportunidad para disparar (*to shoot*) a menos que Uds. no (1. poder) _____ alcanzar el arco (*goal area*). Tienen que defender el arco para que ellos no (2. marcar) _____ ni un solo gol. Normalmente cuando Uds. (3. pasar) _____ la pelota a media distancia, no se les escapa. Por mucho que el otro equipo (4. intentar) _____ quitársela, necesitan controlar la pelota.

Como bien saben, hay que derrotar al otro equipo hoy para que nosotros (5. avanzar) _____ a las semifinales. Necesitan ser más agresivos a fin de que ese equipo (6. perder) _____ confianza. Tienen que aprovechar cualquier error suyo, pues así (7. vencer) _____ nosotros. Y claro que no podemos ganar a menos que Uds. (8. evitar) _____ cometer faltas (*offenses*).

A pesar del poco tiempo de descanso que Uds. (9. tener) _____ ayer, sé que están listos para ganar. Acuérdense de que todo vale hasta que el pitido (*whistle*) del árbitro (10. señalar) _____ el final del partido».

Escenas

*En parejas (o en un grupo de tres), hablen en español para solucionar y luego describir cada conflicto. El **Vocabulario útil** al final del capítulo les ayudará con estas escenas.*

1. **A** It is Saturday morning. You are a student on a study-abroad program who has just been invited to an amateur soccer match by a new friend. You are hesitant to go, since you know very little about the sport. Try to persuade your friend to play tennis with you instead, at the tennis club to which your host family belongs.

   B You know that your new friend likes sports, so you invite him or her to a soccer match in which some of your friends are playing. Try to convince him or her that it will be exciting and that you will teach him or her about the sport. Besides tennis, it is the only sport you play well.

2. **A** You have just won a national rowing championship (**un campeonato de remo nacional**), and you want to train full-time to try to qualify for the Olympics. You must convince your parent that this is a chance of a lifetime and that it is worth it to take a year off from college.

   B You are a parent with high hopes for your child to enter a profession. Try to persuade him or her to forget the Olympics. Explain that being a sports champion is only a temporary thing, that he or she may never finish college after taking time off, and that he or she will not be able to earn a living through rowing. Mention that you will not be able to contribute your financial support for more than four years.

3. **A** Your cousin has given you two tickets to a baseball game tonight. The seats are inexpensive, but you are eager to attend the game to support your favorite team. Try to persuade your best friend to come with you to the game, telling him or her how exciting it will be. Mention that your cousin will drive you there.

   B You and your friend have a project due in just two days, and you were planning to work on it while listening to the game on the radio. Try to convince your friend that you can't afford to lose the whole evening driving to the stadium, watching the game, and driving home. If you can, persuade him or her to come to your house and listen to the game on the radio while you work.

4. **A** Your son or daughter's coach has taken you aside to tell you that he or she has sufficient talent to win a basketball scholarship. Try to convince your child to continue playing basketball, even though the training is time-consuming. Point out that scholarship money could enable him or her to attend a better university and that after college he or she does not have to be a professional player.

B Your parent, who was an amateur basketball star, is encouraging you to play the game competitively in high school. Your coach tells you that you are very talented. However, although you enjoy the game, you do not want to put in the time required to train competitively. You would prefer to use your time for something else, such as studying, which will help you get good grades and attend a good university. Try to persuade your parent to accept the idea that you want to quit the basketball team.

C You are a basketball coach who wants to have the best players. You would also like to see this player make the best use of his or her talent. Try to keep him or her on the team.

Más actividades creadoras

El **Vocabulario útil** al final del capítulo le ayudará con estas actividades.

A. Dibujos. Invente una narración, tomando los siguientes dibujos como punto de partida. Su cuento debe explicar quiénes son estos personajes, qué ha ocurrido, qué está ocurriendo ahora y qué va a pasar en el futuro.

Nuestro Héroe

© Cengage Learning

B. Uso de mapas y documentos. *Lea este artículo de un periódico digital español para contestar las siguientes preguntas.*

Teresa Perales: "Piensa, sueña y atrévete[1]"

La deportista española más laureada, con 22 medallas paralímpicas, pidió en Oviedo "superar[2] límites" y romper con la idea de drama asociada a la discapacidad[3]

Sergio Pérez/Reuters/Corbis

Oviedo. Teresa Perales puso un vídeo. El de la final de los 100 metros libres en los Juegos Paralímpicos de Atenas. Nadaba a su izquierda una ucraniana, que salió como una bala;[4] a su derecha, una francesa, también siempre por delante. La nadadora[5] española cedía terreno y a 25 metros de la meta muchos habrían firmado la medalla de bronce.

Ganó el oro. Por centésimas.[6] Ayer, la deportista con mayor número de medallas en los Juegos Paralímpicos (veintidós) a lo largo de toda su historia recordaba en Oviedo aquellos momentos: "Esta es mi calle, me dije. Y en mi calle compito. Tengo que llegar primera, soy yo y tengo que tirar para adelante. Nadar y no distraerme, apretar los dientes y ganar".

En esa frase se esconde todo un personaje que ayer dio una conferencia motivadora y llena de optimismo inteligente, en el hotel de la Reconquista.

"¿Cuántos de vosotros pensasteis que perdía?", preguntó al auditorio en referencia al vídeo. Unos cuantos, claro. "El secreto es que no te puedes rendir.[7] Desde fuera nos llegan muchas piedras, en el camino hay mucho bache,[8] pero el compromiso verdadero siempre es contigo mismo".

Zaragozana, Teresa Perales está en silla de ruedas desde los 19 a causa de una neuropatía. Su historia personal de superación tiene algo de épico. Cuando se metió por primera en una piscina, tras la enfermedad, lo hizo con chaleco salvavidas.[9] No sabía nadar. Al segundo día se quitó el chaleco y alguien se dio cuenta a pie de piscina de que allí había algo y muy gordo. "Recuerdo que me dijo: 'Teresa, tú eres un diamante en bruto[10] que hay que pulir'".[11]

El resultado, tras los pulidos correspondientes, son veintidós medallas paralímpicas—seis de oro—, otras veintidós en Campeonatos de Europa, once en los Mundiales y cinco récords del mundo.

"Todos somos diamantes en bruto. ¿Os preguntasteis alguna vez las capacidades que hay dentro de vosotros?", aunque no sirvan para ganar medallas olímpicas, reflexionó esta mujer menuda, de sonrisa eterna, tenaz hasta la extenuación.[12]

Otra cosa es el éxito. "Nadie te lo garantiza, pero merece la pena intentarlo".

La fórmula podría ser: "Piensa, sueña, cree en ello y atrévete. Es maravilloso soñar, hay que permitirse el lujo de hacerlo. Y a veces la realidad supera todos tus sueños", aseguró Teresa Perales.

---

[1]*dare* [2]*overcome* [3]*disability* [4]*bullet* [5]*swimmer* [6]*hundredths [of a meter]* [7]*surrender* [8]**mucho...** *many potholes* [9]**chaleco...** *lifejacket* [10]**en...** *in the rough* [11]*polish* [12]*exhaustion*

Fuente: **La Nueva España,** http://www.lne.es/sociedad-cultura. Reimpreso con permiso.

1. ¿Quién es Teresa Perales, y por qué pudo dar una conferencia motivadora?

2. Para esta nadadora, ¿cuál es el secreto de ganar?

3. ¿Cuándo y cómo empezó su carrera como nadadora?

4. ¿Por qué dice Teresa Perales que «todos somos diamantes en bruto»?

5. ¿Qué piensa Ud. de la filosofía de esta campeona («Piensa, sueña, cree en ello y atrévete»)? ¿Cómo se compara con las filosofías de otros campeones en el mundo del deporte?

C. Cortometraje. *Mire el cortometraje «**Lo importante**» (en **www.cengage.com/ spanish/conversaciones4e**). Luego, conteste las preguntas en la forma indicada por su profesor/a. En este corto Lucas, un joven de doce años, es el portero suplente* (back-up goalie) *de su equipo de fútbol, y su mayor ambición es jugar en un partido.*

Manuel Calvo/Encanta Films

1. ¿Por qué le dice el entrenador a Lucas que hay muchas formas de participar, como por ejemplo animar *(cheer)* a los compañeros o recoger balones?

2. ¿Qué hace Lucas para obtener la posición de portero que tanto quiere?

3. ¿Cómo es el entrenador de este equipo de la liga de alevines *(novices)* del primer curso de la ESO (Educación Secundaria Obligatoria)? En su opinión, ¿es un buen entrenador de deportes para niños o niñas? Explique por qué sí o por qué no.

4. ¿Cree Ud. que la decisión de Lucas de no participar en la final causará algún cambio en el comportamiento *(behavior)* del entrenador? Explique su opinión.

5. Comente el título de este corto. Para Ud., ¿qué es lo importante de participar en deportes?

D. A escuchar. *Escuche la entrevista en la que una persona contesta algunas preguntas sobre los deportes (en **www.cengage.com/spanish/ conversaciones4e**). (Para ver las preguntas, refiérase al Ejercicio E, número 1.) Luego, conteste las siguientes preguntas en la forma indicada por su profesor/a.*

1. ¿Cómo se llama la persona entrevistada, y de dónde es?

2. Para él, ¿qué importancia tienen los deportes?

3. ¿Desde cuándo y con quiénes jugaba al béisbol?

4. ¿Qué le gusta hacer ahora que no tiene tanto tiempo para jugar?

5. ¿Los deportes tienen la misma importancia para Ud. como para este dominicano?

E. Respuestas individuales. *Piense en las siguientes preguntas para contestarlas en la forma indicada por su profesor/a.*

1. Para Ud., ¿qué importancia tienen los deportes? ¿Forman parte de su vida de alguna manera, o no? Por ejemplo, ¿practica algún deporte o hace ejercicio?

2. ¿Qué piensa Ud. de la vida de un/a atleta profesional? Si tuviera las dotes requeridas (o si es cierto que las tiene), ¿consideraría Ud. un contrato profesional para algún deporte? ¿Por qué sí o por qué no?

F. Contestaciones en parejas. *Formen parejas para completar las siguientes actividades.*

1. Discutan dos competencias que están ocurriendo en este momento en el mundo deportivo, ya sean profesionales o de aficionados. ¿A quiénes apoya *(support)* cada uno de Uds. en cada instancia? En su opinión, ¿quién será el/la ganador/a de cada competencia?

2. Debatan el siguiente asunto, con una persona a favor de la idea y la otra en contra: Los deportes contribuyen mucho/poco a esta universidad, este colegio o esta escuela. Preparen una lista de cinco razones en pro y cinco en contra. Luego, comparen su lista con las de otras parejas.

G. Proyectos para grupos. *Formen grupos de cuatro o cinco personas para completar estos proyectos.*

1. Elaboren una guía ilustrada para explicar el fútbol americano a extranjeros de habla hispana y preséntenla a la clase como informe oral. Si quieren, pueden usar fotos, dibujos o gráficos por computadora en su presentación.

2. Asuman los papeles de anunciadores de deportes en la televisión. Usando fotos, dibujos o gráficos por computadora para ilustrar su comentario, presenten a la clase las noticias deportivas de la semana.

H. Discusiones generales. *La clase entera participará en estas actividades.*

1. Lleven a cabo una encuesta de los deportes favoritos de los miembros de la clase y clasifíquenlos en dos categorías: participantes en el deporte y aficionados al deporte. Luego, determinen cuáles son las estrellas del mundo deportivo más admiradas y cuáles son los equipos favoritos de esta clase. Cada estudiante debe explicar sus preferencias.

2. ¿Cuántos/as atletas famosos/as latinos/as de la época moderna pueden nombrar? Hagan una lista de los/las atletas y sus deportes. ¿Hay algún deporte que predomina en su lista?

Vocabulario útil

LOS DEPORTES

Sustantivos

el andinismo, el montañismo *mountain climbing*

el aerobismo, los aerobics (Mex.), el aeróbic (Sp.) *aerobics*

el baloncesto, el básquetbol (H.A.) *basketball*

el boxeo *boxing*

el canotaje *boating; canoeing*

la carrera *race*

el ciclismo *bicycling*

los deportes de riesgo *extreme sports*

la equitación *horseback riding*

el esquí *skiing*

el esquí acuático *water skiing*

el excursionismo, el senderismo *hiking*

la gimnasia *gymnastics*

la gimnasia de mantenimiento (H.A.) *fitness workout*

el golf *golf*

el hockey *hockey*

el hockey sobre hielo *ice hockey*

el jogging *jogging, running*

el levantamiento de pesas *weightlifting*

la lucha libre *wrestling*

la natación *swimming*

la navegación a vela *sailing*

el patinaje *skating*

el patinaje sobre hielo *ice skating*

el patinaje sobre ruedas *roller skating*

la pesca deportiva *sports fishing*

el piragüismo *canoeing*

el remo *rowing*

el rugby *rugby*

el squash *squash*

el surf, el surfing *surfing*

el tenis *tennis*

el windsurf *windsurfing*

Verbos

esquiar *to ski*

hacer ejercicio *to exercise, to work out*

levantar pesas *to lift weights*

montar a caballo *to ride a horse*

patinar en línea *to rollerblade*

patinar en/sobre hielo *to ice skate*

patinar sobre ruedas *to roller skate*

pescar *to fish*

EL DEPORTISMO

Sustantivos

el alevín *novice, beginner*
el/la árbitro/a *referee; umpire*
el arco (H.A.), la portería *goal area (goalposts and net)*
la asistencia *attendance*
el atletismo *athletics; track and field*
el campeonato *championship*
el campo de golf *golf course*
la cancha *court* (sports)
el club campestre *country club*
el club de tenis *tennis club*
el club náutico *yacht club*
la competición *contest, competition*
el cuarto de final *quarterfinal*
la derrota *defeat*
la destreza *skill*
el/la director/a técnico, el/la técnico/a (H.A.) *team manager; coach*
la discapacidad *disability*
el empate *tie*
el/la espectador/a *spectator*
el estadio *stadium*
el éxito *success*
la falta *offense, infraction*
la final *final match*
el gimnasio *gym*
la gira *tour*
el gol *goal*
el juego *game*
los Juegos Olímpicos, las Olimpiadas *Olympic Games*
los Juegos Paralímpicos *Paralympic Games* (for athletes with disabilities)
la jugada *play; move*
la liga *league*
la línea de banda *sideline*
el/la maratón *marathon*
el marcador, el tanteador *scoreboard*
el monopatín, la patineta *skateboard*
el/la nadador/a *swimmer*

la patada *kick*
la pelea de boxeo *boxing match*
la pelota, el balón (Sp.) *ball*
el penalti *penalty*
la persona encargada del marcador/ tanteador *scorekeeper*
la pista *track; court (Sp.)*
la pista de esquí *ski slope*
la pista de patinaje *skating rink*
el primer/segundo tiempo *first/second half*
la raqueta *racquet*
la red *net*
el/la rival *rival*
la ronda *round*
la tabla de surf/surfing *surfboard*
la tabla a vela/de windsurf *windsurfer*
el torneo *tournament*

Verbos

alentar (ie) *to encourage*
animar *to cheer on*
anotar los tantos *to keep score (to record the points)*
atreverse *to dare, to take a risk*
clasificarse *to qualify*
cometer una infracción *to break a rule*
despachar *to dispatch, to finish off*
doblegar *to crush*
empatar *to tie*
fichar *to sign up*
lastimar(se) *to injure (oneself), to hurt (oneself)*
llevar la cuenta *to keep track of the score*
patrocinar *to sponsor*
rendirse (i) *to surrender, to give up*
vencer *to defeat, to vanquish*
vengarse *to avenge*

Expresiones

comérselos a todos *to beat (completely surpass) everyone*
ganarse la vida *to earn a living*

Vocabulario individual

_____   _____

_____   _____

_____   _____

_____   _____

_____   _____

LAS ONCE POSICIONES DEL FÚTBOL[4]

el/la defensa central (4)   *center defender/ fullback*

el/la defensa derecha (2)   *right defender/ fullback*

el/la defensa izquierda (3)   *left defender/ fullback*

el/la delantero/a centro (9)   *center forward*

el/la extremo/a derecha (7)   *far-right forward*

el/la extremo/a izquierda (11)   *far-left forward*

el/la interior derecha (8)   *right inside forward*

el/la interior izquierda (10)   *left inside forward*

el/la medio/a derecha (5)   *right midfielder/ halfback*

el/la medio/a izquierda (6)   *left midfielder/ halfback*

el/la portero/a, el/la arquero/a (H.A.) (1)   *goalie (goalkeeper)*

Vocabulario individual

_____   _____

_____   _____

_____   _____

_____   _____

_____   _____

_____

[4]La formación varía de acuerdo con las estrategias del entrenador.

EL BÉISBOL

Sustantivos

la (primera, segunda, tercera) base   *(first, second, third) base*

el batazo, el jit   *hit*

el/la bateador/a   *batter*

la carrera   *run*

el cuadrangular, el jonrón   *homerun*

el/la guardabosque, el/la jardinero/a   *outfielder*

el/la lanzador/a   *pitcher*

la liga mayor   *major league*

la liga menor   *minor league*

el/la paracortos, el/la parador/a en corto (Mex.)   *shortstop*

el partido de estrellas   *All-Star game*

el/la pelotero/a   *ballplayer*

el promedio de bateo   *batting average*

el/la receptor/a   *catcher*

el/la relevista   *relief pitcher*

el Salón de la Fama   *Hall of Fame*

la Serie Mundial   *World Series*

Verbos

batear   *to bat*

ingresar   *to enter, to be inducted*

lanzar   *to pitch*

Expresiones

¡Bola!   *Ball!*

casa llena   *bases loaded*

volarse (ue) la cerca   *to go out of the park (over the fence)*

conceder pasaporte   *to (allow a) walk*

Vocabulario individual

_____   _____

_____   _____

_____   _____

_____   _____

_____   _____

Unidad 4 La cultura, los empleos y la vivienda

CAPÍTULO 10 Los eventos culturales y la vida social

© Gustavo Miguel Fernandes/Shutterstock.com

OBJETIVOS: Aprender a...

- ◆ obtener, interpretar y presentar información relacionada con los eventos culturales.
- ◆ discutir varias posibilidades para el entretenimiento.
- ◆ participar con amigos en la vida social.

NOTAS CULTURALES
Hispanoamérica

Un desfile (parade) *de carnaval en Barranquilla, Colombia*

La vida social

En Hispanoamérica hay diversiones para todas las edades y todos los gustos, pero un común denominador entre todos estos países es que una gran parte de la vida social gira alrededor de la familia. Esto significa que toda la familia participa en algunas de las actividades del fin de semana: ya sea un paseo, una parrillada,° una tarde en el club deportivo o una fiesta de cumpleaños; *barbecue* niños, jóvenes, adultos y ancianos se divierten juntos. Además de salir a comer o a cenar fuera, algunos de los paseos urbanos más tradicionales son al zoológico y a los parques de diversiones,° así como visitas a museos y ***parques...*** *amusement parks* mercados artesanales. También es muy común en las ciudades que la gente vaya al cine o a los centros comerciales para distraerse.

Las fiestas de cumpleaños infantiles con frecuencia son todo un acontecimiento social, sobre todo entre las familias más acomodadas. Rentan salones especiales que decoran con un tema infantil especial y contratan payasos° o magos° para divertir a los niños y hasta servicio de *clowns / magicians* banquetes (también llamado «catering»). Se organizan juegos y concursos infantiles y, en muchos países, no pueden faltar las famosas piñatas llenas de dulces y juguetes. A estas fiestas, además de los niños, acuden° también *go* adultos cuando son parientes cercanos como abuelos, tíos y primos.

Cuando se hacen fiestas o reuniones en casa, estas casi siempre empiezan después de las 8:00 de la noche. Al hacer la invitación, los anfitriones° *hosts* nunca dicen a qué hora se va a terminar la fiesta. En casi toda celebración o fiesta latina, por simple que sea, además de bebidas y comida —ya se trate de una cena o de simples botanas,° pasabocas° o entremeses— debe haber música (o sea en vivo o grabada) y generalmente se baila. Muchas veces, los mismos anfitriones o invitados tocan° la guitarra o el piano y todos los acompañan cantando.

snacks / hors d'oeuvres

play

A los jóvenes generalmente les gusta ir al cine o a algún bar o discoteca con sus amigos los viernes o sábados por la noche, y se desvelan° hasta la madrugada.° También son sumamente populares los conciertos de rock y de música pop en auditorios y estadios, tanto de cantantes y conjuntos musicales nacionales como internacionales.

stay up
early morning

Los eventos culturales

Por otro lado, existe una larga tradición teatral hispanoamericana, desde las comedias clásicas del siglo XVII de la mexicana Sor Juana Inés de la Cruz hasta los dramas del siglo XX de autores como Rodolfo Usigli, Florencio Sánchez y René Marqués.[1] Además, en todas las ciudades cosmopolitas, existen compañías de teatro que presentan adaptaciones al español de muchas de las obras más importantes de Broadway. Entre sus aficionados, son muy populares los conciertos de música clásica, la ópera, el ballet y el teatro clásico, por lo cual hay gran demanda de abonos° o boletos de temporada° de los teatros más destacados. Teatros de ópera de fama mundial° son el Teatro de Bellas Artes en el D. F., en México, y el Teatro Colón en Buenos Aires, el cual se considera uno de los mejores del mundo por su gran acústica. También son populares los festivales del baile, de la canción y de la música.

*subscriptions / **boletos...**
season tickets / **de
fama...** world famous*

La afición a las corridas de toros° es otra diversión tradicional que es popular en algunos países. En Perú, Colombia, Venezuela y sobre todo México, estas «fiestas taurinas°» atraen a muchos espectadores, tanto nacionales como extranjeros, si bien, han perdido popularidad en las últimas décadas debido al sentimiento antitaurino.°

***corridas...** bullfights*

bullfighting events

anti-bullfighting

Las fiestas tienen una importancia destacada en el mundo hispano y suelen ser de tres tipos: folklóricas, nacionales o religiosas, aunque en algunas de ellas el aspecto folklórico y el religioso se confunden en una misma celebración. Desde las ciudades más cosmopolitas hasta los pueblos más remotos, cada lugar festeja° el día de su santo patronal anualmente. Por ejemplo, en las regiones andinas, estas fiestas son notables y atraen a una multitud de gente de lugares lejanos. Los componentes importantes de dichas festividades son las comparsas° compuestas de hombres, mujeres y niños trajeados° de coloridas vestimentas;° la música, y por supuesto los platillos típicos de los cuales todos disfrutan° únicamente en tan especial ocasión. Un gran ejemplo de una festividad en la que se mezclan la tradición religiosa y la pagana es la celebración del Día de los Muertos en México y en algunos países centroamericanos.

celebrates

*groups of people in the
street / dressed / clothing*
enjoy

---

[1]El mexicano Rodolfo Usigli, el uruguayo Florencio Sánchez y el puertorriqueño René Marqués son solo algunos representantes de la riqueza teatral moderna.

España

Una función (show) *de flamenco en un festival en Las Palmas de Gran Canaria, islas Canarias*

La vida social

En España la gente se entretiene de muchas maneras. Los jóvenes salen generalmente en grupos a partir de las nueve o diez de la noche a tomar tapas en diversos bares. En las ciudades grandes suele haber una o más calles donde se encuentra un gran número de bares. Estos establecimientos no son muy grandes, así que después de comprar una caña,° la gente sale a la calle para charlar. Más tarde, muchos jóvenes pasan a las discotecas, que son también populares, y allí se divierten hasta la madrugada.

small glass of beer

En la primera década del siglo XXI surgió un fenómeno llamado el «botellón» en el que jóvenes, algunos de ellos menores de edad,[2] se reunían en parques u otros espacios públicos por la noche para charlar y beber alcohol. Esta costumbre causó gran preocupación entre las familias y gobiernos locales, resultando en leyes «antibotellón» que prohíben esta práctica o la limitan a zonas determinadas.

Los eventos culturales

Aunque se aprecia la música tradicional española, en los clubes nocturnos se escucha sobre todo música rock, pop, electrónica y salsa, y hay festivales de jazz y blues por toda España. Para los que son aficionados a la ópera, el Teatro Real en Madrid es un sitio elegante con muy buena acústica. Otra diversión

---

[2]En España los que tienen menos de dieciocho años se consideran menores de edad.

popular es el cine, aunque ha decaído en los últimos años. Los parques de atracciones son también populares entre las familias con niños pequeños.

Hay gran tradición de teatro en España. Los mejores locales están en Madrid y Barcelona, pero muchas compañías teatrales hacen giras° por otras provincias. Se pueden ver tanto obras clásicas de Lope y Calderón[3] como dramas modernos de Lorca y Buero Vallejo[4] y autores de vanguardia. Además representan adaptaciones de obras de autores extranjeros. Algunas piezas teatrales se presentan en el verano al aire libre. También en verano tienen lugar la mayoría de los festivales de música, danza y teatro. En cuanto al teatro musical, tiene mucha aceptación,° especialmente cuando incorpora toques de flamenco.[5] Para obtener información sobre toda clase de diversiones, es útil consultar *La guía del ocio,°* una pequeña revista semanal en Madrid y Barcelona, que también cuenta con una versión en la red para estas y otras ciudades.

tours

tiene… it is very popular

leisure

Las corridas de toros todavía son una gran atracción para un 30 por ciento de los españoles, según un reciente sondeo.° El país se divide en dos corrientes muy polémicas: los taurinos° y los antitaurinos. Para los aficionados, las corridas son ceremonias en las que se enfrenta el ser humano, desplegando° su valentía y maestría artística, contra la bestia. Para sus detractores, la corrida de toros no es un arte sino un acto brutal, y su lema° es «la tortura no es cultura». No obstante, siguen siendo populares los «sanfermines», que se celebran en la ciudad de Pamplona durante una semana alrededor del 7 de julio, día de San Fermín. Durante la fiesta de San Fermín, cada mañana se sueltan los toros de su corral y estos corren por las calles detrás de los participantes hasta llegar a la plaza de toros.°

poll
pro-bullfighting

displaying

slogan

plaza… bullring

La fiesta de San Fermín es solo una de las muchas celebraciones en el calendario español. Al igual que en Hispanoamérica, cada ciudad y pueblo festeja el día de su santo patrón. Por ejemplo, se celebran las Fallas durante una semana en Valencia. Estas festividades culminan con más de 300 hogueras° el 19 de marzo, día de San José, cuando se queman efigies° de figuras criticables.° Otras celebraciones tradicionales que atraen a muchos españoles y extranjeros son las procesiones de Semana Santa y la Feria de abril en Sevilla.

bonfires
effigies, images
deserving of criticism

Comprensión y comparación

Conteste las siguientes preguntas en la forma indicada por su profesor/a.

Hispanoamérica

1. ¿Qué aspecto de la vida social es común entre todos los hispanoamericanos?
2. ¿Cuáles son algunos paseos urbanos tradicionales para las familias durante el fin de semana? ¿Da paseos su familia durante el fin de semana? Explique su respuesta.

[3]Félix Lope de Vega y Carpio y Pedro Calderón de la Barca son los dramaturgos *(playwrights)* españoles más notables del siglo XVII.
[4]Federico García Lorca y Antonio Buero Vallejo son dos dramaturgos importantes del siglo XX.
[5]Con raíces en las tradiciones gitanas *(gypsy)*, este tipo de baile y su música se originaron en Andalucía en el siglo XV. El baile flamenco tiene un estilo rítmico y enérgico.

3. ¿Cómo son las fiestas lujosas de cumpleaños infantiles? ¿Cómo se comparan estas fiestas con las fiestas de cumpleaños infantiles donde Ud. vive?
4. ¿Cómo se divierten los jóvenes los fines de semana? ¿Se divierte Ud. de la misma manera los viernes o sábados por la noche, o hace otras cosas?
5. ¿Cómo son las fiestas que se hacen en casa? ¿Cómo se comparan estas fiestas con las de su familia o de sus amigos?
6. ¿Qué importancia tienen las fiestas en el mundo hispano, cuáles son los tres tipos de fiesta que se celebran y cómo se combinan dos de ellas?

España

7. Generalmente, ¿cómo se divierten los jóvenes en España cuando salen por la noche?
8. ¿Qué tipos de música son populares ahora en los clubes nocturnos y en los festivales?
9. ¿Qué tipos de obras de teatro (*plays*) se pueden ver en España hoy?
10. ¿Dónde, cuándo y cómo se celebra la fiesta de San Fermín?

🌐 Conexión Internet

*Investigue los siguientes temas en la red, consultando las sugerencias seleccionadas (en **www.cengage.com/spanish/conversaciones4e**) y apuntando las direcciones que utilice. En algunos sitios será necesario hacer clic en «español».*

1. **Las estrellas (*stars*) hispanas.** Investigue los sitios web, páginas en Facebook y cuentas de Twitter de algunas estrellas hispanas del mundo del entretenimiento. Luego, seleccione y siga a una estrella que le parezca notable, y explique por qué escogió a esta persona. ¿Qué tipo de artista es, y cuáles son algunas de sus obras más conocidas? ¿Qué está haciendo ahora, y qué tiene planeado? ¿Cómo es la vida personal de esta estrella? Si pudiera charlar con esta estrella, ¿qué preguntas le gustaría hacer, y por qué?

2. **La música hispana.** Investigue la música hispana en la red. Luego, señale a un/a cantante o a un grupo que le parezca sumamente interesante, y explique por qué es destacado. ¿Cómo es su música? ¿A qué género pertenece? ¿Cuáles son algunos ejemplos de esta música? ¿Cómo se compara este cantante o grupo con algunos cantantes o grupos en el país donde Ud. vive?

3. **El cine.** Investigue los estrenos (*premieres*) de películas en algunos países hispanos este mes, y señale dos películas que le parezcan muy interesantes. Luego, explique por qué las escogió. ¿De qué tratan estas películas, quiénes las dirigieron, quiénes son sus estrellas y dónde se pueden ver?

4. **Las diversiones.** Investigue algunas de las muchas atracciones en el mundo hispano, como los parques de diversiones, los teatros, los museos y las discotecas. Si Ud. estuviera en Hispanoamérica, ¿adónde iría para divertirse? Señale por lo menos dos actividades para este fin de semana, y explique por qué las escogió.

🔊 🌐 Vocabulario básico

Escuche y repita estas palabras y expresiones y practíquelas usando los recursos en Internet (en www.cengage.com/spanish/conversaciones4e).

EL ENTRETENIMIENTO

Sustantivos

el actor/la actriz   *actor/actress*
el asiento, la butaca (Sp.)   *seat (in a theater or concert hall)*
el bailarín/la bailarina   *dancer*
el/la cantante   *singer*
el conjunto musical, el grupo, la banda (H.A.)   *musical group, small band*
la entrada   *admission, (admission) ticket; entrance*
el escenario   *stage; setting*
el espectáculo, la función, el show (H.A.)   *(staged) production, performance, entertainment, variety show*
la estrella (de cine/de televisión)   *(movie/TV) star*
la obra de teatro   *play*
la pantalla   *screen*
el papel, el rol (H.A.)   *role*
el pasatiempo   *pastime, amusement*
la taquilla   *box office, ticket window; ticket sales*

Verbos

aburrirse   *to become bored, to be bored*
actuar; interpretar/hacer/representar (un papel)   *to act; to perform (a role)*
decepcionar   *to disappoint*
disfrutar de, gozar de (algo)   *to enjoy (something)*
experimentar   *to experience, to feel*
estrenar   *to show for the first time, to premiere*
tocar   *to play (an instrument)*

Expresiones

al cabo de un rato   *after a while*
no servir (i) de nada/para nada   *to be useless*
¿Qué te (le, les) parece?   *What do you think?*
se está haciendo tarde   *it's getting late*

Práctica del Vocabulario básico

A. Dibujos. *Escoja la palabra o frase que corresponde a cada dibujo y escriba la letra.*

a. la pantalla
b. el cantante
c. la butaca
d. el escenario

e. la estrella de cine
f. aburrirse
g. la entrada

h. la bailarina
i. el conjunto musical
j. tocar

1. _____

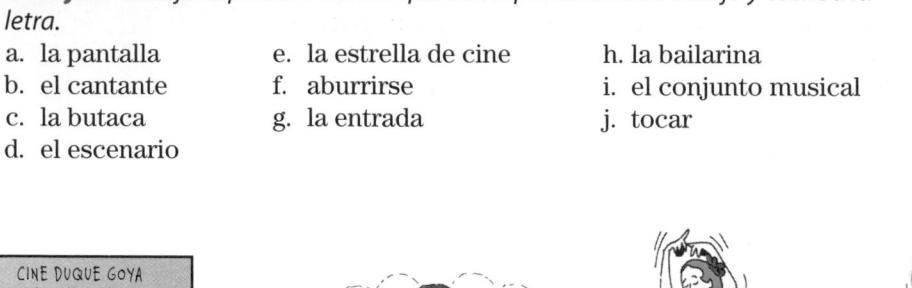

2. _____

3. _____

4. _____

5. _____

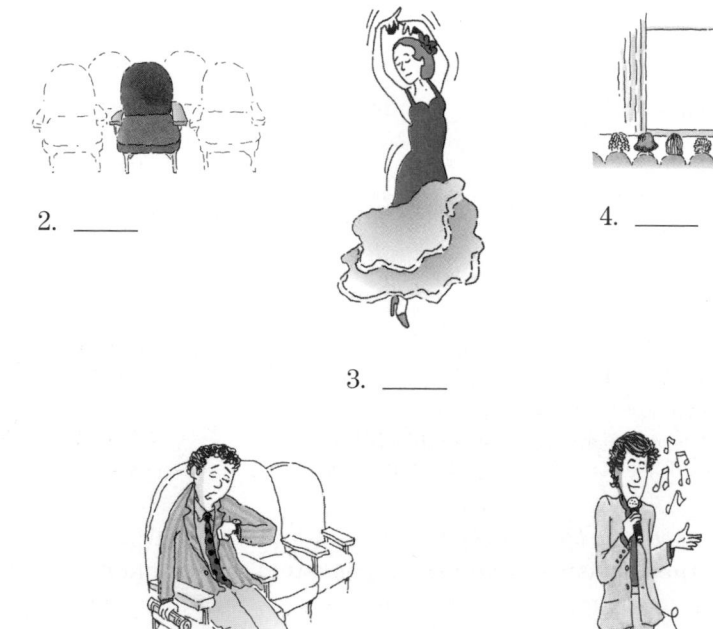

6. _____

7. _____

8. _____

9. _____

10. _____

B. Definiciones. *Empareje las columnas.*

_____ 1. decepcionar
_____ 2. el bailarín
_____ 3. al cabo de un rato
_____ 4. el pasatiempo
_____ 5. experimentar
_____ 6. la banda
_____ 7. no servir para nada
_____ 8. la taquilla
_____ 9. se está haciendo tarde
_____ 10. estrenar
_____ 11. el asiento
_____ 12. ¿Qué te parece?
_____ 13. el escenario
_____ 14. la función
_____ 15. actuar

a. la silla en un teatro
b. ¿Te gusta la idea?
c. la parte del teatro en que se representa una obra dramática o un espectáculo
d. inaugurar por primera vez
e. el hombre que ejerce el arte de bailar
f. el espectáculo teatral
g. desilusionar
h. representar un papel en una obra dramática
i. el entretenimiento o el recreo
j. después de un breve período de tiempo
k. el lugar donde se venden entradas
l. sentir
m. un grupo de músicos
n. ser inútil
ñ. el tiempo está pasando rápido

C. Sustituciones. *Reemplace cada palabra o frase entre paréntesis con una palabra de la siguiente lista, haciendo los cambios necesarios.*

la actriz	interpretar un papel	el pasatiempo
al cabo de un rato	no servir de nada	¿Qué te parece?
decepcionar	la obra de teatro	se está haciendo tarde
disfrutar de	la pantalla	la taquilla
la entrada	el papel	tocar

1. Penélope Cruz es una excelente (mujer que interpreta papeles en el teatro o cine) _____ que hace papeles en inglés y en español.

2. La estrella de cine dijo que en su opinión las clases de actuación *(acting)* en la mayoría de los casos (no ser útiles) _____.

3. El actor y la actriz llegan temprano a la fiesta, pero (después de un tiempo corto) _____ se van.

4. Antonio Banderas, además de ser famoso, sabe (hacer su trabajo de actor) _____ muy bien.

5. El director y los actores (gozar de) _____ la fiesta que concluye el festival de cine.

6. Para los productores de una obra de teatro, que han invertido *(invested)* mucho dinero, lo que más les importa es (la venta de billetes) _____.

7. Mirando el periódico, la actriz ve que en el Cine Rivera dan una película del director argentino Héctor Babenco. Ella quiere verla, y le pregunta a su amigo (¿Qué piensas?) « _____ ».

8. Para algunos, ir al cine es su (algo que se hace en el tiempo libre) _____ favorito.

9. Los cinco amigos fueron juntos al concierto y cada uno pagó su (boleto para entrar) _____.

10. El actor no quiso (desencantar) _____ al director; le confesó que no podía representar aquel papel en su nueva película.

11. Los niños, a causa de su baja estatura, tienen más dificultad que los adultos para ver (el lugar donde se proyecta una película) _____.

12. Aquellos actores no quieren quedarse fuera del teatro para charlar con sus admiradores, porque (no falta mucho tiempo para que comience la función) _____.

13. El joven cantante quiere aprender a (hacer sonar) _____ la guitarra.

14. Aunque su agente se lo pida, aquella actriz no quiere aceptar (el rol) _____ de una mujer antipática.

15. Una (composición teatral) _____ famosa del dramaturgo español Antonio Buero Vallejo se llama *El tragaluz* (The Skylight).

D. Narración abierta. *Invente una conclusión original, de seis a ocho oraciones, a la narración. Su conclusión debe incluir las siguientes palabras.*

aburrirse	el espectáculo	experimentar
la actriz	la estrella de cine	gozar de
la cantante	estrenar	la obra de teatro
		el rol

Milagros Santiago es una joven venezolana de gran talento. Ella ha venido a Miami para seguir su sueño de toda la vida…

_____

_____

_____

_____

_____

_____

_____

_____

_____

CONVERSACIÓN CREADORA
Decisiones entre amigos

© Cengage Learning

🔊 *Escuche la siguiente conversación, y luego repítala para practicar la pronunciación (en **www.cengage.com/spanish/conversaciones4e**).*

PERSONAJES

ROBERTO, madrileño de 22 años
SUSANA, madrileña de 20 años
MARÍA ANTONIA, madrileña de 20 años
PEPI, madrileña de 19 años

ESCENARIO

Apartamento de María Antonia (un ático° en el Madrid antiguo). Es por la tarde. María Antonia hojea° el periódico El mundo, *mientras su amiga Pepi está tumbada° en el sofá con los pies en alto.*

°top-floor apartment
°leafs through
°lying down

PEPI:	Esos no vienen.
MARÍA ANTONIA:	Todavía son menos cuarto.° Y además, mejor, así nos da tiempo a decidir.
PEPI:	No nos servirá de nada, porque luego hay que ponerse de acuerdo. Yo lo único que te digo es que a La Corrala[6] no quiero ir. Lo primero porque está refrescando° y luego que los asientos son incomodísimos. Son historias muy antiguas además; a mí me aburren.
MARÍA ANTONIA:	Pero también meterse en° un cine, siendo verano. Y ponen tantas películas sosas°…
PEPI:	Será verano pero hace frío. Reestrenan° una de Almodóvar[7] en el Alphaville.
MARÍA ANTONIA:	A Roberto no le gusta Almodóvar.
PEPI:	No, si acabaremos° haciendo lo que diga Roberto. Claro que es guapo y encantador, pero también es un mandón.°
MARÍA ANTONIA:	Bueno, pero vamos también con Susana, que tendrá sus propias ideas.
PEPI:	¿Tú crees que a Roberto le gusta Susana?
MARÍA ANTONIA:	No sé, chica, es un misterio. De ella no vas a sacar nada. (Mirando el periódico) ¡Oye, hay un espectáculo de Alejandro Sanz![8] Eso sí que me apetece.° (Llaman al telefonillo.°) ¿Quién es? Te abro.

Se acerca a la puerta y al cabo de un rato entra con Roberto y Susana. Pepi mientras tanto se levanta y se arregla un poco ante el espejo.

SUSANA:	Hemos coincidido° en el portal.°
PEPI:	Nadie te ha preguntado nada. Hola, Roberto. Pensamos ir a ver a Alejandro Sanz. ¿Qué te parece?
ROBERTO:	Lo decidiremos entre todos en la calle.
MARÍA ANTONIA:	Venga, ir[9] saliendo, que yo apago° las luces. Se está haciendo un poco tarde.
SUSANA:	Es que no teníamos dónde aparcar.
PEPI:	(Aparte° a María Antonia) Y dice que se lo había encontrado en el portal, ya ves.
ROBERTO:	Lo de Alejandro Sanz, estará llenísimo.
PEPI:	Me veo cenando en un restaurante chino…

Todavía… It's still a quarter of

está… it's turning cooler

meterse… to go into
dull, uninteresting
They're re-releasing

we'll end up

bossy person

Eso… I really feel like (doing) that. / intercom phone

Hemos… We ran into each other / doorway

yo… I'll turn off

Aside

---

[6]Este es un antiguo teatro madrileño donde se hace teatro al aire libre. Es conocido por sus reestrenos (revivals) de obras teatrales.
[7]Pedro Almodóvar es un importante director de cine español. Sus películas son comedias y tragedias a la vez y reflejan aspectos de la sociedad española contemporánea.
[8]Alejandro Sanz es un cantante y compositor español cuyas composiciones han ganado premios Grammy y Latin Grammy.
[9]En España, en el habla coloquial, con **vosotros** frecuentemente se utiliza el infinitivo en vez del imperativo.

Comprensión

A. ¿Qué pasó? *Conteste cada pregunta con una oración.*

1. ¿Qué están haciendo las dos amigas antes de que lleguen Susana y Roberto?

   _____

2. ¿Qué sugiere Pepi que hagan esta noche? _____

   _____

3. A María Antonia, ¿qué le gustaría hacer esta noche? _____

   _____

4. Según Susana, ¿qué dificultad han tenido ella y Roberto antes de llegar? _____

   _____

5. ¿Cómo piensa Roberto decidir la cuestión de dónde irán esta noche? _____

   _____

B. ¿Qué conclusiones saca Ud.? *Indique la letra que corresponde a la mejor respuesta.*

1. ¿Cómo parece ser el humor de Pepi esta tarde y por qué?
   a. Está de buen humor porque va a ir al cine con sus amigos.
   b. Está muy contenta porque van a comer en un restaurante chino.
   c. Está de mal humor porque a ella le gusta Roberto y parece que a él le gusta Susana.
   d. Está de mal humor porque tiene sueño después de estar tumbada en el sofá.

2. ¿Por qué no quiere ir María Antonia al cine?
   a. porque a ella no le gusta Almodóvar
   b. porque a Roberto no le gusta Almodóvar
   c. porque no le gusta ir al cine nunca
   d. porque no le gusta ir al cine en el verano

3. ¿Por qué dice Pepi que «Me veo cenando en un restaurante chino…»?
   a. porque piensa que lo de Alejandro Sanz estará llenísimo
   b. porque no quiere comer con sus amigos
   c. porque piensa que no podrán ponerse de acuerdo
   d. porque quiere hablar de otro espectáculo

4. Pepi sospecha que Roberto y Susana
   a. son más que amigos.
   b. son hermanos.
   c. se van a casar.
   d. quieren ser estrellas de cine.

5. Las dos personas que hacen más para unir a los cuatro amigos son
    a. Roberto y Susana.
    b. Pepi y Roberto.
    c. María Antonia y Roberto.
    d. Susana y Pepi.

Conclusión

*Después de dividirse en grupos, inventen una conclusión a la **Conversación creadora** «**Decisiones entre amigos**», siguiendo las instrucciones de su profesor/a. Consulten el **Vocabulario útil** al final del capítulo para obtener ayuda con el vocabulario del cine y el teatro, la música y el baile, y las funciones culturales.*

INSTRUCCIONES

_____

_____

PERSONAJES

Roberto _____

Susana _____

María Antonia _____

Pepi _____

_____

_____

IDEAS PARA SU CONCLUSIÓN

_____

_____

_____

_____

_____

_____

_____

_____

_____

_____

_____

_____

Enlace gramatical

Construcciones reflexivas

1. Con un verbo reflexivo, la persona o la cosa que ejecuta la acción también la recibe. Los verbos reflexivos se forman con un pronombre reflexivo correspondiente.

aburrirse	
me aburro	**nos** aburrimos
te aburres	**os** aburrís
se aburre	**se** aburren

Esta es la silla en la que acaba de **sentarse** María Antonia.
Pepi **se arregla** un poco ante el espejo.
Me veo cenando en un restaurante chino.

2. Se pueden usar casi todos los verbos transitivos[10] en forma reflexiva. Estos incluyen los verbos que se refieren a acciones de la rutina diaria.

acostarse (ue) *to go to bed*	maquillarse *to put on makeup*
afeitarse *to shave*	peinarse *to comb one's hair*
bañarse *to bathe oneself*	pintarse los labios/las uñas (etc.)
cepillarse *to brush*	*to put on lipstick/nail polish (etc.)*
despertarse (ie) *to wake up*	ponerse *to put on (clothing)*
(des)vestirse (i) *to get (un)dressed*	prepararse *to get ready*
ducharse *to take a shower*	quitarse *to take off (clothing)*
lavarse *to wash oneself*	secarse *to dry oneself*
levantarse *to get up*	

Levántate del sofá, Pepi.
A ella **le aburren** las obras antiguas en La Corrala.
Los amigos **se preparan** para salir.

3. Muchos verbos que denotan un cambio en el estado físico o mental son reflexivos. Muchas veces estos tienen el significado de *to get* o *to become*.

aburrirse *to become bored*	impacientarse *to get impatient*
cansarse *to get tired*	perderse (ie) *to get lost*
casarse *to get married*	ponerse *to become* (for emotional states or conditions)
enojarse *to get angry*	preocuparse (por) *to worry (about)*

No **te impacientes,** todavía es temprano.
Pepi **se cansa** de esperar.
Susana **se pone** nerviosa.

---

[10]Los verbos transitivos son los que se pueden usar con un complemento directo.

4. Algunos verbos cambian de significado cuando se usan en una construcción reflexiva.

acordar (ue) *to agree*	acordarse (ue) (de) *to remember*
despedir (i) *to fire*	despedirse (i) *to say good-bye*
divertir (ie) *to amuse, to entertain*	divertirse (ie) *to have a good time*
dormir (ue) *to sleep*	dormirse (ue) *to fall asleep*
ir *to go*	irse *to go away, to leave*
llamar *to call*	llamarse *to be called (named)*
negar (ie) *to deny*	negarse (ie) (a) *to refuse (to)*
parecer *to seem, to look, to appear*	parecerse a *to look like, to be like*
quedar *to remain, to be left*	quedarse *to stay*
reunir *to gather*	reunirse (con) *to meet with*

Roberto y Susana **llamaron** a sus amigas al llegar.
Los amigos que llegaron juntos **se llaman** Roberto y Susana.

5. Para expresar acciones recíprocas, se usa la forma plural de un verbo con el pronombre reflexivo correspondiente. En estos casos los pronombres **nos, os** y **se** significan *each other.*

Se saludaron cortésmente.   *They greeted each other politely.*
Nos vemos con frecuencia.   *We see each other frequently.*

6. Para indicar que una acción o un acontecimiento es imprevisto, espontáneo o involuntario, se puede usar la siguiente construcción con **se.** Observe el orden de las palabras.

se + pronombre de complemento indirecto + verbo en tercera persona + sujeto

Algunos verbos comunes que emplean esta construcción son: **acabar, caer, descomponer, manchar, ocurrir, olvidar, perder (ie), quebrar (ie)** y **romper.** Para aclarar el pronombre de complemento indirecto o para dar énfasis, se puede usar la frase **a +** un nombre o pronombre preposicional al principio de la oración.

A Susana **se le acabaron** los pretextos.   *Susana ran out of excuses.*
Se me perdieron las llaves.   *My keys got lost.*

Práctica

A. Adicta al trabajo. *Denise se mantiene ocupada trabajando para una agencia de talentos en Miami Beach. En esta descripción de su rutina diaria, seleccione la forma correcta del verbo entre paréntesis.*

Normalmente (1. me despierto / despierto) temprano. Después de (2. ducharme / duchar) y (3. vestirme / vestir), (4. me voy / voy) para la agencia a eso de las siete de la mañana. Al llegar, (5. me reúno / reúno) con algunos empleados en la oficina o (6. me llamo / llamo) a clientes. Algunos clientes (7. se preocupan / preocupan) porque temen que yo no (8. me acuerde / acuerde) de ellos, pero conozco muy bien a todos los modelos, actores y actrices que representamos. (9. Se parece / Parece) increíble, pero yo nunca (10. me aburro / aburro).

B. Martes y trece.[11] *Durante la cena, el coordinador de producción de una compañía de producción de películas en el D. F. les cuenta a su familia lo que les pasó a él y a sus compañeros este martes trece. Complete su historia con las formas apropiadas de los verbos entre paréntesis para expresar acciones recíprocas o acciones imprevistas, según convenga.*

El día empezó como siempre. Al llegar al estudio, mis compañeros

y yo (1. saludar) _____ y (2. reunir)

_____ un rato. Hace unos años que trabajamos juntos

y (3. entender) _____ muy bien. De pronto (4. mirar)

_____ con incredulidad porque notamos que pasaba algo

raro. Cuando cogí una taza para el café, (5. caer) _____

de la mano. A mi asistente (6. descomponer) _____ la

computadora y al electricista (7. quebrar)_____ tres

luces al mismo instante. Luego cuando empezamos a rodar, a un actor

muy conocido (8. olvidar) _____ sus líneas y tuvimos

que empezar de nuevo. Para colmo de desgracias, a nosotros (9. perder)

_____ el perrito de nuestra gran estrella durante casi dos

horas, y ella (10. negar) _____ a trabajar durante todo ese

tiempo. ¡Qué desastre!

---

[11]Según la superstición, martes es un día de mala suerte, y es aún peor cuando el día 13 cae en martes. Martes y trece (o martes trece como se llama en Latinoamérica) equivale a *Friday the 13th* en inglés.

Escenas

*En parejas (o en un grupo de tres) hablen en español para solucionar y luego describir cada conflicto. El **Vocabulario útil** al final del capítulo les ayudará con estas escenas.*

1. **A** You have just come home from a stressful day at the office and would like to release some tension by going out, preferably to a nightclub where an exciting new band is performing. Try to persuade your partner to go with you, because you think that he or she would have a good time and because you don't want to go alone.

   B You have just returned from a tiring day at work. You are not in the mood to deal with crowds and loud music, and you have no energy for dancing. Try to convince your partner that the two of you should relax at home by watching a movie or just watching TV. If this fails, tell your partner that you don't mind if he or she goes to a club with a friend.

2. **A** You are visiting Mexico City in February. You have always been fascinated by bullfights **(las corridas de toros)**. Try to persuade your travel companion to experience a bullfight with you: to see the splendor and excitement of a battle between man and beast. Point out that neither of you is a vegetarian, that the bull is raised **(se cría)** for this purpose and is destined to die anyway, that many other sports involve danger, and that this is a chance to learn about Hispanic culture. Tell your companion that one of the bullfighters is a woman **(una torera)** who is said to be extraordinary. Also offer to pay for the tickets.

   B You enjoy new experiences, but you have never had any curiosity about bullfighting. You think that it is cruel, ugly, barbaric, and pointless. Try to persuade your travel companion to go to a museum this afternoon instead. Offer to pay for a taxi to the museum, along with the admission.

3. **A** You have plans to go out to dinner and a movie this evening with a friend from work. However, your boss has just offered you two tickets to the opera tonight, for Bizet's *Carmen*. You are an opera fan and are eager to go, but you are not sure that your friend will agree. Try to convince him or her that the two of you should change your plans and go to the opera.

   B You have been looking forward to a leisurely dinner and a movie with your friend and co-worker, and to having time to talk. You have never been to an opera, but from what you have seen on television, you think that it would be boring. Also, if you go to the opera you will have to rush through dinner in order to arrive at the theater on time. Try to convince your friend to decline **(rehusar)** the tickets and to keep your original plans.

4. **A** Your fourteen-year-old niece/nephew, who looks and acts very grown up, is staying with you for a week. Tonight you and your spouse want to take her/him to a movie, if you can find something appropriate. Try to convince your niece/nephew that she or he would enjoy seeing an animated feature that is recommended for family entertainment.

B You are a fourteen-year-old who has seen several films rated "R" (restricted; anyone under seventeen must be accompanied by a parent or guardian) with your parents' consent. The movie that you want to see has such a rating. Try to persuade your aunt or uncle that it is perfectly fine for you to see this movie and that she or he would enjoy it, too.

C You are the spouse who will be going along to the movies, if you can find a film suitable for the three of you. The movie that your niece/nephew wants to see looks interesting, and you would rather see it than a cartoon feature. Try to persuade your spouse that taking your niece/nephew to the "R"–rated movie is a great idea. In fact, you think that this is what aunts and uncles are for.

Más actividades creadoras

El **Vocabulario útil** al final del capítulo le ayudará con el vocabulario del cine y el teatro, la música y el baile, y las funciones culturales.

A. Dibujos. Invente una narración, tomando los siguientes dibujos como punto de partida. Su cuento debe explicar quiénes son estos personajes, qué han hecho antes, qué está ocurriendo ahora y qué les va a pasar en el futuro.

B. Uso de mapas y documentos. *Lea la entrevista con el director mexicano Guillermo del Toro para contestar las siguientes preguntas.*

pregúntame

Guillermo del Toro
Director

▶ **Tu especialidad es el cine de terror.[1] ¿Por qué te fascina tanto el arte de causar escalofríos?[2]** Es una fascinación por lo prohibido que refleja ese lado adolescente que tenemos todos. Las imágenes más poderosas son las más terribles. Cuando vas manejando por la carretera y hay un accidente, es inevitable detenerse y querer mirar. ¿Qué quieres ver? La imagen más terrible. Desde su primer acto de creación, la humanidad ha estado interesada en el lado oscuro de las cosas.

▶ **¿Nunca sientes una responsabilidad moral de brindarle[3] al mundo imágenes bonitas en vez de historias terroríficas?[4]** Esa es una posición profundamente simplista. Yo siento una gran responsabilidad moral con el material al que me acerco. El cine de terror se parece a un sueño. La violencia de algo como [...] [una película mía] es un ballet de movimiento y color.

© Cengace Learning

---
[1] **cine de...** *horror movies* [2] *shivers (of fear)*
[3] *offer* [4] *terrifying*

1. ¿Cuál es la especialidad de Guillermo del Toro?

2. ¿Cómo explica este director la fascinación por lo terrible?

3. ¿Qué ejemplo da el director para ilustrar la fascinación humana con el lado oscuro de las cosas?

4. ¿Qué piensa Guillermo del Toro acerca de su responsabilidad moral como director?

5. ¿Está Ud. de acuerdo con las ideas de Guillermo del Toro? ¿Qué piensa Ud. de las películas de terror?

C. Cortometraje. *Mire el cortometraje* «**Connecting People**» *(en **www.cengage. com/spanish/conversaciones4e**). Luego, conteste las preguntas en la forma indicada por su profesor/a. En este corto irónico dos jóvenes con mucho en común —una mujer y un hombre— se encuentran solos en el mismo banco* (bench) *el día de Nochebuena* (Christmas Eve), *pero cada uno está ocupado con su teléfono móvil y con la mala cobertura* (coverage) *donde están.*

Álvaro de la Hoz/Burbuja Films

1. ¿Qué tipo de relación tienen él y ella con las personas con quienes están hablando en sus móviles (sus celulares)?

2. ¿Cómo son los planes de él y ella para la Nochebuena? ¿Qué revelan estos planes sobre cada uno?

3. ¿Qué busca él en una chica, y qué busca ella en un chico?

4. ¿Sobre qué hablan él y ella cuando por fin cruzan *(exchange)* palabras? ¿Sobre qué podrían haber hablado para establecer una fuerte conexión?

5. ¿Está Ud. de acuerdo con la idea de que ha aumentado el aislamiento *(isolation)* en una época de comunicación constante? Explique su respuesta.

D. A escuchar. *Escuche la entrevista en la que una persona habla de la música que prefiere (en **www.cengage.com/spanish/conversaciones4e**). (Para ver las preguntas, refiérase al ejercicio E, número 1.) Luego, conteste las siguientes preguntas en la forma indicada por su profesor/a.*

1. ¿Cómo se llama la persona entrevistada, y de dónde es?

2. ¿Cuáles son los dos tipos de música que más le gustan a este estudiante?

3. ¿Por qué le gustan las bandas Estopa y El Canto del Loco?

4. ¿Por qué le gustan Alex Ubago y La Oreja de Van Gogh?

5. ¿Cómo se comparan las preferencias de este joven con los tipos de música que a Ud. le gustan?

E. Respuestas individuales. *Piense en las siguientes preguntas para contestarlas en la forma indicada por su profesor/a.*

1. ¿Qué tipo de música prefiere Ud. y por qué? Presente algunos ejemplos de tal música a la clase, explicando por qué los escogió y cómo son representativos de su género.

2. Cuando las películas norteamericanas son sacadas al mercado hispano, a veces se les pone un nuevo título basado en el contenido de la película en vez de traducir o dejar el título original. Por ejemplo, la película clásica *Groundhog Day* se llamó *Atrapado en el tiempo*. De modo semejante, invente títulos españoles para cinco películas recientes. Luego, escriba las versiones españolas en la pizarra y pregúnteles a sus compañeros si pueden identificar los títulos originales.

F. Contestaciones en parejas. *Formen parejas para completar las siguientes actividades.*

1. Planeen y presenten a la clase una entrevista «televisada» con una estrella de cine o con un/a músico/a famoso/a. Su entrevista debe incluir preguntas sobre su vida y su trabajo. Pregúntele también qué es lo que más le gusta de su carrera y qué cambiaría si fuera posible.

2. Discutan sus planes para este fin de semana. ¿Adónde piensan ir y qué van a hacer? Luego, comparen sus planes con los de otras parejas.

G. Proyectos para grupos. *Formen grupos de cuatro o cinco personas para completar estos proyectos.*

1. Elijan una película e inventen una «escena perdida» o una nueva conclusión. Luego, presenten su escena original a la clase.

2. Discutan sus películas y estrellas favoritas, y compongan dos listas: una de las cinco mejores películas recientes, y una de las diez mejores estrellas de cine de hoy (cinco hombres y cinco mujeres). Luego, comparen sus listas con las de otros grupos.

H. Discusiones generales. *La clase entera participará en estas actividades.*

1. Para averiguar qué prefieren hacer los miembros de la clase en su tiempo libre, lleven a cabo la siguiente encuesta. ¿Realizan las siguientes actividades **con frecuencia (F), alguna vez (A)** o **nunca (N)**?

LOS PASATIEMPOS	F	A	N
Leer periódicos, revistas y libros			
Ver programas de televisión			
Escuchar música			
Navegar por la red *(surf the Internet)*			
Utilizar los medios sociales (Facebook, Twitter y otros)			
Hacer deportes			
Ir a espectáculos deportivos			
Ir al cine, teatro y conciertos			
Ir a eventos culturales (conferencias, exhibiciones y otros)			
Ir a discotecas o clubes nocturnos			
Ir a parques de atracciones			
Jugar videojuegos			
Dedicarse a sus aficiones *(hobbies)*			
Charlar con la familia			
Salir con amigos			

¿Cuáles son los pasatiempos más populares de su clase? ¿Cuáles son algunas de las aficiones a que se dedican los miembros de la clase? En su opinión, ¿cómo serían distintos y cómo serían semejantes los pasatiempos de una clase costarricense?

2. Sírvanse de las siguientes preguntas para guiar una discusión sobre las vidas de las celebridades. En sus opiniones, ¿cómo es la vida de una estrella popular? ¿Cuáles son las ventajas y las desventajas de la fama? ¿Piensan que el público tiene el derecho de saber los detalles de las vidas de sus ídolos? ¿Qué opinan de los paparazzi y de los tabloides? Si Uds. fueran celebridades, ¿cómo se comportarían con sus admiradores y con la prensa?

Vocabulario útil

EL CINE Y EL TEATRO

Sustantivos

la actuación, la interpretación   *acting*
el alumbrado   *lighting*
el aparte   *aside; stage whisper*
los aplausos   *applause*
el argumento, la trama, la intriga   *plot*
la audiencia, el público, los espectadores   *audience*
el balcón   *balcony*
la banda sonora   *soundtrack*
la cartelera   *billboard*
la cartelera de espectáculos   *entertainment listing*
la clasificación   *rating*
la comedia   *comedy*
el/la cómico/a   *comedian*
el cortometraje   *short (film)*
la culminación, el clímax   *climax*
el decorado   *(stage) set*
el desenlace   *ending, denouement*
el/la director/a   *director*
el DVD (el disco de video digital)   *DVD (digital video disc)*
el drama   *drama, play*
el/la dramaturgo/a   *playwright*
los efectos especiales   *special effects*
la ejecución   *performance, interpretation, execution*
el elenco, el reparto   *cast*
el ensayo   *rehearsal*
el entretenimiento   *entertainment*
la época   *era*
la escena   *scene*
la escena retrospectiva, el *flash-back*   *flashback*
el estreno   *premiere, debut*
el estudio   *studio*

el éxito   *success*
la fama   *fame, renown; reputation*
la fila   *row*
el guión   *script; screenplay*
el intermedio, el intervalo   *intermission*
el/la intérprete   *performer; singer*
las palomitas   *popcorn*
el personaje   *character*
el premio   *award, prize*
el/la productor/a, el/la realizador/a   *producer*
los próximos estrenos   *coming attractions*
el reestreno   *re-release*
la reseña   *review; report*
el telón   *(theater) curtain*
el tema   *theme*
el vestuario   *wardrobe, costumes*

Algunos tipos de películas

la película cómica   *comedy*
la película de acción   *action adventure*
la película de ciencia ficción   *science fiction movie*
la película de dibujos animados   *animated feature film*
la película de guerra   *war movie*
la película de misterio, de suspenso (H.A.), de suspense (Sp.)   *thriller*
la película de terror   *horror movie*
la película del oeste   *western*
la película documental   *(feature-length) documentary*
la película musical   *musical*
la película policiaca   *crime movie, detective movie*
la película romántica   *romance*

Verbos

agradar   *to please*
aplaudir   *to applaud*
doblar   *to dub*
emocionarse   *to be moved, to be touched, to be thrilled*
ensayar   *to rehearse*
estremecerse (de miedo)   *to shudder (with fear)*
filmar, rodar (ue) (Sp.)   *to shoot a film*
lanzar   *to launch*
promocionar   *to promote*
protagonizar   *to play the leading role in*
relajarse   *to relax*
tener lugar   *to take place*

Adjetivos

aburrido/a, aburridor/a (H.A.)   *boring*
agradable   *pleasant*
cómico/a   *funny, comical*
conmovedor/a   *moving, touching*
decepcionante   *disappointing*
dramático/a   *dramatic*
emocionante   *exciting*

entretenido/a   *entertaining*
estremecedor/a   *terrifying; thrilling*
formidable   *formidable; fantastic, terrific*
impresionante   *impressive*
relajante   *relaxing*
sorprendente   *surprising*
soso/a   *dull, uninteresting*
talentoso/a   *talented*
terrorífico/a   *terrifying*

Expresiones

dar una película (H.A.), poner una película (Sp.), echar una película (Sp.)   *to show a film*
ganarse al público   *to win over the audience*
no apto/a para menores   *for mature audiences; persons under eighteen not admitted*
¡No se la pierda! (la película)   *Don't miss it! (the movie)*
sacar al mercado   *to release (into the marketplace)*
salir al mercado   *to come out, to be released (into the marketplace)*

Vocabulario individual

_____   _____

_____   _____

_____   _____

_____   _____

_____   _____

LA MÚSICA Y EL BAILE

Sustantivos

el ballet *ballet*
el canto *singing*
el club (nocturno) *(night)club*
el/la compositor/a *composer*
la danza *dance*
el disco compacto, el CD *compact disc, CD*
la discoteca *discotheque, disco*
la gira *tour*
el/la guitarrista *guitarist*
la letra *lyrics*
el micrófono *microphone*
la música electrónica *electronic music*
la música pop *pop music*
la música rock *rock music*

el/la músico/a *musician*
la ópera *opera*
la orquesta *orchestra*
la pista de baile *dance floor*
el/la presentador/a, el/la animador/a *presenter, host (of a show)*
el ritmo *rhythm, beat*
la sinfonía *symphony*
el son *sound; song with a lively beat (H.A.)*
el tambor *drum*

Adjetivos

fuerte *loud (for music)*
novedoso/a *novel, new*
rítmico/a *rhythmic*
suave *soft*

Vocabulario individual

_____
_____
_____
_____
_____

_____
_____
_____
_____
_____

LAS FUNCIONES CULTURALES

Sustantivos

la corrida de toros *bullfight*
la feria *fair*
la fiesta *party; holiday; celebration*
el (día) feriado (H.A.)/festivo (Sp.) *holiday*
la exhibición (de pintura/escultura/ arte) *(painting/sculpture/art) exhibit*

el festival *festival*
la festividad, el festejo (Sp.) *festivity, celebration*
el museo *museum*
el recital de poesía *poetry reading*

Vocabulario individual

_____
_____
_____
_____

_____
_____
_____
_____

CAPÍTULO 11   **Las telecomunicaciones y los empleos**

© MJTH/Shutterstock.com

Objetivos: Aprender a...

◆ obtener, interpretar y presentar información sobre las telecomunicaciones y las empresas.°

◆ comunicarse por teléfono.

companies, businesses, enterprises

◆ solicitar un empleo y participar en el mundo de los negocios.

NOTAS CULTURALES
Hispanoamérica

© Peter Bernik/Shutterstock.com

Una mujer de negocios utilizando dos dispositivos (devices) electrónicos en un café con wifi

Las telecomunicaciones

Los avances en telecomunicación y la globalización del comercio han contribuido de manera importante al progreso en Latinoamérica durante las últimas décadas, a pesar de la crisis económica que sufrieron muchos de los países hispanos. Gracias a la sofisticación de los sistemas de informática, a la expansión del uso de Internet y a la actualización de los diferentes tratados° de comercio internacional, su situación socioeconómica en general ha mejorado.

    Al igual que en la mayor parte del resto del mundo, los teléfonos celulares° y las computadoras han alcanzado una popularidad enorme en Latinoamérica. Tanto en las grandes ciudades como en muchas de las pequeñas poblaciones, es común ver a hombres y mujeres hablando por teléfono en tiendas y restaurantes, o caminando por las calles. De acuerdo a un estudio reciente de la Universidad de Palermo en Argentina, la penetración de la web en Latinoamérica llegó al 42,6 por ciento y se espera que pronto rebase° el 53,4 por ciento, lo cual representa un ritmo de crecimiento superior al de cualquier otro lugar del mundo. Un rasgo interesante de la cultura hispanoamericana es la popularidad de los cibercafés, los cuales son una opción de uso fácil para quienes no tienen acceso a la red en casa debido al alto costo del servicio de Internet particular en muchas ciudades.

treaties

cellular

exceed

Los negocios y el empleo

En el mundo de los negocios es notable el deseo de eliminar las barreras° *barriers*
al comercio exterior a través de tratados de libre comercio. Los objetivos
principales de estos tratados son los de ampliar los mercados y aumentar
la capacidad para competir al eliminar o disminuir los aranceles° sobre *tariffs*
las exportaciones entre los países miembros, y negociar preferencias
arancelarias comunes en el comercio externo. Con este propósito se han
establecido acuerdos de comercio como el Tratado de Libre Comercio para
América del Norte (TLCAN o NAFTA) que estableció una zona de libre
comercio entre Canadá, los Estados Unidos y México. Dicho tratado se
firmó° en 1993 y entró en vigencia° en 1994. Otro ejemplo es el Mercado *was signed / **entró...***
Común del Sur (MERCOSUR). Tal acuerdo se estableció desde 1991, pero ha *took effect*
sido enmendado° y actualizado° varias veces y hoy día incluye a Argentina, *amended / updated*
Brasil, Uruguay, Paraguay, Venezuela y Bolivia.

Del mismo modo, existen tratados semejantes de mercados comunes
entre los países andinos, los centroamericanos y los caribeños. En
2004 se firmó el Tratado de Libre Comercio o TLC entre República
Dominicana, Centroamérica y los Estados Unidos (DR-CAFTA, *Dominican
Republic-Central American Free Trade Agreement*). Este tratado incluye
a cinco países centroamericanos, pero no a Panamá, el cual, como Chile y
Perú, firmó su propio acuerdo individual con los Estados Unidos. Además
de los acuerdos firmados con los Estados Unidos, muchos de los países
latinoamericanos han establecido acuerdos comerciales con otras potencias
económicas como las de China, Japón y Corea del Sur, dando lugar a una
verdadera globalización del mercado.

Para el empleo, las relaciones personales y las amistades todavía
son importantes, como los son en otros aspectos de los negocios en
Hispanoamérica. Amigos o familiares° se ayudan mutuamente, según una *family members*
larga tradición cultural. Pocas personas acuden solamente a agencias de
trabajo o anuncios clasificados para conseguir empleo, sino que también
consultan con los amigos y familiares que ocupan puestos° relevantes. *positions*

Sin embargo, la globalización del mercado en Latinoamérica ha impactado
el mercado de trabajos de manera importante. Para los hispanoamericanos
que quieren competir en el mercado global, tres aspectos sobresalen: la
necesidad de educación cada vez más especializada, ya sea a nivel técnico o
profesional; la necesidad de mantenerse al día en lo referente a tecnologías
de computación; y la necesidad de que dichos trabajadores dominen el inglés,
además de su propio idioma. Por otro lado, para aquellos norteamericanos
que aspiran a trabajar en algún país hispanoamericano, es más fácil ingresar
a ese país a través de compañías internacionales que tienen sucursales° o *branches*
lazos estrechos en Latinoamérica. Además de un buen dominio del español,
es crucial que los aspirantes norteamericanos tengan también un profundo
entendimiento de la cultura en particular del país en el cual desean trabajar,
reconociendo que, aunque los países latinoamericanos tienen muchos rasgos
en común, cada uno es único en cuanto a su geografía, su historia y su cultura.

España

Un hombre con su teléfono móvil (cell phone) en Barcelona, Cataluña

Las telecomunicaciones

En España el servicio telefónico es administrado principalmente por la compañía Telefónica, cuyas marcas también incluyen Movistar, O2 y Vivo. Debido a su expansión internacional, Telefónica es una de las mayores compañías de telecomunicaciones del mundo hispano, con operaciones en 24 países y más de 320.300 millones de clientes. Su presencia es muy fuerte en Latinoamérica, donde actúa en catorce países.

     La gran mayoría de la población española, desde niños a personas mayores, tiene un teléfono móvil° con el que realizar llamadas y tener acceso a servicios de mensajería.° Según las estadísticas más recientes, la penetración de usuarios de Internet móvil en España ha alcanzado el 84 por ciento. España es el país europeo líder en penetración de *smartphones* (82 por ciento) y en el caso de la población entre 20 y 29 años, este es el método más utilizado para acceder° a Internet (96 por ciento). La tendencia actual es la de suprimir las líneas fijas de los domicilios por un teléfono móvil, y las guías telefónicas ahora se pueden utilizar desde cualquier ordenador, móvil o tableta. Como en todo el mundo, han surgido problemas por el uso excesivo o inapropiado de dichos aparatos. Ahora se han poblado las calles, los restaurantes y los trenes de personas con móviles que a veces les imponen a voces° sus conversaciones privadas a los demás. Está prohibido hablar por teléfono al conducir un coche y el hecho de simultanear° estas actividades puede motivar una multa muy alta.

mobile

messaging

to access

a... in loud voices

to do simultaneously

A pesar de la difusión de móviles, en algunas esquinas y lugares públicos todavía hay teléfonos públicos. Telefónica está reelaborando las cabinas telefónicas° para que sirvan como punto de recarga° para sus clientes de prepago. Las tarjetas de prepago son muy populares para llamadas de todo tipo, y sobre todo para las llamadas internacionales porque ofrecen tarifas módicas. Con tarjetas de la marca Fortune, por ejemplo, que se consiguen en tiendas como las de la cadena Vips, las llamadas a los Estados Unidos cuestan solo unos centavos por minuto. El único inconveniente de estas tarjetas es que generalmente expiran treinta días después del primer uso.

cabinas... phone booths / recharging

Los negocios y el empleo

Para los negocios españoles el acontecimiento de mayor importancia ha sido su entrada en la Unión Europea (conocida inicialmente como la Comunidad Económica Europea) en 1986. Desde entonces España ha participado en la organización de la unidad política y económica de Europa. Según los acuerdos vigentes, hay libre comercio de bienes y trabajadores dentro de un único sistema económico con una sola moneda, el euro (€) —aunque el euro todavía no ha sido adoptado por todos los países miembros—. Gracias a una serie de ampliaciones, la UE ahora cuenta con veintinueve países y más de 500 millones de habitantes.[1] Su objetivo es conseguir «unidad en la diversidad».

Como resultado de su inserción en la UE, la economía española pasó por una época de gran desarrollo, en la que se mejoró el nivel de vida. Pero la crisis bancaria° internacional de la primera década del siglo XXI puso fin a la expansión. También aumentó la tasa de paro,° que llegó al 26 por ciento, motivando a muchos jóvenes a mudarse a otros países para ganarse la vida.°

banking

tasa... unemployment rate

ganarse... to earn a living

Los miembros de la llamada zona euro circulan información acerca del empleo a través de una red que abarca 32 países. Dentro de España el Servicio Público de Empleo Estatal (SEPE) dirige los programas y medidas de la política° de empleo a nivel nacional. Junto a los Servicios Públicos de Empleo de las Comunidades Autónomas, forman el Sistema Nacional de Empleo. También hay agencias privadas que buscan trabajadores para puestos temporales° y otras agencias privadas que buscan ejecutivos para grandes compañías.

policy

temporary

---

[1]Los primeros Estados que formaron la Unión Europea fueron Francia, Alemania, Italia, Holanda, Luxemburgo y Bélgica. En 1973 fueron añadidos Irlanda, Dinamarca y el Reino Unido; en 1981, Grecia; en 1986, España y Portugal; en 1995, Finlandia, Austria y Suecia; en 2004, La República Checa, Lituania, Letonia, Estonia, Malta, Chipre, Eslovenia, Hungría, Polonia y Eslovaquia; en 2007, Rumanía y Bulgaria; en 2013, Croacia; y en 2014, Macedonia. Hay otros países adicionales que son candidatos para ser aceptados a la Unión Europea: estos incluyen Albania, Islandia, Montenegro, Serbia y Turquía; Kosovo y Bosnia-Herzegovina son otros posibles candidatos.

Comprensión y comparación

Hispanoamérica

1. ¿Cuáles métodos de comunicarse son muy populares en los países hispanoamericanos? ¿Cuáles métodos de comunicarse son populares donde Ud. vive?

2. ¿Para quiénes son populares los cibercafés, y por qué? Señale una técnica que se usa en su región para conectarse a Internet a costo módico.

3. ¿Cuáles son los objetivos principales de los tratados de libre comercio? ¿Piensa que estos acuerdos serían beneficiosos para la región donde Ud. vive?

4. ¿Qué son el TLCAN y MERCOSUR, y qué naciones participan en cada uno? Señale otros tres países que han establecido acuerdos comerciales con naciones latinoamericanas.

5. ¿Cuáles son tres necesidades para los hispanoamericanos que quieren competir en el mercado global?

6. ¿Cuáles son dos cosas que necesitan los norteamericanos que aspiran a trabajar en algún país hispanoamericano?

España

7. ¿Qué importancia tiene la compañía Telefónica dentro del país y en el mundo hispano?

8. ¿Cuál método usa el 96 por ciento de los españoles entre 20 y 29 años para acceder a Internet? ¿Cómo se compara este método de acceso con el suyo?

9. ¿Por qué son populares las tarjetas telefónicas de prepago, y qué desventaja tienen? ¿Cómo se comparan estas tarjetas con las tarjetas telefónicas prepagadas donde Ud. vive?

10. ¿Qué tipo de sistema económico y monetario existe para los miembros de la Unión Europea?

🌐 Conexión Internet

*Investigue los siguientes temas en la red, consultando las sugerencias seleccionadas (en **www.cengage.com/spanish/conversaciones4e**) y apuntando las direcciones que utilice. En algunos sitios será necesario hacer clic en «español».*

1. **Un teléfono celular.** Compare algunas ofertas en español para un nuevo teléfono celular con un plan de servicio que cumpla con sus necesidades, señalando las ventajas y las desventajas de cada una. Luego, compare uno de estos planes con el plan que Ud. o alguien en su familia tiene ahora para su celular.

2. **Las empresas de telecomunicaciones.** Investigue los sitios de algunas empresas de telecomunicaciones en el mundo hispano para enterarse de los productos y los servicios que ofrecen. Luego, analice una empresa que le parezca interesante, señalando por qué la escogió.

3. **Las noticias financieras.** Busque artículos relacionados con los negocios en el mundo hispano en la sección de finanzas, negocios o economía de algunos

servicios informativos o de periódicos o revistas en línea. Seleccione un artículo que le parezca interesante, y resuma el contenido.

4. **Ofertas de empleo.** Vaya a algunos sitios de ofertas de trabajo en el mundo hispano para ver qué oportunidades existen. Luego, señale dos puestos que le parezcan interesantes, y explique las ventajas y las desventajas de cada uno. ¿Cómo se comparan estos puestos con algunos empleos donde Ud. vive?

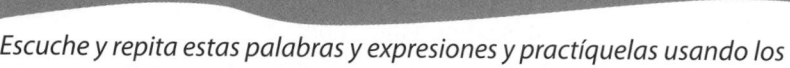

🔊 🌐 Vocabulario básico

Escuche y repita estas palabras y expresiones y practíquelas usando los recursos en Internet (en www.cengage.com/spanish/conversaciones4e).

LAS TELECOMUNICACIONES[2]

Sustantivos

el archivo   *file*
la arroba   @ (symbol for "at")
los auriculares   *headphone; headset* (may include a microphone)
el buscador   *search engine*
el código de área (H.A.), **el código de la zona (H.A.)**, **el prefijo (Sp.)**, **el código territorial (Sp.)**   *area code*
la contraseña   *password*
el correo electrónico   *e-mail*
el desempleo (H.A.), **el paro (Sp.)**   *unemployment*
la llamada   *call*
el recado, el mensaje   *message*
el sueldo, el salario   *salary*
el teléfono celular (H.A.)/móvil (Sp.)[3]   *cellular/mobile telephone*

Verbos

adjuntar   *to attach*
cargar   *to charge*
cortar (la comunicación)   *to cut off (a call)*
marcar   *to dial, to enter a phone number*
solicitar   *to apply for*
sonar (ue)   *to ring; to sound*

---

[2]Muchos de los términos para la tecnología son cognados como **la computadora, la tableta** y **la fotocopiadora;** una excepción notable es que en España la computadora se llama **el ordenador.** Otros términos son anglicismos, por ejemplo **Internet, el tablet** (común en el uso coloquial), **el wifi** (con pronunciación española, *wifi*), **el hardware** (*járdwer*) y **el software** (*sófwer*). En cuanto sea posible, es preferible usar terminología en español.
[3]Comúnmente se dice simplemente **el celular** o **el móvil.**

Adjetivos
inalámbrico/a   *cordless, wireless*
portátil   *portable*

Expresiones
Aló., Hola. (H.A.), Diga., Dígame. (Sp.)[4]   *Hello.* (to a phone caller)
dar con (alguien/el buzón de voz)   *to reach (someone/voice mail)*
enviar un (mensaje de) texto   *to send a text (message)*
equivocarse de número, estar equivocado/a de número   *to reach a wrong number*
navegar por la red   *to surf the Internet*

Práctica del Vocabulario básico

A. **Palabras en contexto.**   *Llene cada espacio en blanco con la forma correcta de la palabra más apropiada de la siguiente lista.*

el archivo	inalámbrico/a
la arroba	la llamada
los auriculares	marcar
el buscador	navegar por la red
la contraseña	el recado
el desempleo	solicitar
enviar un mensaje de texto	el sueldo
equivocarse de número	

1. Últimamente ha disminuido _____, con muchos más puestos disponibles.
2. Google es _____ preferido en muchos países hispanos.
3. Para hablar con alguien por teléfono, hay que hacer _____.
4. Para su protección, _____ que elija debe ser algo muy difícil de adivinar *(to guess)*.
5. Cuando alguien no está, se puede dejar _____ con la persona que contesta o con el contestador automático.
6. _____ se usa en todas las direcciones electrónicas, inmediatamente después del nombre.
7. Alguien que quiere _____ empleo puede mandar su currículum *(résumé)* a los departamentos de recursos humanos *(human resources)* de las compañías que más le interesan.
8. Toda la información necesaria está en _____ adjunto *(attached)* al mensaje.
9. _____ de esta empleada es muy alto; gana mucho porque dirige la sección de informática y de telecomunicaciones de la empresa.
10. Generalmente se usa el dedo índice para _____ un número de teléfono.

_____
[4]Otros saludos telefónicos son **Oigo.** (la región del Caribe), **Bueno.** (México), **Holá.** (Argentina, Uruguay) y **Sí.** (América del Sur).

11. Para escuchar y hablar sin necesidad de usar las manos, se usan _____.
12. Si alguien quiere comunicarse con un amigo sin interrumpirle, es preferible _____ en vez de llamarle por teléfono.
13. Es muy fácil _____ al marcar, y en estas ocasiones se piden disculpas.
14. Cuando una persona busca información electrónicamente mediante acceso a Internet se dice que está _____.
15. Para usar una computadora en un parque, hace falta una conexión _____.

B. Sinónimos o antónimos. *Para cada par de palabras, indique si el significado es igual (=) o si es lo opuesto (≠).*

1. Diga.   _____   Hola.
2. sonar   _____   callar
3. el sueldo   _____   la remuneración
4. cortar la comunicación   _____   hablar sin interrupciones
5. cargar   _____   acumular energía eléctrica
6. la arroba   _____   @
7. el paro   _____   la falta de empleo
8. inalámbrico   _____   con cordón *(wire)*
9. el teléfono celular   _____   el teléfono móvil
10. portátil   _____   movible
11. dar con   _____   encontrar
12. adjuntar   _____   no incluir
13. el código de área   _____   el prefijo
14. enviar un texto   _____   mandar un mensaje
15. la llamada   _____   la acción de llamar

C. Analogías. *Señale la respuesta más apropiada para duplicar la relación que existe entre las palabras modelo.*

EJEMPLO: la clase: la universidad
el libro: a. el diccionario   b. el lápiz   c. <u>la biblioteca</u>

1. caliente: frío
   inmóvil: _____
   a. la contraseña   b. portátil   c. el celular

2. querer: desear
   pedir: _____
   a. colgar   b. solicitar   c. cortar la comunicación

3. el clima tropical: el calor
   la computadora: _____
   a. el paro   b. el código de área   c. el correo electrónico

4. mirar: ver
   producir un ruido: _____
   a. sonar   b. equivocarse de número   c. enviar un texto

5. ¿Cómo?: ¿Qué dice?
   el mensaje: _____
   a. el recado   b. el código de la zona   c. la arroba

6. despedirse: Hasta luego.
   saludar: _____
   a. Adiós.   b. Aló.   c. Hasta luego.

7. el mar: el barco
   Internet: _____
   a. dar con   b. el móvil   c. el buscador

8. bueno: malo
   marcar bien: _____
   a. equivocarse de número   b. hacer una llamada   c. navegar por la red

9. hablar: charlar
   interrumpir: _____
   a. cortar la comunicación   b. navegar por la red   c. estar equivocado de número

10. manejar: comprar gasolina
    usar un aparato electrónico: _____
    a. enviar un mensaje de texto   b. cargar   c. la llamada

D. Oraciones. *Escoja la letra de la(s) palabra(s) que complete(n) mejor cada oración.*

1. Guadalupe siempre se pone _____ para escuchar su música favorita mientras hace ejercicio.
   a. los auriculares   b. la arroba

2. Andrés va a usar la tableta de su madre, pero primero ella tiene que darle
   _____.
   a. el recado   b. la contraseña

3. Ana María quiere llamar a una amiga en Nueva York, y necesita buscar el
   _____.
   a. código de la zona   b. portátil

4. Alejandro se comunica de forma económica con su novia en otro país a través del _____.
   a. desempleo   b. correo electrónico

5. Juana necesita _____ su currículum al mensaje en el que solicita el puesto de profesora.
   a. adjuntar   b. solicitar

6. Roberto usa su tableta para _____ en su tiempo libre.
   a. cortar la comunicación   b. navegar por la red

7. Rosa quiere que sus padres sepan que ha regresado después de un viaje de negocios, y por eso ella va a _____ el número del celular de su madre desde el avión.

    a. marcar   b. adjuntar

8. Clara viaja mucho por toda España y siempre lleva su _____ consigo para llamar a sus clientes.

    a. móvil   b. prefijo

9. El candidato está muy nervioso cuando llama por teléfono y _____ la directora de la empresa.

    a. suena   b. da con

10. La mujer que busca empleo necesita llenar un formulario *(form)* y luego enviarlo como _____ a la agencia de empleo.

    a. archivo   b. celular

© Cengage Learning

🔊 *Escuche la siguiente conversación, y luego repítala para practicar la pronunciación (en **www.cengage.com/spanish/conversaciones4e**).*

PERSONAJES

DANIEL, 50 años, director de una agencia de publicidad° advertising
SECRETARIA JOVEN
ERNESTO, 35 años, programador de computadoras

ESCENARIO

Despacho° de Daniel en Ponce, Puerto Rico. Mesa de gran tamaño con Private office
una computadora, muchos papeles y un teléfono con varios botones.
Suena una línea. Daniel levanta el auricular.° telephone receiver

VOZ SECRETARIA:	Don Daniel, le paso una llamada por la línea dos.
DANIEL:	¿Quién es?
VOZ SECRETARIA:	Ernesto López; dice que usted lo conoce.
DANIEL:	No sé, no me acuerdo… Bueno, póngamelo. *(Oprime° un botón)* Aló… ¡Aló!

He pushes

VOZ ERNESTO:	Don Daniel, le llamo por lo del anuncio de *El Nuevo Día.*[5] «Se requiere titulación° universitaria en informática° y conocimiento de bases de datos cliente-servidor. Se valorará dominio del inglés y experiencia en desarrollo de aplicaciones web en JAVA y VISUALBASIC.NET…»

degree / computer science

DANIEL:	*(Interrumpiéndole)* Sí, sí, no me recite el anuncio, que lo he escrito yo y me lo sé de memoria. Pero perdone, esta cuestión es cosa de mi secretaria y es a ella a quien hay que mandarle el resumé. Hay muchos aspirantes° y no los puedo atender personalmente.

applicants

VOZ ERNESTO:	Sí, ya sé que hay mucho desempleo. Pero yo, don Daniel, quería hablar con usted. Fui alumno suyo en el curso de mercadeo° que dio hace años en el campus de Río Piedras.[6] Usted me apreciaba mucho y me animó° a seguir con la informática. Soy Ernesto, tiene que acordarse, un chico alto, moreno… No es que yo esté buscando una pala.° Es que, de verdad, me fascina la programación. Puedo elevar el nivel de prestaciones de su red° y desarrollar su sitio web para que sea más interactivo. Y fue usted el que me metió en este camino.° Solo le pido que se fije con cuidado en mi resumé.

marketing

encouraged

special favor

elevar… *upgrade your network's features*

me… *started me off on this path*

DANIEL:	Pero si aquí no lo tengo.

Comprensión

A. ¿Qué pasó? *Conteste cada pregunta con una oración.*

1. ¿Dónde tiene lugar esta conversación? _____

2. ¿Por qué le llama Ernesto a don Daniel? _____

3. ¿Cuáles son los requisitos principales para el puesto del anuncio?

    _____

4. ¿Dónde se conocieron Ernesto y Daniel? _____

5. ¿Qué tipo de carrera busca Ernesto? _____

---

[5]*El Nuevo Día* es un diario importante de Puerto Rico.
[6]Este es un campus de la Universidad de Puerto Rico.

B. ¿Qué conclusiones saca Ud.? *Indique la letra que corresponde a la mejor respuesta.*

1. ¿Qué adjetivo describe mejor a don Daniel aquí?
   a. impaciente
   b. amable
   c. relajado
   d. interesado

2. ¿Por qué le interrumpe don Daniel a Ernesto cuando está hablando?
   a. No puede oír bien a Ernesto.
   b. No quiere hablar con nadie hoy.
   c. Quiere atender a todos los candidatos personalmente.
   d. No quiere perder tiempo escuchando su propio anuncio.

3. ¿Cómo ha influido don Daniel en la vida de Ernesto?
   a. Don Daniel le inspiró para ser programador de computadoras.
   b. Don Daniel le dio su primer empleo.
   c. Don Daniel le inspiró para ser alumno en la Universidad de Puerto Rico.
   d. Don Daniel no ha tenido ninguna influencia en su vida.

4. ¿Por qué se describe Ernesto a sí mismo?
   a. porque está muy orgulloso de su apariencia física
   b. porque quiere ayudar a don Daniel a acordarse de él
   c. porque cree que esto le ayudará en la entrevista
   d. porque no está seguro de haber conocido a don Daniel

5. ¿Por qué le dice Ernesto a don Daniel que no busca una pala?
   a. porque una pala no ayudaría a Ernesto
   b. porque Ernesto necesita mucha ayuda
   c. porque el único favor que busca Ernesto es una oportunidad
   d. porque Ernesto no tiene confianza en sus dotes profesionales

Conclusión

*Después de dividirse en grupos, inventen una conclusión a la **Conversación creadora**
«Una entrevista por teléfono», siguiendo las instrucciones de su profesor/a. Consulten
el **Vocabulario útil** al final del capítulo para obtener ayuda con el vocabulario.*

INSTRUCCIONES

_____

_____

PERSONAJES

Ernesto _____

Daniel _____

Secretaria _____

IDEAS PARA SU CONCLUSIÓN

_____

_____

_____

_____

_____

_____

_____

_____

Enlace gramatical

Dudas léxicas

Ahorrar, guardar y *salvar* como equivalentes de *to save*

1. **ahorrar:** *to save* (money); *to conserve*

   Para **ahorrar** dinero, piensan contratar a los empleados temporarios.

2. **guardar:** *to keep, to save, to put aside, to keep safe*

   Me pidieron que **guardara** los archivos.

3. **salvar:** *to rescue, to save* (from death or danger)

   El supervisor **ha salvado** los puestos de los empleados de medio tiempo.

Aplicar, aplicarse y *solicitar* como equivalentes de *to apply*

1. **aplicar:** *to apply* (meaning to be relevant), *to put into effect or practice; to spread or lay on*

   La jefa va a **aplicar** las mismas reglas a todos sus empleados.

2. **aplicarse (en):** *to apply oneself* (to a job or task)

   Ernesto **se aplicó en** el estudio de la informática.

3. **solicitar:** to *apply for* (a position, an interview, permission, or a financial grant)

   Ernesto **ha solicitado** un puesto en una agencia de publicidad.

Apoyar, mantener y soportar como equivalentes de to support

1. **apoyar:** *to support or to back* (a person or an idea)

   El director de personal va a **apoyar** al candidato más capacitado *(qualified).*

2. **mantener:** *to support* (financially); *to maintain, to sustain, to keep*

   Es importante saber **mantener** una conversación durante una entrevista.

3. **soportar:** *to support* (physically), *to bear; to stand, to tolerate*

   ¡No puedo **soportar** al nuevo jefe!

Darse cuenta de y realizar como equivalentes de to realize

1. **darse cuenta de:** *to realize, to become aware of*

   ¿Este lunes es día feriado? ¡No **me di cuenta**!

2. **realizar:** *to realize or to fulfill* (ambitions); *to carry out* (a task)

   Por fin ella **realizó** su sueño de ser nombrada jefa.

Dejar, dejar de, salir y salir de como equivalentes de to leave, etc.

1. **dejar** + *infinitivo: to let, to allow, to permit*

   No me **dejaron** trabajar horas extraordinarias.

2. **dejar** + *sustantivo* o *pronombre: to leave* (something or someone); *to leave* (a place more or less permanently)

   Dejé sus recados en el escritorio, don Daniel.

3. **dejar de** + *infinitivo: to stop* (doing something) + present participle *(-ing)*

   ¿Por qué **dejaste de** invertir en la bolsa de valores *(stock market)*?

4. **salir:** *to leave, to go out*

   De vez en cuando los empleados **salen** temprano los viernes.

5. **salir de:** *to leave* (a place)

   Después de la entrevista, la aspirante **salió del** edificio.

Hora, rato, tiempo y vez como equivalentes de time

1. **la hora:** *time of day, hour*

   ¿A qué **hora** es su entrevista?

2. **el rato:** *a short time, a while, a moment*

   El empleado le atenderá dentro de **un rato.**

3. **el tiempo:** *time* (in a general sense), *period of time; weather*

   Hace mucho **tiempo** que el candidato busca empleo.

4. **la vez:** *time* (a specific instance or occurrence)

   La secretaria se comunicó con don Daniel varias **veces.**

Práctica

A. Últimas noticias. *Es posible que los empleados de la empresa Avance declaren huelga* (strike). *Seleccione las palabras apropiadas para completar este boletín informativo.*

Esta mañana algunos representantes de los empleados de la empresa Avance se reunieron con el jefe, y este les enseñó el nuevo contrato que estaba siendo negociado. Les dijo que con este contrato la empresa podría (1. ahorrar / salvar) muchísimo dinero. El contrato (2. aplicaría / se aplicaría) nuevas reglas de trabajo a los empleados. Con estas reglas la empresa podría (3. darse cuenta de / realizar) cuotas de producción más ambiciosas. Algunos empleados le dijeron al jefe que no podrían (4. soportar / mantener) a sus familias a menos que la empresa les ofreciera un aumento *(increase)* de sueldo de un cinco por ciento. Otros sugirieron que los gerentes (5. salieran de / dejaran de) insistir en que los empleados hicieran horas extraordinarias. Luego, el jefe les aseguró que por (6. primer tiempo / primera vez) los directores de la empresa tomarían en cuenta todas sus preocupaciones. Después de (7. un rato / una vez) el jefe tuvo que (8. dejar / salir) y se fue a su oficina. Cuando volvió, explicó que él quería (9. soportar / apoyar) a los empleados, sin perder esta oportunidad para implementar nuevas reglas de trabajo. Dijo que podrían (10. ahorrar / salvar) las mejores propuestas de ambos lados, para llegar a un acuerdo sobre el nuevo contrato.

B. Evaluación anual. *La jefa de personal está encargada de las evaluaciones anuales de los empleados de la agencia de publicidad que dirige don Daniel. Seleccione las palabras apropiadas para completar su evaluación de Elena García Martínez.*

Hace dos años que la señorita García (1. solicitó / aplicó) el puesto de asistente al director de arte y la contratamos enseguida. Es una empleada creativa y dedicada que (2. aplica / se aplica) en todos los proyectos. Es evidente que ella aspira a llegar a ser directora de departamento y en mi opinión solo es cuestión de (3. vez / tiempo). Recientemente la señorita García se ha encargado de varios proyectos independientes y en todos ha triunfado, en gran parte porque ella nunca (4. sale de / deja de) introducir nuevas ideas en las campañas publicitarias. Por su desempeño *(performance)* excepcional, ella merece un aumento de sueldo. Su jefe (5. soporta / apoya) esta propuesta porque cree que debemos hacer todo lo posible para asegurar que ella no (6. deje / salga) la agencia. Él (7. realiza / se da cuenta) de que la señorita García ha (8. guardado / salvado) muchos proyectos a última (9. vez / hora), y no puede (10. mantener / soportar) la idea de perderla.

Escenas

*En parejas (o en un grupo de tres), hablen en español para solucionar y luego describir cada conflicto. El **Vocabulario útil** al final del capítulo les ayudará con estas escenas. Podrán mejorar su habilidad para hablar por teléfono si se sientan de espaldas, fingiendo el uso de sus celulares. (También pueden llamarse por teléfono fuera de clase.)*

1. **A** You work for a multinational computer firm, and you have been sent to Panama to negotiate the sale of your product to the government. You want to maximize profits and charge 700 USD (United States dollars) (equal to **700 balboas**) per tablet for an order of up to one thousand tablets (**mil tabletas**). The government of Panama wants to pay 500 USD per tablet. Try to persuade the government official with whom you are meeting to pay the full amount. Point out that you will take care of shipping (**encargarse del transporte**) and that your company will replace (**reemplazar**) any equipment that malfunctions within the first year.

   B You work for the government of Panama and have just been promoted to senior negotiator for international trade. You would like to show your superiors that you are a hard bargainer by obtaining the best deal possible from this computer company. Point out to the sales representative that this is a big contract, involving the purchase of between one and two thousand tablets now. In the future you may also upgrade (**elevar el nivel de prestaciones de**) these tablets and/or buy additional equipment. As a result of this sales volume, you expect a reduced price.

2. **A** You are a college senior who is on a study abroad program in Spain. After graduating, you want to live in Spain and work as a flight attendant for Iberia so that you can perfect your Spanish and travel throughout Europe. You think that you would be an excellent flight attendant if given the chance. Try to convince the airline personnel director (**el/la jefe/a de personal**) that you are qualified for the job, you get along well with others, and you will work very hard.

   B You are the Iberia Airlines personnel director who is interviewing job candidates. You are uncertain about this applicant's language ability, interpersonal skills, and motives for wanting to be a flight attendant. Ask this person what he or she would do in various unplanned situations, for example how he or she would deal with a frantic parent and an upset child who had locked himself/herself (**se había encerrado**) in a lavatory. Try to determine if this person has the language skills, personality traits, and commitment that you seek.

3. **A** You have just moved to Buenos Aires, and you need an Internet connection in your new apartment. You have called the telecommunications company twice in the past two weeks, but the company has not sent out a service technician. Ask to speak to a manager to try to get service as soon as possible. Explain that you have urgent business that depends on having high-speed Internet service. You are willing to pay an additional charge to get this service immediately.

   B You are a middle manager at a telecommunications company. There is a waiting list for service visits and this customer is near the top of the list. You would have to install the equipment yourself after work, during the time you plan to use to shop for a present for a colleague who retires next week. Try to get this customer to wait his or her turn.

4. **A** A rich aunt has given you one million dollars on the condition that you invest the money and not touch it for five years. You can't decide whether to invest in relatively safe but low-yield U.S. utilities shares (**las acciones de servicios públicos**) or in high-risk but potentially very profitable Latin American telecommunications stocks (**las acciones de telecomunicaciones**). Consult with a financial advisor (**un/a asesor/a financiero/a**) to develop an investment strategy.

   B You are a financial advisor who specializes in Latin American stock market investment (**la inversión bursátil**). Try to convince this investor to put his/her money into telecommunications stocks, primarily in Mexico, Chile, and Argentina. Emphasize companies specializing in desirable technology such as interactive links (**enlaces interactivos**) between televisions and computers. Point out that there is growing demand for these services, and that owning these shares can be a lucrative investment (**una inversión lucrativa**).

   C You are a financial advisor who specializes in the U.S. stock market. Try to persuade this investor to buy U.S. utilities, especially energy suppliers. Describe the potential for good profit and great security for investors in this field.

Más actividades creadoras

El **Vocabulario útil** al final del capítulo le ayudará con estas actividades.

A. Dibujos. *Invente una narración, tomando los siguientes dibujos como punto de partida. Su cuento debe explicar quiénes son estos personajes, qué han hecho antes, qué está ocurriendo ahora y qué les va a pasar en el futuro.*

© Cengage Learning

B. Uso de mapas y documentos. *Analice este ejemplo de una tabla de tasas de cambio (exchange rates) para divisas (currencies) de las Américas para contestar las siguientes preguntas. Es de notar que estas tablas cambian diariamente (daily). Para información corriente, hay que buscar semejante tabla de tasas de cambio en Internet o consultar con un banco.*

Monedas del mundo – América	
Tasas de cambio / Tipo de tasa: compra	
Moneda	Tasa de cambio (un dólar estadounidense)
Balboa panameño	0,99938
Bolívar venezolano	6,2923
Dólar canadiense	1,12410
Nuevo sol peruano	2,8113
Peso argentino	7,9503
Peso chileno	565,02
Peso colombiano	2.008,45
Peso mexicano	13,2533
Peso uruguayo	22,9193
Quetzal guatemalteco	7,7152
Real brasileño	2,3263

1. ¿Cuál es el país en el que hay una equivalencia casi exacta entre su moneda y el dólar estadounidense?

2. ¿Aproximadamente cuántos pesos mexicanos equivalen a cien dólares estadounidenses?

3. ¿Aproximadamente cuántos pesos argentinos equivalen a un peso uruguayo?

4. ¿En qué país hay mucha inflación, según esta tabla? (Es de notar que el bajo valor de la moneda nacional indica la inflación.)

5. ¿En qué país latinoamericano consideraría Ud. la inversión, y por qué?

C. Cortometraje. *Mire el cortometraje «**La lista**» (en **www.cengage.com/ spanish/conversaciones4e**). Luego, conteste las preguntas en la forma indicada por su profesor/a. En este corto una empleada madrileña llamada Emma Giménez (un apellido que generalmente empieza con jota [J]) le pregunta a su jefe sobre la seguridad de su puesto. Ella ha oído rumores de una lista de personal del que van a prescindir* (to get rid of) *y tiene mucho miedo de perder su trabajo durante la crisis económica.*

Álvaro de la Hoz/Burbuja Films

1. ¿Qué hace Emma en el despacho *(private office)* de su jefe antes de que llegue él, y por qué?

2. ¿Por qué le preocupa más a Emma que a otros la posibilidad de perder su trabajo?

3. ¿Qué dice el jefe de Emma que podría indicar la necesidad de despedir empleados?

4. ¿Cómo miente *(lies)* el jefe de Emma sin decir nada que sea exactamente falso?

5. Para Ud., ¿cuál es el mensaje de este corto sobre el empleo y las empresas durante los tiempos difíciles? ¿Qué opina Ud. sobre este mensaje?

D. A escuchar. *Escuche la entrevista en la que una persona contesta algunas preguntas sobre los aparatos de telecomunicaciones (en **www.cengage.com/spanish/conversaciones4e**). (Para ver las preguntas, refiérase al ejercicio E, número 1.) Luego, conteste las siguientes preguntas en la forma indicada por su profesor/a.*

1. ¿En qué país nació Vanessa Hatch, dónde estudia ahora y cuál es su campo de estudio?

2. ¿Cuáles son dos aparatos de telecomunicaciones que utiliza Vanessa con frecuencia?

3. ¿Qué aparato usa raramente ahora?

4. ¿Qué aparato le gustaría tener a ella, y por qué le interesa?

5. ¿Cómo se comparan los gustos y hábitos en cuanto a los aparatos de telecomunicaciones de esta estudiante con los suyos?

E. Respuestas individuales. *Piense en las siguientes preguntas para contestarlas en la forma indicada por su profesor/a.*

1. ¿Qué aparatos de telecomunicaciones usa Ud. con frecuencia? ¿Cuándo y para qué los usa? ¿Hay otro aparato que le gustaría tener? ¿Cuál es y por qué le interesa?

2. ¿Qué aparatos necesitaría para trabajar a distancia *(to telecommute)* como representante de una compañía internacional de telecomunicaciones? Prepare una lista y explique por qué necesita cada aparato.

F. Contestaciones en parejas. *Formen parejas para completar las siguientes actividades.*

1. Entrevístense para un puesto de media jornada *(part-time)* como un/a operador/a telefónico/a para una cadena de televentas *(television home shopping)*. Pregúntele a su compañero/a sobre su educación, conocimientos adquiridos, idiomas y experiencia de trabajo. El/La aspirante debe convencer al/a la entrevistador/a que es el/la candidato/a mejor capacitado/a para el puesto.

2. Piense cada uno en un recado telefónico muy específico, que contenga un nombre y un número de teléfono, y escríbalo en un papel. Ahora, siéntense de espaldas, fingiendo que están hablando por teléfono, y transmita cada uno el recado a su compañero/a. Cambien de papeles para dejar otro recado. Luego, comparen los recados apuntados con los originales.

G. Proyectos para grupos. *Formen grupos de cuatro o cinco personas para completar estos proyectos.*

1. En Internet, busquen una empresa innovadora basada en un país donde se habla español (incluso los Estados Unidos) que les parezca interesante. Obtengan información específica en español acerca de los productos o los servicios que ofrece esta compañía. Luego, presenten los resultados de su búsqueda a los miembros de la clase como si ellos fueran inversionistas *(investors)* potenciales. (Si no se puede entrar a Internet, es posible sustituirlo por anuncios de una revista o de un periódico en español.) Después de todas las presentaciones, la clase elegirá las dos empresas en que invertiría dinero.

2. Lean el siguiente anuncio para un puesto de maestro de inglés en un colegio de idiomas en Barcelona.

Se necesita maestro de inglés

Se requiere licenciatura en el idioma, experiencia en el extranjero y experiencia mínima de dos años enseñando el idioma; se ofrece puesto de responsabilidad en organización internacional en fase de desarrollo y remuneración altamente competitiva, según la valía del candidato. Llame al 932 553 210.

© Cengage Learning

Escojan a un miembro del grupo para ser el/la aspirante para el puesto. Los otros miembros del grupo serán maestros en un comité de selección en el colegio de idiomas. Lleven a cabo una entrevista de cada candidato/a, con cada maestro/a haciéndole dos preguntas. Luego, cambien de papeles, dando a cada estudiante la oportunidad de ser el/la aspirante. Apunten sus impresiones de cada candidato/a para escoger luego a la persona mejor capacitada para el puesto. Incluyan preguntas de la siguiente lista.

Preguntas propias de las entrevistas para solicitar empleo

1. ¿Por qué debemos contratarlo/la a Ud.?

2. ¿Qué puede ofrecer a esta empresa?

3. ¿Qué experiencia tiene Ud. en este campo?

4. ¿Cómo se describe a sí mismo/a?

5. ¿Cuáles son sus puntos fuertes?

6. ¿Cuáles son sus puntos débiles?

7. ¿Puede Ud. adaptarse al ambiente de trabajo de esta compañía?

8. ¿Puede Ud. mudarse *(to move)* a otra localidad si el puesto lo exige?

9. ¿Cuánto aspira ganar?

10. Profesionalmente, ¿dónde piensa estar dentro de cinco años? ¿Diez años?

H. Discusiones generales. *La clase entera participará en estas actividades.*

1. Lleven a cabo una encuesta entre los miembros de la clase para detallar sus hábitos en cuanto a la comunicación electrónica. Algunas preguntas que se pueden hacer son: ¿Cuántos aparatos usa cada persona para comunicarse con los demás? ¿Cuáles de las redes sociales, tales como Facebook, Twitter e Instagram, se usan con frecuencia, y por qué? ¿Cuánto tiempo pasa cada día y cada semana en las telecomunicaciones? ¿Cómo se comparan sus hábitos con los de otras personas que conoce?

2. En los últimos años las nuevas tecnologías han adquirido gran importancia en las vidas de muchas personas. En su opinión, ¿cuáles son las ventajas y las desventajas del aumento del uso de la tecnología hoy?

Vocabulario útil

LAS TELECOMUNICACIONES

Sustantivos

el/la abonado/a (telefónico/a)   *subscriber (to phone service)*

el aditamento (H.A.), el accesorio (Sp.)   *accessory*

el auricular   *telephone receiver*

la banda ancha   *broadband*

el buzón de voz   *voice mail*

el cable   *cable, wire*

la carpeta   *folder*

el correo basura   *junk e-mail, spam*

la cuerda, el cordón   *cord; thin wire*

el dígito, el número   *number*

el directorio telefónico (H.A.), la guía telefónica (Sp.)   *telephone directory*

la extensión   *(phone) extension*

la impresora (láser)   *(laser) printer*

el indicativo del país, el código internacional   *country code*

la informática   *computer science, computing*

el/la interlocutor/a   *speaker*

el interruptor   *(on/off) switch*

la llamada en espera   *call waiting*

la máquina (de) fax, el fax   *fax machine*

el mensaje de texto   *text message*

el monitor   *monitor*

el navegador   *browser*

el nombre de usuario   *user name*

el número gratuito   *toll-free number*

el/la operador/a   *operator*

la red   *network; Internet*

la tarjeta telefónica   *phone card*

la tecla   *key (on a computer or other office machine)*

el teclado   *keyboard*

el/la trabajador/a a distancia   *telecommuter*

el trabajo a distancia   *telecommuting*

la video conferencia   *videoconference*

Verbos

actualizar   *to update*

apuntar, tomar nota de   *to write down, to make a note of*

comunicarse (con)   *to communicate (with), to get in touch (with)*

deletrear   *to spell out*

enviar, mandar   *to send*

hacer clic (en)   *to click (on)*

navegar   *to browse*

Adjetivos

informático/a   *computer-related*

Expresiones

de alta velocidad   *high-speed*

de larga distancia   *long distance*

dejarle (a alguien) un recado/un mensaje   *to leave (someone) a message*

elevar el nivel de prestaciones de   *to upgrade*

Soy + (su nombre).; Soy yo.   *It's + (your name)., This is + (your name).; It's me.*

Vocabulario individual

_____   _____

_____   _____

_____   _____

_____   _____

_____   _____

EL EMPLEO

Sustantivos

el ascenso   *promotion*

el/la aspirante, el/la candidato/a, el/la solicitante   *applicant*

el aumento (de sueldo)   *(pay) raise*

el cargo   *job, assignment; charge*

el currículum (vitae), el resumé (P.R.)   *résumé*

el/la desempleado/a (H.A.), el/la parado/a (Sp.)   *unemployed person*

la dimisión   *resignation*

el/la empleado/a   *employee*

la empresa   *company, business, enterprise*

el/la entrevistador/a   *interviewer*

la firma   *signature*

el formulario   *form*

la fotocopiadora   *photocopier*

el/la jefe/a   *boss, manager, head (of a department)*

la jubilación, el retiro   *retirement*

el motivo   *reason, cause, motive*

el/la oficinista   *office worker*

el personal   *personnel, employees*

las prestaciones   *employee benefits; computer performance, features*

la programación   *programming*

la publicidad   *advertising, publicity*

el puesto   *position, job*

el punto débil   *weak point, weakness*

el punto fuerte   *strong point, strength*

la referencia, el informe   *reference (for a job candidate), testimonial*

el sindicato   *union*

la solicitud   *application (for a job, loan, or grant)*

Verbos

contratar   *to hire*

dejar (un puesto)   *to quit, to leave (a job)*

despedir (i)   *to fire, to dismiss; to lay off*

firmar *to sign*
fracasar *to fail*
ganar *to earn*
impresionar *to impress*
jubilarse, retirarse *to retire*
mentir (ie) *to lie, to fib*
negociar *to negotiate*
prescindir *to get rid of, to do without*
renunciar, dimitir (de) *to resign (from)*
supervisar *to supervise*

Adjetivos

mentiroso/a *liar, fibber*
perezoso/a *lazy*

temporal, temporario/a (H.A.) *temporary*
trabajador/a *hardworking, industrious*

Expresiones

de jornada completa, de tiempo completo *full-time*
de media jornada, de medio tiempo (H.A.), a tiempo parcial (Sp.) *part-time*
estar capacitado/a *to be qualified*
estar encargado/a de *to be in charge of*
presentar su dimisión *to hand in his/her/your resignation*
tener éxito *to succeed, to be successful*

Vocabulario individual

_____   _____

_____   _____

_____   _____

_____   _____

LOS NEGOCIOS

Sustantivos

la acción *stock, share*
el acuerdo *agreement*
el ahorro *saving, savings* (of money, time or another resource)
los ahorros *savings* (referring to an amount saved)
los altibajos *ups and downs* (of the stock market)
el/la asesor/a *advisor, consultant*
la bolsa de valores *stock market*
el bono *bond*
la caída *fall*
el comercio *commerce, trade*
el/la contador/a (H.A.), el/la contable (Sp.) *accountant*
el contrato *contract*

el/la corredor/a de bolsa, el/la agente de acciones *stockbroker*
la cotización *quote, price, value*
la divisa *currency*
el/la empresario/a *entrepreneur; employer*
la entrega *delivery*
la ganancia *profit*
el hombre/la mujer de negocios *businessperson*
el impuesto *tax*
los ingresos *income*
la inversión *investment*
el mercadeo, el mercadotecnia, el *marketing* *marketing*
el organismo, la organización *organization*
el pago *payment*
el pedido *order*
la pérdida *loss*

la política   *policy*
la póliza de seguro   *insurance policy*
el porcentaje   *percentage*
el préstamo   *loan*
el/la representante   *representative; sales representative*
el riesgo   *risk*
la sociedad anónima; S.A.   *corporation; incorporated (Inc.)*
la subida   *rise, increase*
el tratado   *treaty*
el trato   *deal*
la valía   *value, worth*

Verbos
arriesgar   *to risk*
invertir (ie)   *to invest*

negociar   *to negotiate*
rendir (i)   *to yield*
valorar   *to value*

Adjetivos
bursátil   *related to the stock market*
financiero/a   *financial*

Expresiones
hacer horas extraordinarias   *to work overtime*
la oferta y la demanda   *supply and demand*
la palanca (H.A.), la pala (P.R.), el enchufe (Sp.)   *special favor based on personal connections; political "pull" or influence*
¡Trato hecho!   *It's a deal!*

Vocabulario individual

Los números superiores a un millón[7]

Latinoamérica y Europa	Los Estados Unidos	Número de ceros
un millón	*one million*	6
mil millones	*one billion*	9
un billón, un millón de millones	*one trillion*	12
mil billones	*one quadrillion*	15
un trillón	*one quintillion*	18

[7]En español se usa la coma donde en inglés se usa el punto para señalar miles, y se usa la coma para indicar lo que en inglés se llama *decimal point*. Dos ejemplos son 1.500.656 habitantes (*1,500,656 residents*, en inglés) y 24,2 grados Celsius (*24.2 degrees Celsius*).

CAPÍTULO 12

La vivienda° y las zonas residenciales

housing; house, dwellin

©Jess Kraft/Shutterstock.com

OBJETIVOS: Aprender a…

◆ obtener, interpretar y presentar información relacionada con la vivienda y las zonas residenciales.

◆ describir y evaluar una vivienda.

◆ conseguir un domicilio.

NOTAS CULTURALES
Hispanoamérica

©Jess Kraft/Shutterstock.com

*Residencias con balcones
en Cartagena, Colombia*

Las zonas residenciales

En Hispanoamérica es posible encontrar todo tipo de viviendas dependiendo
de la zona (comercial o residencial) y del tipo de barrio. En las zonas
residenciales hay casas modernas, casas coloniales, edificios de apartamentos[1]
y condominios; mientras que en las zonas comerciales abundan los edificios
de apartamentos y los rascacielos.° Entre las personas de ingreso° medio   *skyscrapers / income*
o bajo, el apartamento es la vivienda más típica ya sea en las afueras de las
ciudades o en zonas comerciales. Sin embargo, existen también los edificios
de condominios de lujo, para quienes por razones prácticas prefieren este tipo
de vivienda. Una característica muy típica de los edificios que se encuentran en
zonas comerciales es que la planta baja° de los edificios de apartamentos esté   ***planta***... *ground floor*
ocupada por empresas, consultorios médicos u oficinas de otra índole.°   *kind*

Las viviendas

Aunque hay mucha variedad en el estilo, el tamaño y los precios de casas
y apartamentos, hay algunas características comunes a la mayoría de las
viviendas en Latinoamérica. Los principales materiales de construcción son
el ladrillo° de barro° o de adobe, el cemento y las vigas de acero.° Los sótanos°   *brick / clay /* ***vigas***... *steel*
son prácticamente inexistentes, al igual que los áticos. En cambio, son   *beams / basements*

---

[1]A los apartamentos se les llama **departamentos** en México, Argentina, Chile, Perú y Uruguay.

muy comunes los patios interiores o exteriores, los balcones y las terrazas; en todos ellos se acostumbra tener una gran variedad de plantas de ornato° en macetas° de todo tipo. En el exterior los jardines son generalmente más pequeños —excepto en las grandes mansiones— y se encuentran casi siempre en la parte trasera° de la casa. Por razones de seguridad y privacidad, las casas generalmente están rodeadas de un muro° alto o de cercas de hierro forjado.°

Los departamentos y casas en las zonas residenciales lujosas y de clase media casi siempre tienen muchas comodidades,° incluso una habitación y baño privado para la sirvienta o muchacha de servicio. Puesto que el clima en la mayoría de los países latinoamericanos es templado,° los sistemas de calefacción° y de aire acondicionado se usan principalmente en edificios comerciales y hoteles, pero rara vez en casas y apartamentos. Quienes viven en zonas más extremas usan los calentadores° durante los meses más fríos y ventiladores° eléctricos durante parte del verano.

Los hispanoamericanos más acomodados frecuentemente tienen dos residencias, una en la ciudad y otra donde pasan los fines de semana o las vacaciones, ya sea en el campo, en las montañas o en la playa. También hay exclusivos fraccionamientos° o conjuntos residenciales privados, que generalmente cuentan con una casa club. La casa club puede o no tener instalaciones deportivas como gimnasio, piscinas, canchas de tenis y hasta campo de golf en algunos casos, además de restaurante y salón de fiestas.

Otra característica de las condiciones de vida en Latinoamérica es la existencia de un gran contraste socioeconómico tanto en las ciudades como en los pueblos. Dicho contraste se hace aún más patente al ver barrios de humildes casitas que en muchos casos son simples chozas° justo al lado de zonas residenciales de grandes mansiones. Ser dueño° de una casa o un departamento propio es realidad para solo un reducido porcentaje de la población, y por eso muchos gobiernos han establecido programas de construcción y de crédito de viviendas para personas de escasos o bajos recursos. Para quienes gozan de cierta estabilidad económica y de un ingreso medio o alto, lo más común es recurrir a los préstamos hipotecarios° que proporcionan los bancos. Las condiciones y tasas° de interés varían mucho de un país a otro, y al igual que en los Estados Unidos, los precios de los diferentes tipos de vivienda fluctúan dependiendo de la situación económica y financiera nacional. En el caso de los alquileres,° los contratos por lo general son de seis meses o de un año, y es común que se pidan hasta tres meses de depósito al firmar° el contrato de alquiler.° El precio de la renta varía según la oferta y la demanda° de cada área, el tipo de vivienda, y la zona en que se encuentra la casa o el apartamento.

Para muchos norteamericanos jubilados° el valor constante y los precios comparativamente bajos de los bienes raíces,° además de las condiciones climáticas casi ideales y del apacible° ritmo de la vida en muchas ciudades, han sido factores que los han motivado a residir en algunos países hispanoamericanos. Así ocurre en las ciudades de San José, en Costa Rica, y en San Miguel de Allende (en el estado de Guanajuato) y en Ajijic (en el estado de Jalisco) en México.

de... ornamental
flowerpots

rear
exterior wall
cercas... iron fences

conveniences

temperate
heat

heaters
fans

subdivisions, (housing) developments

shacks
owner

préstamos... mortgage loans / rates

rentals

al... upon signing / contrato... lease / oferta... supply and demand
retired
bienes... real estate
calm, peaceful

España

Casas en las colinas (hills) *de Deià en Mallorca, islas Baleares*

Mark J. Brown

Las zonas residenciales

España, como casi todos los países europeos, ha sufrido una superpoblación en las grandes ciudades, donde hay mucho paro. Naturalmente esto se refleja en la dificultad para encontrar vivienda. Hay gente que no se puede comprar un piso° y busca uno de alquiler.° Los precios varían mucho dependiendo de la zona de la ciudad y del espacio habitable.[2] Los alquileres suelen ser más baratos cuanto más lejos del centro de la ciudad. Por esta razón y por el deseo de vivir con más espacio se han construido muchas urbanizaciones° en las afueras° de las grandes ciudades. En los últimos años se ha incrementado el número de familias que han abandonado las grandes ciudades y se han mudado° a los pueblos donde la vida es más barata y la compra o el alquiler de viviendas es más asequible.°

apartment / de... for rent

(housing) developments / outskirts

se... have moved
reasonable, affordable

Las viviendas

Actualmente, después del estallido° de la llamada burbuja inmobiliaria,° mucho en torno a la vivienda se ha replanteado.° Muchas familias se endeudaron° para comprar una casa o un piso, con unos préstamos hipotecarios muy altos, y al no poderlos pagar, fueron desahuciados,° es

bursting / burbuja... real estate bubble / se ha... has been reconsidered / went into debt evicted

---

[2]El espacio habitable se refiere al espacio interior del domicilio sin contar patios, balcones o terrazas, cuyo espacio se cuenta por separado.

decir, el banco se quedó con la vivienda. Nuevas leyes han sido aprobadas, motivadas por los efectos de la crisis económica y financiera y por las protestas de los afectados. Estas leyes ofrecen protección a los deudores hipotecarios° que no pueden hacer frente a° sus obligaciones. Suspenden los desahucios° y también autorizan la construcción de viviendas destinadas a personas que hayan sido desalojadas por falta de pago de un préstamo hipotecario.

*mortgage debtors / **hacer**... cope with / evictions*

Por otro lado, ha crecido el número de familias con dos viviendas: una en la ciudad y otra en el campo. En el pasado estas segundas residencias de las familias ricas eran las grandes casas de campo como los «pazos» de Galicia, las «masías» de Cataluña y los «caseríos» del País Vasco o Euskadi.[3] Pero muchas de estas casas se han convertido en paradores nacionales o alojamientos hoteleros porque cuesta demasiado mantenerlas.

Comprensión y comparación

Conteste las siguientes preguntas en la forma indicada por su profesor/a.

Hispanoamérica

1. En las ciudades hispanoamericanas, ¿qué tipos de vivienda hay en las zonas residenciales y qué tipos hay en las zonas comerciales?
2. ¿Cuál es la vivienda más típica en las ciudades hispanoamericanas? ¿Cuál es la vivienda más típica donde Ud. vive?
3. ¿Cuáles son tres características típicas de las viviendas en Latinoamérica? ¿Cuáles son tres características típicas de las viviendas en su región?
4. ¿Qué puede tener la casa club de un exclusivo fraccionamiento?
5. ¿Qué han hecho los gobiernos para ayudar a la gente de escasos o bajos recursos a tener casa o departamento propio?
6. ¿Cuáles son dos factores que han motivado a jubilados norteamericanos a residir en algunos países hispanoamericanos?

España

7. ¿Cuáles son dos problemas sociales que dificultan encontrar una vivienda en las grandes ciudades españolas?
8. ¿Por qué se han edificado urbanizaciones en las afueras de las grandes ciudades?
9. Durante la crisis económica y financiera, ¿qué se les ocurrió a muchos españoles que no podían pagar sus deudas hipotecarias *(mortgage loans)*, y cómo ha cambiado la situación?
10. ¿Qué ha pasado con muchas grandes casas de campo españolas y por qué?

---

[3]Este es el nombre del País Vasco en euskera, el idioma vasco.

🌐 Conexión Internet

*Investigue los siguientes temas en la red, consultando las sugerencias seleccionadas (en **www.cengage.com/spanish/conversaciones4e**) y apuntando las direcciones que utilice. En algunos sitios será necesario hacer clic en «español».*

1. **Las empresas inmobiliarias** *(real estate agencies)*. Vaya a algunos sitios de empresas inmobiliarias para investigar algunas residencias que se ofrecen en este momento. Si Ud. fuera millonario/a, ¿qué residencia le gustaría comprar, y por qué? Señale otra residencia que sería apropiada para una familia de la clase media, y explique por qué sería adecuada.

2. **Los Ministerios de Vivienda.** Investigue los sitios de algunos Ministerios de Vivienda, y señale qué está haciendo algún gobierno para ayudar a la gente a conseguir alojamiento a precio módico.

3. **Las residencias universitarias en el mundo hispano.** Explore algunas de las residencias estudiantiles en Latinoamérica y España, y señale dos que le parezcan interesantes. ¿Dónde están ubicadas *(located)* estas residencias estudiantiles, y cómo son? ¿Cómo se comparan con la residencia en que Ud. vive o con alguna que conoce en su país?

4. **Buscando una pieza en un departamento.** Investigue las habitaciones (las piezas) que se alquilan en departamentos en varias zonas de Santiago de Chile. Señale dos que le parezcan interesantes, indicando por qué las escogió. ¿Quién o quiénes viven allí, cómo son los departamentos y cómo son las piezas que se arriendan? Luego señale otra habitación que le parezca menos atractiva, indicando por qué no le gustaría vivir allí.

🔊 🌐 Vocabulario básico

*Escuche y repita estas palabras y expresiones y practíquelas usando los recursos en Internet (en **www.cengage.com/spanish/conversaciones4e**).*

LA VIVIENDA

Sustantivos

la acera   *sidewalk*
el/la agente de bienes raíces/inmuebles   *real estate agent*
el alquiler,[4] **el arriendo, la renta**   *rent*
**el apartamento, el departamento *(Mex., Arg., Chile, Peru, Urug.)*, el piso *(Sp.)*   *apartment*
el/la arrendador/a, el/la propietario/a   *landlord*
el contrato de arrendamiento/de alquiler   *rental contract, lease*
**la dirección *(H.A.)*, las señas *(Sp.)*   *address*

---

[4]La palabra «alquiler» también se usa para indicar la acción y el efecto de alquilar *(renting or rental)*.

la fianza, el depósito   *(security) deposit*
el/la inquilino/a, el/la arrendatario/a   *tenant, lessee*
la mascota   *pet; mascot*
la planta baja   *ground floor* (street level)
la primera planta, el primer piso   *floor immediately above ground level* (second story of a building)
la vivienda   *housing; house, dwelling*

Verbos
alquilar, arrendar (ie), rentar *(H.A.)*   *to rent*
apresurar   *to rush, to hurry, to go faster*
firmar   *to sign*
mudarse   *to move (to another residence)*
remodelar, renovar (ue), reformar *(Sp.)*   *to make improvements to, to remodel, to renovate*
retrasarse   *to be late, to be delayed, to fall behind*

Adjetivos
disponible   *available; unoccupied*
en (de) alquiler/venta   *for rent/sale*
mensual   *monthly*

Expresiones
acabar de (+ infinitivo)   *to have just (done something)*
en perfectas/malas condiciones   *in perfect/poor condition*
llamar a la puerta   *to knock at the door; to ring the doorbell*

Práctica del Vocabulario básico

A. Oraciones. *Escoja la letra de la(s) palabra(s) que complete(n) mejor cada oración.*

1. Ramón encontró un nuevo apartamento y mañana va a _____ el contrato de alquiler.
   a. firmar   b. alquilar

2. Anita es una _____ y quiere venderles un apartamento a unos clientes simpáticos.
   a. arrendadora   b. agente de bienes raíces

3. Juan quiere _____ una casa en la isla Margarita (Venezuela) por un mes.
   a. alquilar   b. retrasarse

4. A Sara no le gusta su apartamento pequeño y piensa _____ a uno más amplio.
   a. mudarse   b. reformar

5. Inés quiere visitar a María en el nuevo apartamento que su amiga _____ comprar.

    a. alquilado   b. acaba de

6. Alejandro busca un departamento que no necesite renovaciones; quiere que esté _____.

    a. retrasado   b. en perfectas condiciones

7. Germán no puede subir las escaleras sin ayuda y por eso quiere vivir en _____.

    a. la primera planta   b. la planta baja

8. Concha es la propietaria de dos apartamentos; uno ya está alquilado, pero para el otro le falta un _____.

    a. inquilino   b. alquiler

9. Isabel y Alfonso consultan con un abogado sobre _____ para su apartamento.

    a. las señas   b. el contrato de arrendamiento

10. Clara busca un departamento en Puebla que esté _____ en enero.

    a. disponible   b. alquilado

B. Definiciones. *Empareje las columnas.*

_____ 1. en venta
_____ 2. el alquiler
_____ 3. el arrendador
_____ 4. las señas
_____ 5. la vivienda
_____ 6. la planta baja
_____ 7. la fianza
_____ 8. reformar
_____ 9. mudarse
_____ 10. la mascota
_____ 11. la primera planta
_____ 12. mensual
_____ 13. la acera
_____ 14. el piso
_____ 15. en malas condiciones

a. en un estado ruinoso
b. cambiarse de domicilio
c. el pavimento junto a la calle
d. un conjunto de habitaciones que constituyen una vivienda
e. el dinero que asegura que el inquilino pagará lo que debe
f. el precio que se le paga al propietario
g. un animal doméstico favorito
h. el domicilio de una persona
i. que se vende
j. indican dónde está un edificio
k. renovar o mejorar algo
l. el piso de un edificio a nivel de la calle
m. ocurre cada mes
n. el piso de un edificio situado encima de la planta baja
ñ. el dueño

C. Antónimos. *Empareje las columnas con la letra de la(s) palabra(s) que significa(n) lo opuesto o algo muy distinto.*

_____ 1. llamar a la puerta
_____ 2. la mascota
_____ 3. apresurar
_____ 4. remodelar
_____ 5. disponible
_____ 6. arrendar un apartamento
_____ 7. el departamento pequeño
_____ 8. retrasarse
_____ 9. pagar el arriendo
_____ 10. el depósito

a. el animal salvaje
b. no modificar
c. ir despacio
d. el último pago que se entrega
e. deber el alquiler
f. no vacante
g. acelerar
h. la mansión
i. vender un apartamento
j. salir de la casa

D. Vocabulario en contexto. *Llene cada espacio en blanco con la forma correcta de la palabra o frase más apropiada de la siguiente lista.*

acabar de	en alquiler
la acera	firmar
el/la agente de inmuebles	llamar a la puerta
apresurar	mensual
el/la arrendador/a	la primera planta
el/la arrendatario/a	retrasarse
el contrato de alquiler	la vivienda
la dirección	

1. Elena estudia para ser _____. Quiere vender casas y departamentos en México.

2. Juan nunca parece _____. Siempre termina su trabajo temprano.

3. Jorge le pidió a Marta _____ de su prima Ana. Quiere visitarla.

4. Guillermo es muy buen _____. Cuida y limpia el apartamento que alquila.

5. Alguien acaba de _____. La muchacha va a ver quién está afuera.

6. Algunos trabajadores están trabajando en _____. Para pasarlos es necesario caminar por la calle.

7. Gustavo le pregunta a Isabel quién es su _____. Quiere saber si esta señora le puede alquilar un apartamento parecido al suyo.

8. Aquel arquitecto va a _____ un contrato para diseñar *(to design)* una nueva residencia estudiantil. Está de acuerdo con los términos del contrato.

9. _____ que firmó la familia Sánchez es justo *(fair)*. Les asegura que el alquiler no les subirá por dos años.

10. Nicolás usa una gran parte de su salario para pagar su _____ El lugar en que vive cuesta mucho.

11. Carmen y David viven en _____. Suben una escalera *(stairway)* a su apartamento.

12. No hay ningún apartamento _____ en el edificio de Ileana. Su amiga Marisol no puede mudarse allí.

13. Roberto no intentó _____ a su novia a comprar aquella casa. Sin embargo, ella pensaba que él quería comprarla inmediatamente.

14. La cantidad _____ que paga Antonio por su apartamento es diez mil pesos. En total paga 120.000 pesos al año.

15. Carlos _____ pagar su alquiler al propietario. Se lo pagó hace unos minutos.

© Cengage Learning

🔊 *Escuche la siguiente conversación, y luego repítala para practicar la pronunciación (en **www.cengage.com/spanish/conversaciones4e**).*

PERSONAJES

ELENA, 45 años
LUIS, su marido, 50 años
ALBERTO, agente de bienes raíces
MARÍA EUGENIA, 18 años, hija de Elena y Luis

ESCENARIO

Una calle de Santiago de Chile, en el barrio Vitacura. Elena y Luis están parados en la acera, frente a una casa antigua con balcones. Luis mira el reloj, impaciente. Elena mira hacia arriba, al tercer piso.

LUIS: Este hombre se está retrasando. Yo a las once tengo una reunión en la oficina. Y María Eugenia tampoco ha venido. Claro que en ella no me extraña.° Siempre nos deja plantados.°

no... [that] doesn't surprise me / nos... stands us up

ELENA: No te impacientes, es que está muy mal el tráfico. El departamento debe ser ese en el tercer piso con los balcones. A mí, por fuera me encanta.

LUIS: No te hagas ilusiones° hasta que lo veas.

No... Don't get your hopes up

Llega Alberto, muy apresurado.

ALBERTO: ¿Los señores Larraín?

LUIS: Sí, somos nosotros.

ALBERTO: Vengo para mostrarles el departamento. Soy de la Agencia PRISA. Perdonen el retraso. Había un embotellamiento° horrible en la Avenida Baquedano.

traffic jam

LUIS: Pues vamos a subir a verlo. Yo no tengo mucho tiempo.

ELENA: *(Mirando alrededor)* ¿No esperamos a María Eugenia?

LUIS: Si viene, ella misma subirá. Tiene la dirección.

Entran y suben en el ascensor. Alberto abre la puerta con una llave que trae.

LUIS: Los dos baños están en perfectas condiciones, pero la cocina necesita un poco de trabajo.

ELENA: Son tres dormitorios y una sala,° ¿no? Nosotros solo necesitamos dos dormitorios.

living room

ALBERTO: Eso no importa, estoy seguro que el arrendador hará los cambios necesarios en la cocina. Lo que importa es la ubicación° del departamento. Está muy cerca de los ejes° grandes Vitacura y Vespucio, y la parada de varios micros° está en la esquina.°

location / main roads
buses
corner

LUIS: Ya, pero dése cuenta de que son quinientos cincuenta mil pesos[5] mensuales en alquiler y no necesitamos el tercer dormitorio.

ALBERTO: No crea que es tanto. En Vitacura los precios han aumentado mucho. Fíjese° todas las comodidades que tiene aquí mismo. El Banco Concepción está en frente, y en la otra cuadra está el correo y hay varias tiendas. Este departamento se lo va a quitar la gente de las manos.° Y tiene orientación mediodía.°

Just look at

se... is going to be snatched up / orientación... southern exposure

ELENA: Es verdad, a mí lo que me encanta es la luz.

---

[5]Aproximadamente 550 pesos chilenos equivalen a un dólar estadounidense. Para hacer el cambio con precisión, es necesario consultar un convertidor de divisas *(currencies)* en la red, un periódico reciente o con un banco.

Llega María Eugenia y llama a la puerta.

MARÍA EUGENIA:	Hola. ¿Este es el departamento que van a alquilar? Me parece muy viejo. ¿Cuál sería mi pieza°?
LUIS:	¿Acabas de llegar y ya empiezas con exigencias°?
ELENA:	Mira, María Eugenia, ¿qué te parece esta pieza para ti? Da a° un patio, pero es la más grande.

room

demands

Da... *It opens onto*

Comprensión

A. ¿Qué pasó? *Escoja la letra que corresponde a la mejor respuesta.*

1. ¿Dónde están los personajes y por qué se han reunido allí?
   a. Están en el barrio Vitacura porque los señores Larraín quieren alquilar un departamento.
   b. Están en el barrio Vitacura porque Alberto se ha retrasado a causa del tráfico.
   c. Están en el barrio Vitacura porque los señores Larraín esperan a María Eugenia.
   d. Están en un departamento porque los señores Larraín lo han alquilado esta mañana.

2. ¿Por qué llega con retraso el empleado de la Agencia PRISA?
   a. porque no tiene prisa
   b. porque había un embotellamiento en la Avenida Baquedano
   c. porque no le gusta el tráfico
   d. porque estaba esperando a María Eugenia

3. ¿Cómo es el departamento que están mirando?
   a. Tiene dos dormitorios, una sala y balcones.
   b. Tiene dos dormitorios y mucha luz.
   c. Tiene tres dormitorios, un baño y una sala.
   d. Tiene tres dormitorios, dos baños y una sala.

4. ¿Qué es lo que más le gusta a Elena?
   a. Hay mucha luz por dentro.
   b. El alquiler es muy bajo.
   c. Hay bastantes dormitorios.
   d. Los baños están en perfectas condiciones.

5. ¿Qué piensa María Eugenia del departamento?
   a. Dice que no tiene suficientes baños.
   b. Dice que le encanta por fuera.
   c. Dice que quiere que su pieza dé a un patio.
   d. Dice que le parece muy viejo.

B. ¿Qué conclusiones saca Ud.? *Conteste cada pregunta con una oración.*

1. ¿Cuál de los personajes es el más optimista en sus descripciones del departamento, y por qué? _____

   _____

2. ¿Qué hace Alberto que le molesta a Luis? _____

   _____

3. ¿Cómo eran antes los alquileres en este barrio? _____

   _____

4. Después de llegar María Eugenia, ¿por qué se impacienta Luis con ella?

   _____

5. ¿Qué sugiere Elena para interesar a su hija en el departamento? _____

   _____

Conclusión

Después de dividirse en grupos, inventen una conclusión a la **Conversación creadora** *«Buscando un departamento», siguiendo las instrucciones de su profesor/a. Consulten el* **Vocabulario útil** *al final del capítulo para obtener ayuda con el vocabulario de la casa, el barrio y el banco.*

INSTRUCCIONES

_____

_____

PERSONAJES

Elena _____

Luis _____

Alberto _____

María Eugenia _____

IDEAS PARA SU CONCLUSIÓN

_____

_____

_____

_____

_____

_____

_____

Enlace gramatical

Construcciones pasivas e impersonales

Hay dos voces o formas gramaticales de los verbos: la voz activa y la voz pasiva. En contraste con el inglés, en español hay más de una construcción que se usa para expresar la voz pasiva.

La voz pasiva con *ser*

1. La voz pasiva es una forma verbal en la que el sujeto no es el que ejecuta la acción, sino el que la recibe. Esta voz se usa sobre todo en el lenguaje escrito. Para expresar la voz pasiva en español, se usa una forma del verbo **ser** y el participio pasado. Observe la siguiente construcción:

   sujeto + **ser** + participio pasado (+ **por** + agente)

   Note que el agente (el que ejecuta la acción) puede ser expresado o no, y que si se expresa, generalmente se introduce con **por.**

2. En la voz pasiva el participio pasado funciona como adjetivo, así que concuerda con el sujeto en género y número.

   Los inquilinos **fueron desalojados** *(evicted)* por el propietario.
   El contrato de arrendamiento **será negociado** por el agente de bienes raíces.

Estar + el participio pasado

Se usa **estar** y el participio pasado para expresar una condición o un estado que es el resultado de una acción. En esta construcción se elimina el agente, excepto cuando este todavía está involucrado *(involved)* en la condición o el estado. El participio pasado concuerda con el sujeto en género y número.

Las ventanas **están cerradas.**
El valor del apartamento **está determinado** por la demanda.

La construcción pasiva con *se*

1. El uso de la voz pasiva con **ser** en el español hablado es menos frecuente que en inglés; es preferible conjugar los verbos usando la voz activa. Cuando el agente no es expresado o cuando la identificación del agente no importa, es más común usar una construcción con **se.** De este modo, la acción se hace más objetiva e impersonal. En esta construcción, el verbo tiene que ser transitivo (uno que se puede usar con un complemento directo). Observe la siguiente construcción:

   se + la tercera personal singular o plural del verbo + sustantivo singular o plural
   Se ha renovado la cocina.
   Se construyeron varios condominios en este barrio.

2. Compare el uso de la voz activa y la voz pasiva en las siguientes oraciones:

Elena y Luis **firmaron** el contrato.	*Elena and Luis signed the contract.* (voz activa)
El contrato **fue firmado** por Elena y Luis.	*The contract was signed by Elena and Luis.* (voz pasiva con agente)
Se firmó el contrato.	*The contract was signed.* (voz pasiva sin agente)

Se impersonal

1. Cuando el sujeto de la oración es impersonal o indefinido (lo que en inglés se expresa con *one, people, they* o *you*), se puede usar la siguiente construcción con **se:**

   se + la tercera persona singular del verbo + sustantivo singular o plural

Se dice que el arriendo es razonable.	*They say that the rent is reasonable.*
Se puede entrar por esa puerta.	*You can enter through that door.*

2. En contraste con la construcción pasiva con **se,** es posible usar **se** impersonal con cualquier tipo de verbo (transitivo o intransitivo). Puesto que la construcción pasiva con **se** y **se** impersonal tienen la misma construcción en el singular, el significado reside en el contexto.

Se usa Internet para vender casas.	*The Internet is used to sell houses.* (la construcción pasiva con **se**)
	People (They, You, One) use(s) the Internet to sell houses. (**se** impersonal)

Práctica

A. ¡Lo tendré todo listo! *El propietario les asegura a los nuevos inquilinos que su apartamento está en perfectas condiciones, dándoles una lista por escrito. Convierta las siguientes oraciones a la voz pasiva.*

1. Los inquilinos anteriores pintaron las paredes. _____

   _____

2. El técnico reparó el aire acondicionado ayer. _____

   _____

3. El plomero va a instalar el lavaplatos esta tarde. _____
   _____

4. El contratista renovó la sala hace seis meses. _____
   _____

5. El conserje limpia el vestíbulo cada mañana. _____
   _____

6. La decoradora ha cambiado el papel pintado *(wallpaper)*. _____
   _____

7. La muchacha del propietario lavó las ventanas. _____
   _____

8. El propietario instaló una nueva alarma contra incendios *(fire alarm)*. _____
   _____

9. El abogado va a entregar el contrato de arrendamiento mañana. _____
   _____

10. La vecina ha puesto una maceta *(flowerpot)* en el balcón. _____
    _____

B. Una casa en malas condiciones. *Alberto acaba de ver una casa de campo que piensa comprar, pero está en malas condiciones. Escriba una lista de las cosas que necesitan arreglos* (repairs), *usando las siguientes palabras y una construcción con* **estar** *y el participio pasado.*

1. las ventanas / romper
   _____

2. la tubería *(plumbing)* / bloquear / el óxido *(rust)*
   _____

3. el techo / dañar / las lluvias
   _____

4. el jardín / arruinar / el descuido
   _____

5. las baldosas *(tiles)* / incrustar
   _____

C. **Avisos para los residentes.** *El portero les reparte una lista de avisos a todos los residentes de un nuevo edificio de departamentos en la ciudad de Valparaíso, Chile. Complete cada frase con la construcción pasiva con* **se** *o* **se** *impersonal de los verbos entre paréntesis, según convenga.*

1. (prohibir) _____ fijar carteles en el vestíbulo.

2. No (admitir) _____ mascotas.

3. (exigir) _____ que los arrendatarios paguen el alquiler a principios del mes.

4. (recoger) _____ la basura los jueves por la mañana.

5. No (permitir) _____ renovaciones a menos que se obtenga autorización del propietario.

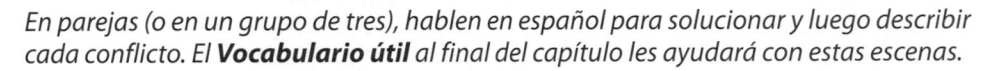

Escenas

*En parejas (o en un grupo de tres), hablen en español para solucionar y luego describir cada conflicto. El **Vocabulario útil** al final del capítulo les ayudará con estas escenas.*

1. **A** You and your cat have recently moved to a new city. You have been looking at apartments for two weeks while staying with a friend. Today you found the ideal apartment, but there is one problem: the landlord doesn't want to rent to people with pets. Try to convince the landlord that your pet is well behaved and will not cause any problems, and that you will be a model tenant.

   B You are the owner of an apartment building who has had bad experiences with pets damaging property. Although you have a vacant apartment that you need to rent as soon as possible, you don't want an animal in the building. You thought you had taken care of this issue in your ads, which clearly state "No Pets Allowed" **(No se admiten mascotas).** Try to convince this prospective tenant to give the cat to a friend. Offer to reduce the security deposit if he or she agrees to your no-pet policy.

2. **A** You live in a small apartment in the center of a busy city, and you are getting tired of the urban environment and its problems. You would like to move to a larger apartment in a quiet neighborhood outside the city, even though it means that you and your partner will be much farther from your jobs. You hope someday to quit your job and write novels, although you have never told this to anyone.

    B Today at work you received a big promotion and a hefty pay increase; however you will have to work longer hours. You think that now you can afford a spacious, elegant apartment in the city. Try to convince your partner to move to a more luxurious urban apartment, reminding him or her of all the benefits and conveniences that living in the city has to offer.

3. **A** You and your partner have just come back from seeing a wonderful house for rent. Although you like this house, you are certain you can't afford it. Explain that if you rent a house that's too much for your budget—that takes more than 30 percent of your income—you could go bankrupt. Try to persuade your partner that you should keep looking.

    B You think that you and your partner should rent the house of your dreams now that you have found it. You are convinced that you can manage financially: you have enough saved for the security deposit, and you can cut back on expenses in order to afford the rent. You also think that you can get an option to buy the house and that it would be a good investment. Convince your partner that the two of you should sign a lease for this house.

4. **A** You are the landlord of an apartment building in Cartagena, Colombia. Today, a group of four North American college students inquired about renting an apartment for the summer. You are afraid to rent to young people because you think they might damage your property. However, you could use the rental income.

    B You are a student at a North American university and your Colombian-born mother has arranged summer jobs for you and three friends as bilingual tour guides in Cartagena. However, you are having trouble renting an apartment. You like the apartment you saw today. Try to convince the landlord that you and your friends are responsible people who would maintain the property. If necessary, you are willing to pay an extra month's rent to get this apartment.

    C You are the mother of a responsible and mature young adult (B). Assure the landlord by phone that your son/daughter and his/her friends will be excellent tenants.

Más actividades creadoras

*El **Vocabulario útil** al final del capítulo le ayudará con estas actividades.*

A. Dibujos. *Invente una narración, tomando los siguientes dibujos como punto de partida. Su cuento debe explicar quiénes son estos personajes, qué han hecho antes, qué está ocurriendo ahora y qué van a hacer en el futuro.*

B. Uso de mapas y documentos. *Refiérase a estos anuncios por palabras* (classified ads) *para el alquiler de apartamentos del periódico puertorriqueño* El Nuevo Día *para contestar las siguientes preguntas.*

Río Piedras

GARDEN VALLEY CLUB – PH, 3-2, a/c, split units, 2 pkgs., acceso controlado, enseres. No Plan 8.[1] $975. mens. Sr. Ruiz **283-1148**

SKY TOWER I – 2H-1B. Equipado. Excelentes condiciones. Facilidades recreativas. $725. incluye mant.[2] **720-7271, 939-940-0404**

VILLA NEVAREZ – Cerca Centro Médico, amueblado $475. Sin amueblar $425. Agua incluida. Aire acondicionado Inf **508-7700**

PARK GARDENS – 2c/2b, 2pkg, 4ac, sala, comedor, cocina, family, oficina, cerca UPR, no agua / luz, **642-9880**

SAN GERARDO – ¡Nuevo! Incluye agua, área pkg., 2H-1B, cocina, sala, control acceso, Seg. 24 hrs. $600. Tel. **274-1834 / 760-6050**

HILLSIDE – Cerca Inter amueb Agua, luz, cable. Pers. sola. entrada indep., Otro 3/2, pkg, CTV, cocina equipa., No subsidio. **(787) 789-6508. Cel. 310-2259**

HYDE PARK – 1 min. Exp. Piñeiro (Ave. Central) y UPR 1h-1b $525. 2h-1b $650, 3h-2b $900. Amplios, equip., A/c y Seg. **754-1370**

BOSQUE REAL – Al Lado Fund. L.M.M. 2-2, amueb., A/C, 2 pkgs, piscina, seguridad 24 horas, $850. **259-4041, 249-4626, 844-0370**

LA RIVIERA – Apto. 2H, nevera, estufa, Pkg. Para estudiante o persona sola, cerca Centro Médico $400. Inf. **783-8258, 375-8887**

ESTANCIAS DE BOULEVARD – 3H-2B, patio, amueblado, 2pkg, piscina, cancha de tenis, gimnasio. Cel. **(787) 810-0966**

CAIMITO ALTO CAMINO MORCELO – 1-1, desde $400. luz, agua, pkg., nev. est., lav., sec., etc. vista espect., fresco. ¡Véalo! **614-2010**

URB. PURPLE TREE – Apto. fresco y cómodo. Área céntrica Río Piedras. Renta $650. Tel. **(787) 344-8919, (787) 528-7029**

ALQUILER APTO

Area Centro médico. Apartamento soltero, Hombre solo, Equipado/amueblado. Aire acondicionado, agua/luz, entrada independiente, parking, excelente localización. $550.........**306-7695. 306-7694**

TORRES DE ANDALUCÍA – 3H-1B, incluye, estufa, 2 A/C, seg., 1pkg. $650 + fianza. Acepto Plan 8. Inf. **448-3918, 450-7384, 764-7433**

COND. EL PARAÍSO – Vista: 2 H, 2 pkg, amueblado, $900 /#11659

BALCONES STA MARÍA – Gdn: bonito, 3h, pisc, 2 pkg, $950 /#5213

EL ESCORIAL MILLA DE ORO – 3H, 2b, pkg, $850/#7117/**758-1933**/ LIC. 016

ALQUILER APARTAMENTO

Alquilo 3 Apt. incluye agua, luz, $250.00 CANEJA, CAIMITO BAJO. Tel. 787-708-8479. 5 a 9 pm.

COLLEGE PARK – 1ra. y 2da. planta. 2/1, estufa, nevera, parking. Incluye agua. $650 y $675. Inf. **787-949-4915.**

CAPARRA HEIGHTS – 2/1, 2da. planta. Fresco, tranquilo. Incluye agua, luz, nevera, estufa y parking. $675. **787-949-4915.**

URB. COUNTRY CLUB – Apto. de 1h y 2h, 1b. Se acepta plan 8. Buen vecindario. Info. J M & Asociados. **776-5965** L-V 9-12 y 1-5.

COND. VILLA MAGNA – A pasos Expreso Martinez Nadal y Hosp. Metropolitano. Vista espectacular, 2H-1B, 2Pkg bajo techo, pool. $750 MEAUX **790-6499** Lic.5593.

PARC. FALU – Sala, Comedor, 2H grande, 1B, Balcón, Laundry, Marq. Ind. Agua $550.00 **763-0039**

ALQUILER APARTAMENTO

HILLS BROTHERS
2h-1b, $400. mens. con agua y luz.
751-1527

[1]Plan 8, conocido también como Sección 8, es un programa de vivienda del gobierno estadounidense, administrado por la agencia federal HUD *(Housing and Urban Development)*. Este programa les da un subsidio a inquilinos que lo necesitan para que puedan pagar el alquiler en edificios que participan en el programa.

[2]**Mant** se refiere a **mantenimiento** *(maintenance)*.

1. ¿Cuáles son dos apartamentos cercanos a la Universidad de Puerto Rico (UPR) en Río Piedras?

2. Además de la ubicación, ¿cuáles son algunas de las ventajas de los apartamentos que se ofrecen?

3. ¿Cuál es el apartamento más caro en estos anuncios, y cuánto cuesta? ¿Cuál es el apartamento más económico, y cuánto cuesta?

4. ¿Cuál apartamento escogería Ud. si tuviera un presupuesto limitado, y por qué? ¿Viviría solo/a o compartiría un apartamento con amigos? Explique sus razones.

5. ¿Cómo se comparan estos apartamentos con algunos ofrecidos en el periódico de su pueblo o ciudad?

C. Cortometraje. *Mire el cortometraje* **«Juanito bajo el naranjo»** *(en* **www. cengage.com/spanish/conversaciones4e**)*. Luego, conteste las preguntas en la forma indicada por su profesor/a. En este corto Juanito, un joven campesino colombiano, come una de las naranjas caras que su padre le trajo a su madre embarazada para satisfacer el antojo* (craving) *que ella tenía. Luego Juanito sueña con el mito según el cual si uno come las semillas* (seeds) *de una naranja, un naranjo* (orange tree) *crecerá dentro del cuerpo.*

Dirigido por Juan Carlos Villamizar

1. ¿Cómo es la vivienda de la familia de Juanito, y dónde está situada?

2. ¿Quiénes viven en la casa de Juanito, y qué animales también se ven dentro de ella?

3. ¿Qué puede revelar esta vivienda sobre la familia que vive dentro, en cuanto a sus recursos *(resources)* y sus experiencias en el mundo?

4. ¿Por qué les dice el padre a sus hijos que «si se comieron las semillas les van a salir matas *(bushes)* por las orejas»? En su opinión, ¿es justificable la táctica de espantar *(to scare)* a un niño para influir en su conducta?

5. ¿Qué piensa Ud. de la vivienda y de la familia en este corto? ¿Cómo se comparan con su vivienda y con su familia nuclear?

D. A escuchar. *Escuche la entrevista en la que una persona contesta algunas preguntas sobre la vivienda (en **www.cengage.com/spanish/conversaciones4e**). (Para ver las preguntas, refiérase al ejercicio E, número 1.) Luego, conteste las siguientes preguntas en la forma indicada por su profesor/a.*

1. ¿Cómo se llama la persona entrevistada, y de dónde es?

2. ¿Dónde y con quiénes vive esta estudiante universitaria? ¿Tienen algunas mascotas?

3. ¿Cómo es su casa?

4. ¿Cómo es su jardín?

5. ¿Por qué dice que el *living* es su lugar favorito de la casa? Para Ud., ¿cuál es el lugar favorito de su casa, y por qué?

E. Respuestas individuales. *Piense en las siguientes preguntas para contestarlas en la forma indicada por su profesor/a.*

1. ¿Cómo es el departamento, la casa o la residencia estudiantil en que vive Ud. ahora? Describa su vivienda en detalle.

2. Asuma el papel de arquitecto/a para diseñar la casa ideal. Luego, haga una presentación a un «cliente potencial» (la clase).

F. Contestaciones en parejas. *Formen parejas para completar las siguientes actividades.*

1. Ordenen la siguiente lista de factores que influyen en una decisión para alquilar un apartamento, señalando con números (1–12, siendo el primero el más significativo) la importancia de cada factor. Luego, comparen su lista con las de otras parejas.

___ vecinos simpáticos	___ cocina recién renovada
___ barrio agradable	___ habitaciones grandes
___ mucha luz natural	___ aire acondicionado
___ alquiler justo	___ garaje
___ recién pintado	___ jardín
___ baños en buenas condiciones	___ gimnasio

2. En cada pareja, un/a estudiante será el/la dueño/a de una casa que quiere vender, y el/la otro/a será alguien que quiere comprarla. La casa se sitúa en Coral Gables, un barrio bonito en Miami. Tiene tres dormitorios, dos baños y un garaje doble. Tendrán que discutir el precio hasta que lleguen a un acuerdo. Luego, comparen su precio final con los de otras parejas.

G. **Proyectos para grupos.** *Formen grupos de cuatro o cinco personas para completar estos proyectos.*

1. Diseñen una residencia estudiantil en que le gustaría mucho vivir. Luego, describan su edificio a la clase.

2. Compongan tres anuncios para bienes raíces: uno para vender una casa grande en un barrio lujoso, uno para vender una casa pequeña en un lugar de gran belleza natural y uno para alquilar un apartamento cercano al campus.

H. **Discusiones generales.** *La clase entera participará en discusiones usando como base las siguientes preguntas.*

1. ¿Cuáles son las ventajas de arrendar y cuáles son las de comprar un condominio o una casa? Un/a estudiante puede resumir las ventajas en dos listas en la pizarra. En su clase, ¿cuál alternativa es preferida? Dentro de diez años, ¿cuál será la alternativa preferida, en su opinión?

2. Formen dos comités para sugerir reformas en las residencias estudiantiles de su universidad o de una universidad que Uds. conocen. Preparen una lista de las reformas que Uds. consideran urgentes. Luego, comparen sus recomendaciones con las del otro comité.

Vocabulario útil

LA CASA

Sustantivos

el acero *steel*

el aire acondicionado *air conditioning*

la alfombra *carpet, rug*

el armario, el clóset (H.A.) *closet*

el arreglo *repair*

el ascensor, el elevador (Mex.) *elevator*

el ático, el desván, el altillo *attic; top floor of an apartment house*

la baldosa *floor tile*

el barrio, el vecindario, la vecindad *neighborhood*

la calefacción *heating*

el calentador *heater*

la cañería, la tubería, la fontanería (Sp.) *pipes; plumbing*

el cemento *cement, concrete*

el césped, el pasto (H.A.), el zacate (Mex.) *lawn, grass*

la cocina *kitchen*

el comedor *dining room*

el condominio *condominium*

el/la contratista de obras *building contractor*

la cortina *curtain*

el diseño *design*

el enchufe *electrical socket or plug*

los enseres domésticos *household equipment*

las escaleras *stairs*

la estufa *stove*

la finca *farm, country home*

el fraccionamiento, la urbanización (Sp.) *subdivision, (housing) development*

el fregadero *kitchen sink*

el gas *gas*

la habitación, la pieza *(H.A.)*, **la recámara** *(Mex.)*   *bedroom; room*
la hectárea   *hectare (2.47 acres)*
el hierro   *iron*
el hogar,[6] **la chimenea**   *fireplace*
el horno   *oven*
el (horno de) microondas   *microwave (oven)*
el jardín   *garden*
el ladrillo   *brick*
el lavaplatos, el lavavajillas   *dishwasher*
la losa   *tile*
la luz   *light; electricity*
la maceta, el tiesto   *flowerpot*
la madera   *wood*
el mantenimiento   *maintenance*
el metro cuadrado   *square meter*
   (1 square meter = 10.76 square feet)
el mueble   *piece of furniture*
el muro   *wall* (to enclose an exterior space)
el papel pintado/tapiz/de empapelar   *wallpaper*
la pared   *wall* (between two rooms)
el pasillo   *hall, hallway*
la persiana   *venetian blind*
el pie cuadrado   *square foot*
la piedra   *stone*
la pintura   *paint; painting*
la piscina, la alberca *(Mex.)*   *pool*
el plano de distribución   *floor plan*
la reja   *iron grille (on a window)*
la renovación, la reforma   *renovation, improvement*
la reparación   *repair*

la sala, el salón, el *living*   *living room*
el sistema de riego automático   *automatic sprinkler system*
el sótano   *basement*
el suburbio   *suburb*
el suelo, el piso *(H.A.)*   *floor (of a room)*
el tabique   *partition or thin wall; brick (Mex.)*
el taller   *workshop, shop*
el techo   *roof*
el terreno   *land*
el toldo   *awning*
la ubicación   *location*
el/la vecino/a   *neighbor*
el ventilador   *fan*
el vestíbulo   *entrance hallway, foyer; lobby*

Verbos
amueblar, amoblar (ue) *(H.A.)*   *to furnish*
construir   *to build*
desalojar, desahuciar   *to evict*
diseñar   *to design*

Adjetivos
amueblado/a, amoblado/a *(H.A.)*   *furnished*
gastado/a   *worn out, shabby*
inflado/a   *inflated*
inmobiliario/a   *having to do with real estate*
justo/a   *fair, just*

Expresiones
meterse en obras   *to undertake a remodeling or construction project*

Vocabulario individual

_____   _____

_____   _____

_____   _____

_____   _____

_____
[6]**El hogar** is also used figuratively for "home."

EL BARRIO

Sustantivos

la barbería *barbershop*
el buzón *mailbox*
el/la cartero/a *mail carrier*
los comestibles *groceries*
la comida para llevar *take-out food*
la comodidad *convenience, comfort, amenity*
el correo *post office*
el distrito *district*
el gimnasio *gym*
la guardería *nursery school;
day care center*
el salón de belleza, la peluquería *beauty
salon, hairdresser's*
la tintorería *dry cleaner's*

Adjetivos

antiguo/a *old*
comercial *commercial*
concurrido/a *busy, crowded*
conveniente *convenient*
inconveniente *inconvenient*
moderno/a *modern*
residencial *residential*
rural *rural*
suburbano/a *suburban*
tranquilo/a *calm, quiet, peaceful*
urbano/a *urban*

Vocabulario individual

_____

_____

_____

_____

_____

_____

EL BANCO

Sustantivos

el cajero automático *ATM (automatic teller
machine)*
la cuenta bancaria *bank account*
**la cuenta corriente, la cuenta de
cheques (Mex.)** *checking account*
la cuenta de ahorros *savings account*
la demanda *demand*
la deuda *debt*
la ejecución (de una hipoteca) *foreclosure;
repossession*
**la entrada, la cuota inicial, el
enganche (Mex.)** *down payment*

la ganancia *profit*
la hipoteca *mortgage*
los ingresos *income*
la inversión *investment*
la oferta *offer, bid; supply*
el pago *payment*
la pérdida *loss*
el porcentaje *percentage*
el préstamo *loan*
la propiedad *property*
el talonario de cheques, la chequera *checkbook*
la tasa de interés *interest rate*

Verbos

ahorrar   *to save*
depositar, ingresar *(Sp.)*   *to deposit*
invertir (ie)   *to invest*
negociar   *to negotiate*
retirar, sacar   *to withdraw*
valer   *to be worth*

Expresiones

cobrar un cheque   *to cash a check*
estar en bancarrota/quiebra   *to be bankrupt*
pedir (i) prestado/a   *to borrow*
pedir (i) un préstamo   *to apply for a loan*

Vocabulario individual

_____   _____

_____   _____

_____   _____

_____   _____

_____   _____